Fünfundzwanzig arabische Geschäftsdokumente aus dem Rotmeer-Hafen al-Quṣayr al-Qadīm (7./13. Jh.) [P.QuseirArab. II]

Islamic History and Civilization

STUDIES AND TEXTS

VOLUME 109

The titles published in this series are listed at *brill.com/ihc*

Fünfundzwanzig arabische Geschäftsdokumente aus dem Rotmeer-Hafen al-Quṣayr al-Qadīm (7./13. Jh.) [P.QuseirArab. II]

Edition, Übersetzung und Kommentar von

Andreas Kaplony

TUTA SUB AEGIDE PALLAS 1683

BRILL

LEIDEN | BOSTON

Cover illustration: Drawing of a ship (Quseir 1982 RN 1097).

Library of Congress Cataloging-in-Publication Data

Kaplony, Andreas.
Fünfundzwanzig arabische Geschäftsdokumente aus dem Rotmeer-Hafen al-Qusayr al-Qadim (7./13. jh.) [p.quseirarab. ii] / Edition, Übersetzung und Kommentar von Andreas Kaplony.
pages cm. – (Islamic history and civilization. Studies and texts ; 109)
Includes bibliographical references and index.
In German; texts in Arabic with German translation.
ISBN 978-90-04-27753-3 (hardback : alk. paper) – ISBN 978-90-04-27960-5 (e-book : alk. paper)
1. Qusayr al-Qadim (Extinct city)–Commerce–History–Sources. 2. Qusayr al-Qadim (Extinct city)–History–Sources. 3. Egypt–Commerce–History–Sources. 4. Manuscripts, Arabic–Egypt–Qusayr al-Qadim (Extinct city) I. Title.

HF3886.Z9Q875 2014
382.0962'3–dc23

2014022396

This publication has been typeset in the multilingual "Brill" typeface. With over 5,100 characters covering Latin, IPA, Greek, and Cyrillic, this typeface is especially suitable for use in the humanities. For more information, please see www.brill.com/brill-typeface.

ISSN 0929-2403
ISBN 978-90-04-27753-3 (hardback)
ISBN 978-90-04-27960-5 (e-book)

This book is printed on acid-free paper.

Inhaltsverzeichnis

C
Geleitschreiben

D
Ein Laufzettel

1 In der Zählung ist die Nr. 13 ausgelassen.

E
Weitere Geschäftsbriefe und Geleitschreiben

Die arabischen Dokumente aus al-Quṣayr al-Qadīm

Die besondere Bedeutung der Dokumente aus al-Quṣayr al-Qadīm

In den Ruinen des Rotmeer-Hafens al-Quṣayr al-Qadīm[2] wurden bei den Ausgrabungen des Oriental Institute der University of Chicago (1978, 1980, 1982)[3] und der Southampton University (alljährlich 1999–2003)[4] über 700 arabische Dokumente des 13. Jahrhundert gefunden, die als einzelne wenig spektakulär sind, deren Bedeutung aber in vier Punkten durchaus schwer wiegt:

Erstens handelt sich um eines der wenigen in situ gefundenen Archive der arabischen Vergangenheit.[5] Zweitens ist dies das einzige Archiv, bei dem die Dokumente mit ihrem Fundkontext und vor dem Hintergrund der literarischen Quellen im Hinblick auf eine Geschichte des Fundortes, also al-Quṣayr al-Qadīm, ausgewertet worden sind.[6] Drittens verbinden diese Dokumente die überreichen Quellen des Niltals mit den durchaus vorhandenen Quellen zum Handel im Jemen. Und viertens schliesslich überrascht es, wie parallel die ara-

---

2 Allgemein zu al-Quṣayr al-Qadīm siehe Garcin, Qūṣ: 5–6; Whitcomb/Johnson, Quseir 1978; Whitcomb/Johnson, Quseir 1980; Hiebert, Wooden objects; Meyer, Glass; Blue, Perspective; Peacock/Blue, Myos Hormos I–II; Burke, Sheikh's House; Agius, Classic ships: 94–95; 97.

3 Für die in den drei Kampagnen der University of Chicago gefundenen Papiere und Straussen-eier siehe Dols et al. 1979; Jaeschke, Conservation: 241; Whitcomb, Trench summaries: 39; 52; 57; 59; 64; Frantz-Murphy 1982; Johnson, Inscriptional material: 264–265; Valentour, Conservation: 386; 388; Whitcomb/Johnson, Introduction: 10; Meyer, Glass: 8; Thayer, Land politics: 203–221; 244–245; Thayer, Testimony; Guo, Documents I–II (überholt durch Guo, P.QuseirArab. I); Guo, Dinars; Bauden, Documentary studies: 47–48; Burke/Whitcomb, Textiles; Guo, P.QuseirArab. I (dazu s. Friedman, Review P.QuseirArab. I; Diem, Review P.QuseirArab. I); Burke, Sheikh's House: 17; 24; 34–36; 38; 40; 42–44; 46–47; 50; 203–315 (mit wichtigen Schlüssen aus dem stratigraphischen Kontext, in dem die Dokumente gefunden worden sind); 320–324; 365–387; Margariti, Aden: 21–22; 198–199; Handley, Documentary sources; Sijpesteijn, Excavations: 16–17; Agius, Classic ships: 18–19; 238; Bridgman, Analysis; Kaplony, Interplay; Handley/Regourd, Textiles: 141–143; Regourd, Documents: 339–340; Peacock/Blue, Overview: 346; 348–349.

4 Für die in den fünf Kampagnen der Southampton University gefundenen Dokumente siehe Regourd, Trade; Agius, Homeland; Agius, Ostrich egg; Peacock/Blue, Myos Hormos I: 157; 168; 171; 173 (von verschiedenen Autoren); Bauden, Documentary studies: 47–48; Burke, Sheikh's House: 22–25; Handley, Documentary sources; Sijpesteijn, Excavations: 16–17; Agius, Classic ships: 19–20; Regourd, Folding; Handley/Regourd, Textiles; Macklin, Necropolis: 236; Regourd, Documents.

5 Einen Überblick über die verschiedenen Arten von Archiven gibt Kaplony, Interplay: 95–96.

6 Burke, Sheikh's House.

 | DOI: 10.1163/9789004279605_002

bischen Dokumente in arabischer Schrift (hier abgekürzt mit P. ...) und die arabischen Geniza-Dokumente in hebräischer Schrift (hier abgekürzt mit Gen. ...) sind. Im vorliegenden Band verweise ich gleichberechtigt auf beide.[7]

Auswahl der hier vorgelegten Dokumente

Dieser Band ist eine Nachlese an den Stücken aus den *Chicagoer* Grabungen. Für die Eingabe der 95 schon edierten Dokumente[8] in die Arabic Papyrology Database überliess Donald Whitcomb Eva Mira Youssef-Grob und mir freundlicherweise die Scans *aller* in den drei Chicagoer Kampagnen gefundenen Stücke. Damit konnten wir nicht nur die schon edierten in aller Ruhe diskutieren und ergänzen, sondern uns einige für eine nochmalige Edition, andere für eine Neuedition vormerken. Dieser Band basiert also ausschliesslich auf den Schwarzweiss- und Farbbildern in Chicago. Die Originale habe ich nicht eingesehen: die 1978 gefundenen Dokumente sind, so Whitcomb, in das Museum in Ismailia, die 1980 und 1982 gefundenen ins Museum für Islamische Kunst in Kairo gebracht worden, einige dann später an ägyptische Provinzmuseen ausgeliehen worden. Donald Whitcomb sei für sein Entgegenkommen, Eva Mira Youssef-Grob (deren Lesungen viele spätere Lesungen mitgeprägt haben) für ihre Geduld bei der Eingabe und ihr Engagement sehr herzlich gedankt. Die Verantwortung für die hier vorgeschlagenen Lesungen liegt aber nur bei mir.

Geschäftsbriefe, Geleitschreiben und Laufzettel

Der folgende Band enthält Geschäftsbriefe, Geleitschreiben, einen Laufzettel und das Fragment eines Ehevertrags. Er bietet also die Belege für die von mir schon vorgelegte Analyse,[9] wie im Rotmeerhandel des 13. Jahrhunderts Geschäftsbriefe, Geleitschreiben, Laufzettel (*process slips*), Quittungen, Ladelisten und Ausfuhrerlaubnisse zusammenspielen.

---

7 Dementsprechend hilfreich waren die Arabic Papyrology Database in München, Zürich und Wien (http://www.ori.uzh.ch/apd) und die Datenbank des Princeton Geniza Project (http://www.princeton.edu/~geniza).

8 P.Frantz-MurphyQuseir 1–2; P.GuoDocuments I 1–2; P.QuseirArab. I 1–84.

9 Kaplony, Interplay. Die Stücke des vorliegenden Bandes werden dort als P.QuseirArab. II zitiert.

Von den genannten Dokumentarten künden die *Geschäftsbriefe* Sendungen an, werden also nicht mit den Sendungen, sondern auf einem parallelen Weg mitgeschickt. Sie folgen dem folgenden Formular, wobei die einzelnen Elemente leicht anders lauten können: Auf recto trägt die erste Zeile rechts die Basmala, links den Absender. Die Einleitung beginnt mit *allaḏī uʿlimu bihi fulānan anna* „Was ich dem x mitteile, ist, dass …" oder *uʿlimu fulānan anna* „Ich teile dem x mit, dass" (siehe hier zu **Nr.** 5r.3). Der Haupttext wird eingeleitet mit *wa-siwà ḏālika* „davon abgesehen". Am Schluss finden sich Grüsse, dann *wa-s-salām* „Gruss!". Die Adresse auf verso (Blattwendung ↓) richtet sich an den Boten: *yaṣil hāḏihi r-ruqʿa ilà l-quṣayr / ilà sāḥil al-quṣayr/ilà šūnat abū mufarriǧ* „Es möge gelangen diese Notiz nach al-Quṣayr/in den Hafen von al-Quṣayr/ins Lagerhaus von Abū Mufarriǧ". Es folgt die Angabe, wem der Brief persönlich zu übergeben ist: *yusallam li-fulān* „zu übergeben an x" und *wa-s-salām* „Gruss!"

Geleitschreiben werden dem Schiffsmanager mitgegeben, helfen ihm also, am Ausgangsort beim Beladen der Schiffe die Übersicht zu behalten und am Zielort die betroffenen Waren richtig auszuladen. Diese Schreiben folgen einem anderen Formular: Sie beginnen mit einer der fünf folgenden typischen Formeln *yatasallam fulān* „Es hat zu erhalten der x" / *yusallam ilà fulān* „Es ist zu übergeben dem x" / *al-musayyar ilà fulān* „Es ist geschickt dem x" / *al-wāṣil ilà fulān* „Es hat zu gelangen an x" / *aṣ-ṣādir ilà fulān* „Es hat anzukommen bei x". Es folgt der Name des Absenders mit *min fulān* „von x", dann der Name des Transporteurs mit *ṣuḥbat fulān* oder *min yad fulān* „über den x" / *min ḥumūlat fulān* „von der Ladung des (Schiffes) x", schliesslich die Sendung(en), bezeichnet mit Anzahl und Art der Verpackung und Art des Inhaltes. Die Geleitschreiben tragen teilweise einen Registervermerk, mit dem die Sendung möglicherweise nach dem Ausladen oder der Ankunft im Lagerhaus abgehakt wurde (sieher hier zu **Nr.** 11.1).

Ein *Laufzettel* (*process slip*) schliesslich ist eine informelle Zusammenstellung von kurzen Notizen, die vielleicht im Lagerhaus einer bestimmten Sendung beilag, bis sie aus den über verschiedene Wege eingegangenen Einzelsendungen zusammengesetzt und für die Weitersendung in neue Einzelsendungen aufgeteilt war. Der im vorliegenden Band edierte Laufzettel beginnt mit *allaḏī qabaḍa bū mufarriǧ* „Was erhalten hat Abū Mufarriǧ" und fährt fort mit *li-yūsuf ibn barṭūṭ* „für Yūsuf ibn Barṭūṭ" usw.

Zur Darstellung

Die Umschrift folgt den Regeln der Deutschen Morgenländischen Gesellschaft; zusätzlich steht *à* für *alif maqṣūra*, *B* für das nicht-punktierte Häkchen (also initial, medial, final und alleinstehend für *bāʾ*, *tāʾ* und *ṯāʾ*, initial und medial auch für *nūn* und *yāʾ*). In Grossbuchstaben stehen Wörter, bei denen die Einzelbuchstaben gut lesbar sind, aber im Zusammenhang nicht Sinn ergeben. Der Strich auf der Zeile (*underscore*) (so *ǧu*[*ʿi*]*ltu_fidāʾaka*; P.David-WeillEdfou Br.2), bezeichnet die Zusammenschreibung.

In der Klammersetzung folge ich dem Leidener System; nur unsicher gelesenes ist nicht über- oder unterpunktet, sondern steht zwischen « » (so *i«ǧʿa»lhā*; **Nr.** 2r.5). Geordnet sind die Belegstellen nach Datum und Kürzel; dabei folgen die Kürzel den Konventionen der Checklist der International Society for Arabic Papyrology und der Arabic Papyrology Database.[10]

Die Belege sind soweit möglich datiert; bei den Belegen aus al-Quṣayr al-Qadīm ist die Datierung auf das 13. Jahrhundert weggelassen. Nur mit Inventarnummer bezeichnete Geniza-Dokumente sind unpubliziert und werden hier nach der Datenbank des Princeton Genizah Project zitiert.

Im Herbstsemester 2007 las ich **Nr. 1–3** in der ersten Arabic Papyrology Webclass,[11] an der neben Eva Mira Youssef-Grob auch Ayman Shahin, Johannes Thomann, Sarah El Bulbeisi, Marina Rustow, Mona Goode, Khaled Younis und Hila Zemer teilnahmen. Werner Diem und Hans-Georg von Mutius halfen bei der Lesung einiger Stellen, und Manuella Wangert las Korrektur. Kathy van Vliet von Brill und Johannes Rustenburg von TAT Zetwerk machten (fast) alle Wünsche möglich. Allen sei mein herzlicher Dank!

Andreas Kaplony
München, 13. März 2014

10 Sijpesteijn et al., Checklist (auf dem Stand von 2005); bzw. http://www.ori.uzh.ch/isap (dauernd nachgeführt).

11 Die bisherigen Arabic Papyroloy Webclasses von Zürich (www.ori.uzh.ch/apw) bzw. München (www.naher-osten.lmu.de/apw) aus waren 1: Letters from Quṣayr (Herbstsemester (HS) 2007); 2: Early Letters [from the Yale Collection] (Frühlingssemester (FS) 2008); 3: Arabic Contracts of Renting and Buying Real Estate (HS 2008); 4: Bilingual Greek and Arabic Documents, mit Raffaele Luiselli (Florenz) (FS 2009); 5: Petitions to and Letters from Mamluk Officials (HS 2009); 6: Authentification Procedures on Arabic Coins, Seals and Letters from Mamluk Officials, mit Lutz Ilisch (Tübingen) (FS 2010); 7: Documentary Evidence on Childhood (HS 2010); 8: Lists, Registers, Accounts (Sommersemester (SoSe) 2011); 9: Documents from al-Andalus (Wintersemester (WiSe) 2011/2012); 10: Documents from Edfū (WiSe 2012/2013); 11: Documents from the Berlin Collection (WiSe 2013/2014).

Digitale Suchstrategien in der arabischen Papyrologie

Die Arabic Papyrology Database

Bei der Arbeit am vorliegenden Band haben wir alle schon publizierten Quṣayr-Dokumente in die Arabic Papyrology Database (http://www.ori.uzh.ch/apd) eingegeben, d.h. aus der Edition den Volltext abgetippt und auf die fünf verschiedenen Ebenen der Erfassung verteilt (*ganze Zeilen* genau wie im Original inkl. etwaiger diakritischer Punktierung und Vokalisierung; *einzelne Wörter* genau wie im Original inkl. etwaiger Punktierung und Vokalisierung; Wörter mit *voller Punktierung*, und mit etwaiger Vokalisierung wie im Original; Wörter mit voller Punktierung *und Vokalisierung*; Wörter mit voller Punktierung und Vokalisierung *in Umschrift*), haben aus der Edition die Übersetzung übernommen und schliesslich besonders aus Zweiteditionen und Besprechungen etwaige Emendationen als Varianten nachgetragen. Weiter haben wir alle Wörter lemmatisiert, also einem Wörterbuch-Lemma zugeordnet, und die genaue Form bestimmt. Und bei den schon publizierten Quṣayr-Dokumenten haben wir ausnahmsweise die älteren Lesungen mit den Photographien verglichen und unsere Emendationen eingetragen.

Bei der Arbeit mit Massenquellen macht es aber die Menge aus. Im Rahmen des laufenden Projektes geben wir ja bis Ende 2015 die 2.500 vor dem Jahr 1517 in arabischer Sprache und Schrift geschriebenen und in Qualitäts-Editionen publizierten, nicht aus Spanien stammenden Papyrus-, Pergament- und Papierdokumente in die Arabic Papyrology Database ein. (*Nicht* eingeben werden wir Editionen ohne Zeilenangaben, offenkundig unbrauchbare Editionen usw. Die Eingabe der 1.000 Papierdokumente aus Spanien müssen wir für den Moment verschieben.) Zur Erinnerung: Erhalten sind weltweit insgesamt 130.000 Dokumente. Ab Ende 2015 sind in der Datenbank also 2.0 Prozent dieser 130.000 Dokumente voll suchbar und 2.5 Prozent ediert, weitere 2.0 Prozent wenigstens zitiert, 93.5 Prozent aber ganz unberührt. Alle bisher eingegebenen Dokumente sind im Volltext mit Übersetzung erfasst, auf die verschiedenen Ebenen verteilt, lemmatisiert und die späteren Emendationen dazugefügt. Damit stehen sie als Vergleichsmaterial voll suchbar zur Verfügung.

 | DOI: 10.1163/9789004279605_003

Das Princeton Genizah Project und das Friedberg Genizah Project

Die jüdisch-arabischen Geschäftsbriefe aus der Kairiner Geniza in hebräischer Schrift sehen vom Erscheinungsbild her ganz anders aus. Ihre Sprache aber ist unmittelbar parallel zu derjenigen der Quṣayr-Dokumente: nicht in den hebräischen und in den spezifisch jüdischen Ausdrücken, aber ihre Formeln des höflichen arabischen Ausdrucks sind für das Verständnis der Quṣayr-Briefe (wie für das Verständnis der arabisch-arabischen Briefe ganz allgemein) sehr wichtig. Sehr wichtig deshalb, weil dieselben Formeln, bei denen wir in arabischer Schrift nur einen (meist kursiven) *rasm* haben, in hebräischer Schrift häufig eindeutig lesbar sind. Wichtig auch, weil von den Geniza-Dokumenten etwa 10.000 (von insgesamt 20.000 erhaltenen) publiziert sind. (Fast) alle erhaltenen Dokumente sind im Volltext erfasst im Princeton Genizah Project (http://etc.princeton.edu/genizaproject) und im Friedberg Geniza Project (https://fgp.genizah.org). So wichtig die beiden Thesauri sind – zur Zeit sind es Thesauri teilweise mit Übersetzung, aber ohne Unterscheidung der Ebenen (was aber im Falle des Jüdisch-Arabischen auch weniger wichtig ist) und ohne Lemmatisierung.

Der Thesaurus d'épigraphie islamique

Weiter weg von unseren Dokumenten, hilft der Thesaurus d'épigraphie islamique (http://www.epigraphie-islamique.org) bei der Lesung von Briefformeln natürlich nur beschränkt, erfasst er doch Inschriften. Aber dieser Thesaurus umfasst den Volltext so gut wie aller 31.000 publizierten Inschriften in arabischer Schrift. Dazu kommt, dass Inschriften grundsätzlich (mindestens seit der Inschrift von ʿAbd al-Malik im Felsendom 72/692) vollständig punktiert sind, manchmal sogar vokalisiert. Auch wenn dieser Thesaurus wieder ohne Übersetzung, ohne Unterscheidung der Ebenen, und ohne Lemmatisierung auskommt, so ist er doch grundsätzlich das stärkste Instrument, das uns heute die Suche in dokumentarischen Quellen in arabischer Sprache erlaubt.

Marīna „Ölbehälter", nicht *barnīya* „Behälter": Suche über den *rasm*[12]

Im Folgenden wollen wir anhand von drei Problemen die digitalen Suchstrategien der arabischen Papyrologie vorstellen. Das erste Problem betrifft *marBh*[13] *zayt* bzw. *marBBh zayt* in einer Ankündigung einer Doppelsendung von Weizen und Öl; genannt sind auch die Transportkosten, hinzu kommen Grüsse und die Anweisung, ein Missverständnis klarzustellen (**Nr. 14r**.4 und 7). Bei der Klärung hilft die Anweisung an einen Mitarbeiter in einem anderen Schreiben: *tusallim lahu l-marBBBBn z-zayti llaḏī maktūbun ʿalayhim sābiqu bnu iyāsa l-badrīyu* „übergib ihm die *marBBBBn* Öl, auf denen ‚Sābiq ibn Iyās al-Badrī' steht" (P.QuseirArab. I 14r.3–4). Es geht also offenkundig um einen Behälter für Öl, von Guo mehrfach als *al-barnīya* „the bottle" gelesen, einmal als *al-murattabayni* „the dues", an anderer Stelle im Plural *barānī* „bottles" und *wa-l-mrʾy* „and mirrors". In P.QuseirArab. I 14r.3–4 geht es offenkundig um einen Plural, deswegen *ʿalayhim* (l. *ʿalayhā*, mit Plural der Sache), und der Relativsatz wird mit einem invariablen *allaḏī* eingeleitet: syntaktisch ist dies durchaus im Bereich des üblichen Mittelarabisch.

Derselbe Begriff ist nun an anderer Stelle gefolgt von *zayt ḥārr*, also „eine BrBBh Leinöl" (P.QuseirArab. I 58r.4). Suchen wir in der Arabic Papyrology Database mit *zayt ḥārr*, ergibt sich nichts interessantes, wohl aber in der Datenbank des Princeton Genizah Project: *wa-marīnatayni zayt ḥārr* „und zwei *marīna* Leinöl" (Gen.IndiaBook B 44r.31–32; 1130). *Marīna* heisst es also, mit dem Plural *marānī* (nicht *marāʾin*). Suchen wir nun unpunktiert und teilpunktiert in der Arabic Papyrology Database, finden sich eine Handvoll Belege für *marīna* und *marānī*. Und der abschliessende Kontrollblick auf den Scan von P.QuseirArab. I 14 zeigt sogar, dass dort gar nicht *BrBBh zayt ḥārr* steht, sondern – interpretiert man die Punkte nicht als Verschmutzung, sondern als Punkte – fast ganz punktiert *al-marīnatayni z-zayti*. Um eine solche *marīna* handelt es sich wohl, wenn Burke eine in al-Quṣayr al-Qadīm gefundene Scherbe wie folgt beschreibt: „[a] two-handled jug with an everted rim and a narrow neck, … with monochrome dark green glaze. The glaze would have made it ideal for carrying oily liquids, preventing them from seeping through the vessel walls."

12 Die Belege zu den folgenden drei Beispielen finden sich unten in der Edition an den jeweils eingangs genannte Stellen.

13 *B* steht hier für das nicht-punktierte Häkchen, also final und alleinstehend für *bāʾ*, *tāʾ* und *ṯāʾ*, initial und medial auch für *nūn* und *yāʾ*.

„Der Preis, mit dem Gott Dich speist und erhält“: Suche über Lemma und Wurzel

Während die genannte Anweisung an einen Mitarbeiter etwas flüchtig verfasst ist, ist der folgende Brief an einen Geschäftspartner sehr sorgfältig geschrieben: der Empfänger möge sofort nach Erhalt des Schreibens den bei ihm befindlichen, aber dem Absender gehörenden Essig verkaufen und den Erlös einem dem Empfänger wohlbekannten, sich in einer Notlage befindlichen *šayḫ* übergeben. Dazu kommen herzliche Grüsse an die Familie, besonders auch an die Mutter des Empfängers. Verkauft werden soll der Essig wie folgt: *sāʿa[ta] wuqūfika ʿalà hāḏihi l-aḥrufi tabīʿi l-ḫalla l-laḏī ʿindaka bi-[mā] ṭaʿʿama llāhu taʿālà wa-razaqa* „Sobal[d] Du diese Buchstaben (diese Mitteilung) liest, verkauf den Essig, der bei Dir ist, um (den Preis), mit dem Gott – erhaben ist er – speist und erhält“ (**Nr. 21.r5–7**). Gemeint ist, dass der Empfänger nicht warten, sondern die Ware nach Ankunft des Briefes bei einem (einigermassen vernünftigen) Angebot sofort verkaufen solle.

Sucht man in der Arabic Papyrology Database und der Datenbank des Geniza Research Project nach den beiden Wurzeln *ṭʿm* und *rzq* auf derselben Zeile oder auf aufeinanderfolgenden Zeilen, so findet sich die Formel in den Quṣayr-Dokumenten und in den Geniza-Briefen sowohl verbal wie nominal hin und wieder. Drei Beispiele sollen genügen: wir finden in drei Geniza-Dokumenten *taǧtahid yā mawlāya fī bayʿi l-ǧamīʿi ka-mā ʿawwadta min tafaḍḍulika bi-mā qasama llāhu wa-razaqa* „Bemühe Dich, mein Herr, alles zu verkaufen, wie Du es in Deiner Güte gewohnt bist, um den Preis, mit dem Gott Anteil gibt und erhält“ (TS AS 146 12.9 + TS NS J 181.1–2; 1136–1139), oder kürzer *wa-uḥibbu lā tufriṭ lī fī abū l-ʿirāqīyi taṭlub (3) minhu l-waraqa wa-z-zaʿfarāna tabīʿ lahu bi-mā qasama llāhu* „Ich möchte, dass Du mir nicht übertreibst bei Abū l-ʿIrāqī: verlang einfach das Silber und den Safran von ihm und verkauf (es) ihm um den Preis, mit dem Gott Anteil gibt“ (Gen.Sicily 104 = Gen.Kingdom 334v.2–3; ca. 1050); oder ganz kurz *yatafaḍḍal mawlāya yuqaddim bayʿahā lī bi-l-qismi* „Mein Herr habe die Güte und verkaufe mir es recht bald mit dem Anteil“ (Gen.Kingdom 517r.16–17; ca. 1056). In der kurzen Variante ist die Anweisung, *bi-l-qismi* „mit dem Anteil“ zu verkaufen, zuerst unverständlich. Aber folgen wir den verschiedenen Ableitungsstufen, so wird sie klar und eindeutig: der Empfänger soll die Ware des Absenders auch bei einem schlechten Preis sofort zu Geld machen.

Übliche und persönliche Abweichungen von der Hochsprache: trunkierte Suche

Drittens eine unbeholfene Mitteilung an einen Schiffseigner, mit einem bemerkenswerten Gegensatz zwischen der Sorgfalt in Schrift und Formulierung einerseits und der Unbeholfenheit in Bezug auf Grammatik, Aussprache, Paläographie und Formel andererseits: *uʿlimu bihi n-nāḫūda abū ʿutmān waf-faqahu llāhu li-ṭāʿatih, wa-ʿānahu ʿalà marḍātih* „Ich teile mit dem Schiffseigner (*nāḫūda*) Abū ʿUtmān – möge Gott ihm Erfolg schenken zum Gehorsam Ihm (Gott) gegenüber und ihm helfen zu Seiner (Gottes) Zufriedenheit (mit ihm)" (**Nr.** 5r.3–4) und *yaṣil hāḏihi l-aḫrufu ilà qusayrin* „Es mögen gelangen diese Buchstaben (diese Mitteilung) nach Qusayr" (**Nr.** 5v.1).

Da wir in der Arabic Papyrology Database nicht-korrekte Formen (soweit als möglich) bestimmen, ihnen aber zusätzlich die korrekten Formen zur Seite stellen, können wir jedem dieser sechs Fehler auf Knopfdruck nachgehen. Die hyperklassizistische Verwendung von *abū* im Nominativ (für richtig *abā* im Akkusativ) ist in unseren Dokumenten häufig, übrigens ebenso häufig wie *abā* im Akkusativ (für *abū* im Nominativ). Nach Belegen für die Verwendung des I. Stammes (für den IV. Stamm) suchen wir mit Trunkierung, d.h. wir suchen nach *?ā?a* (statt *ʾa?ā?a*). Das Resultat: das Phänomen kommt durchaus vor, wenn auch nicht wirklich häufig. So haben wir in arabischen Briefen *wa-lā mātanī* (*l. amātanī*) *llā*[*hu*] *yā-umma muḥammadin wa-yā-umma ʿabbāsata ḥattā arākum fī ʿāfiyatin* „möge mich Gott nicht sterben lassen, Umm Muḥammad und Umm ʿAbbāsa, bevor dass ich Euch gesehen habe" (CPR XVI 30r.13–14; 9. Jh.) und *wa-qimnā* (*l. wa-aqamnā*) *fī ṭ-ṭarīqi ṯalāṯata ayyāmin bi-layālīhā* „wir waren drei Tage, inklusive Nächte, auf dem Weg" (P.Vind.Arab. II 11r.2–3; 12. Jh.). Persönliche Fehlschreibungen hingegen sind *al-aḫruf* (statt *al-aḥruf*) und *qusayr* (statt *al-quṣayr*). Vermutlich handelt es sich um einen in seinem Beruf erfahrenen, aber in Bezug auf Schriftlichkeit wenig gebildeten Geschäftspartner des Adressaten, also beispielsweise einen Kapitän, der an den Eigner des von ihm geführten Schiffes schreibt.

Aber hier kommen wir sofort an die Grenzen der neuen Möglichkeiten. Von den genannten Parallelen für die Verwendung des I. Stammes (für den IV. Stamm) haben sich die wirklich interessanten Fälle in Editionen gefunden, die noch nicht in die Datenbanken eingegeben sind. Es gibt also durchaus ein Leben neben den Digital Humanities – eine Lehre, die nicht nur unsere Studenten mühsam lernen müssen, sondern manchmal auch wir von den neuen Möglichkeiten begeisterten Forscher selber.

A

Geschäftsbriefe

NUMMER 1

Nachrichten vom Sohn in Qinā an die Familie an der Küste (in al-Quṣayr)

(*Tafeln 1a und 1b*)

Quseir 1978 RN (SW-Bilder Quseir 1978 5; 6; 7; 8; 16)
Höhe und Breite unbekannt

Papier. – Das Stück besteht aus drei nicht verbundenen, aber klar ineinander passenden Stücken. – Auf Recto und Verso ein Geschäftsbrief (Blattwendung ↓). – Recto fehlt oben die erste Zeile mit Basmala und interner Adresse; Verso ist am unteren Rand der eingemittete Schlussgruss gesichert, am unteren Rand stand vermutlich weiter kopfüber eine nicht erhaltene externe Adresse. Da der Gruss am Schluss eingemittet ist, war wohl auch die Basmala am Anfang eingemittet. Recto unten und Verso oben fehlen eine unbekannte Anzahl Zeilen. Der rechte Rand ist Recto und Verso vollständig erhalten, am linken Rand sind Recto und Verso einzelne Buchstaben angeschnitten, ohne dass Text fehlt. – Initiales *ǧīm/ḥā'/ḫā'* beginnt meist mit einem Anstrich von unten links (*aǧmaʿīna* r3; *ḥayy* r5; *daḫala* r9; *ǧibtu* r10; *as-sāḥil* r2; *wa-ḥaḍara* v4; v6 (2×); ansatzweise auch *ḥāfiḍan* r3; nicht *ǧaʿfar* v2). Finales *qāf* (*tawfīq* r2) und *nūn* (*al-ʿārifīna* r3, *wa-āmīn* r3) sind wenig gekrümmt, haben einen langen Abstrich und ähneln finalem *rā'* (*al-ʿārifīna* r3) und *yā'* (*innī* r5; *ḥayy* r5). Finales *lām* hat meist einen langen Abstrich fast ohne Krümmung nach links (*daḫala* r9; *wa-qāla* r9; *as-sā*[*ḥi*]*l* v2; aber mit Krümmung *bi-kull* r5). Finales *yā'* ist als *alif maqṣūra* punktiert (*wa-siwà* r4; *ʿalà* r8; *taʿālà* r6; *qaḍà* r7), aber nicht, wenn es für einen Konsonant steht (*la-ḥayy* r4). – *wa-siwà* r4 ist in einem Zug geschrieben. – Fast vollständig punktiert. – Keine Vokalzeichen.

Der Absender ist auf einem längeren Aufenthalt auswärts, von dem er erst nach Erledigung seiner Angelegenheit zurückkommen wird, und grüsst seinen Vater. Ein Dritter ist nach Qinā gekommen – möglicherweise befindet sich also auch der Sohn in Qinā – und hat dort „über uns" (Vater und Sohn?) die Lüge verbreitet, dass er (der Dritte) die Butter (*as-samn*) schon geliefert habe. Der Sohn bittet den Vater, er möge einen gewissen Ǧaʿfar grüssen, wenn sich dieser noch an der Küste (*ʿalà s-sāḥil*) befinde – auch der Adressat ist also wohl an der Küste –, und ihm auszurichten, er (Ǧaʿfar) möge das bei ihm verbliebene Getreide (des Sohnes) verkaufen und dann (nach Unterägypten) hinunterreisen. Drei weitere Parteien haben sich beim Sohn (in Qinā?) eingefunden und lassen den Vater grüssen: (1) Almand b. Ḍarqa, der auch die Familie des Vaters

 | DOI: 10.1163/9789004279605_004

(die Mutter des Sohnes, eine weitere Frau oder mehrere Frauen) grüssen lässt, (2) Ǧarīr, Onkel väterlicherseits des Sohnes und damit Bruder des Vaters und (3) „alle Vornehmen unserer Leute“ (*nuǧubu aṣḥābinā l-ǧamīʿu*), was möglicherweise impliziert, dass der Vater aus Qinā ausgewandert ist.

Text

و ١ [بسم الله الرحمن الرحيم ولدها فلان بن فلان]
٢ الذي اعلم به الوالد وفقه الله توفيق
٣ العارفين وكان له حافضا وامين واشركه
٤ في دعا الصالحين محمد واله اجمعين وسوي ذلك
٥ يا والدي اني لحي بخير بكل نعمة لم نعدم
٦ من الله غير النظر اليك فالله تعالي
٧ يقرب الاجتماع بك بعد قضي الحوايج انـ«ـه»
٨ علي ما يشا قدير ويومي ذلـ[ـك] ....ىعوت ؟
٩ دخل الي قنا وكذب علينا وقال انا قد
١٠ جبت لكم السمن والجـ[ـبنـ]ـة وهو في المر«ك»ـب
١١ فـ[...] النعـ[ـمـ]ـا[ن ...]

و ١ الذي – به – وفقه – ىتوفيق – ٣ العارفين وكان – حافضا وامين واشركه – ٤ في – الصالحين – اجمعين وسوي ذلك – ٥ يا والدي اني لحى ىخير بكل نعمه – نعدم – ٦ من – غيز النطر اليك – تعالي – ٧ يقرب الاجتماع بك بعد قصي الحوايج انـ«ـه» – ٨ علي ما يشا قدير – ىعوت – ٩ دخل الي قنا وكدب علينا وقال انا قد – ١٠ جبت – السمن – في المر«ك»ـب. –

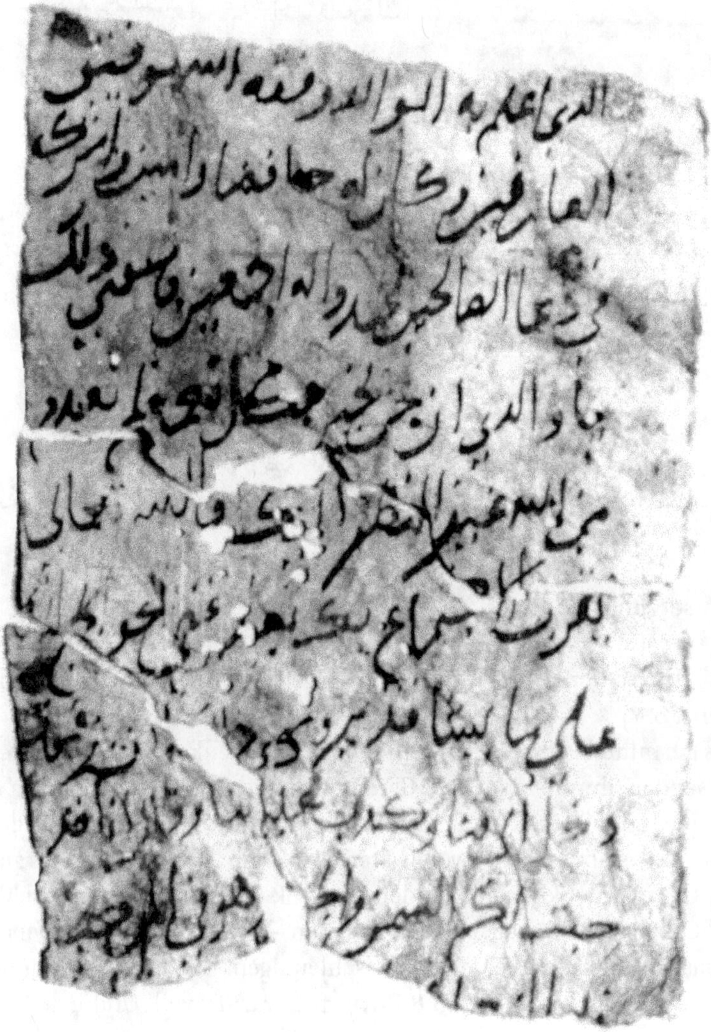

Tf. 1a

ظ ١ نعمه وهم لسالمو[ن صالحـ]ـون وان كا[ن]
٢ جعفر باقي على السـ[ـا]حل فتسلم لي
٣ عليه وتقلّه يبيع القمح الذي بقي معه
٤ ويهبط وحضر المند بن ضرقة وهو يسلم
٥ عليكم الجميع وما هو«ه» يقيم في الصغار
٦ وحـ«ـضـ»ـر عمي جرير وهـ«ـو» «يـ»ـسلم [عليـ]ـكم وحضر نجـ[ـب]
٧ اصحابنا الجميع «و»هم يسلموا [عـ]ـليـ[ـكـ]ـم
٨ والسلام

ظ ٢ جعفر بافى – ٢ فنسلم لي – ٣ عليه وتقله ببيع القمح الدي بقي – ٤ ويهبط وحضر – بن صرقه – يسلم – ٥ عليكم الحميع – يقم في الصغار – ٦ وحضر عمي – «ـد»ـسلم [عليـ]ـكم – وحضر – ٧ اصحابنا الحميع

Übersetzung

r1 [Im Namen Gottes, des Barmherzigen, des Allerbarmers Ihr Sohn X b. Y]

2 Was ich mitteile dem Vater – Gott möge ihm schenken den Erfolg **3** der Wissenden, ihm Behüter und Garant sein und ihn teilhaben lassen **4** am Gebet der Rechtschaffenen, Muḥammads und seiner Familie allesamt. Davon abgesehen: **5** Mein Vater, ich bin am Leben, mir geht es gut mit allem (erdenklichen) Gnadengeschenk (von Gott), uns/mir fehlt nichts **6** von Gott her ausser Dich zu sehen – Gott, erhaben ist Er, **7** möge das Zusammentreffen mit Dir beschleunigen – nach der Erledigung der Angelegenheiten – denn **8** Er vermag, was Er will. Und heute ist [die Person Z] **9** in Qinā angekommen und hat über uns Lügen verbreitet. Er sagte: „Ich habe **10** Euch das Fett und den K[äs]e [?] doch schon gebracht". Er (die genannte Person) befindet sich im Schi«f»f. **11** …

v1 seine Gnadengaben –] ihnen geht es gut. Und wenn **2** Ǧaʿfar noch an der Küste (*ʿalà s-sāḥil*) ist, dann grüss mir **3** ihn und sag ihm, er möge den Weizen verkaufen, der noch bei ihm ist, und **4** er möge hinunter (nach Unterägypten) gehen. Almand b. Ḍarqa ist hier und lässt Euch **5** alle grüssen und was (wen) sich bei den Kleinen (den Kindern) aufhält (die Frauen). **6** Mein Onkel väterlicherseits Ǧarīr ist hier, er lässt Euch grüssen. Alle die Vornehmen **7** unserer Leute sind hier und lassen Euch grüssen.

8 Gruss!

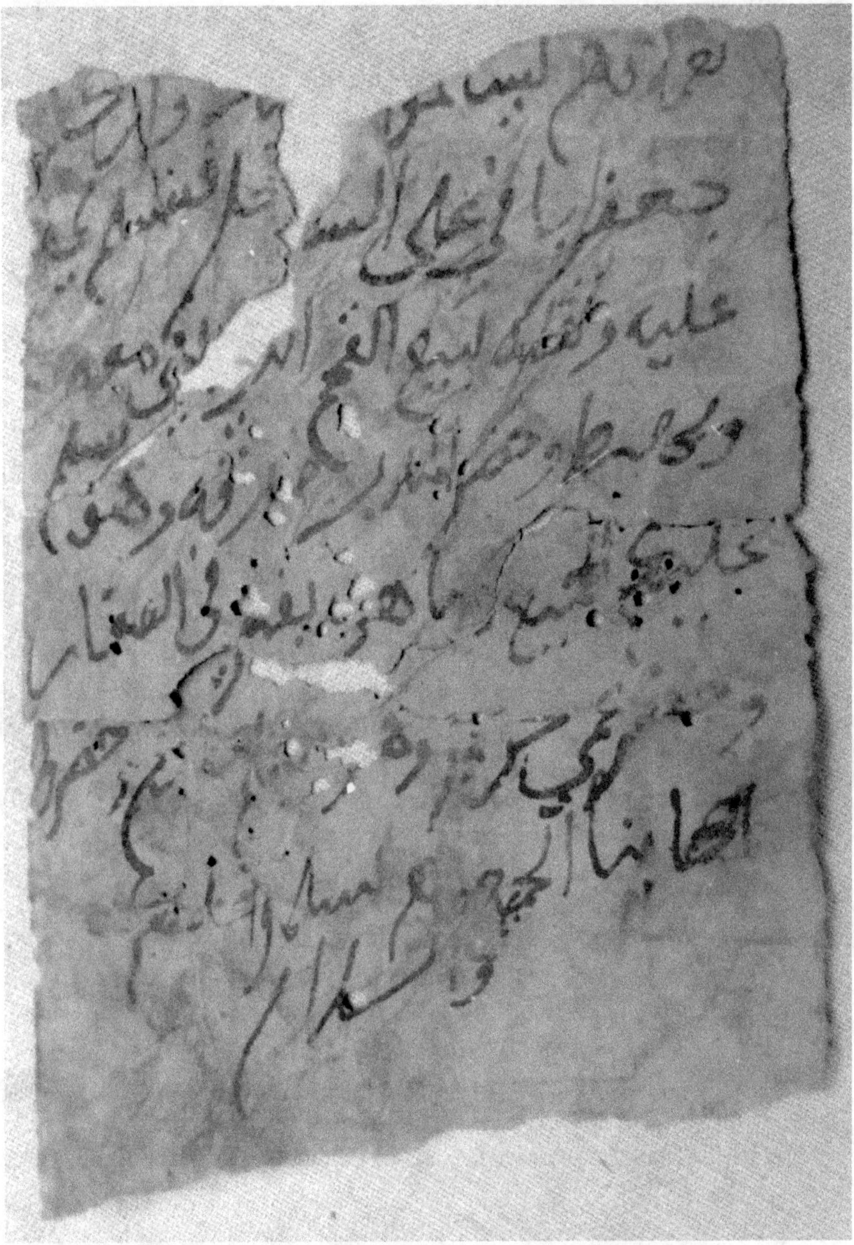

Tf. 1b

Kommentar

r1 [*waladuhā* X *ibn* Y]: Dass der Absender mit *walad* o. ä. bezeichnet wird, ist von der Anrede des Adressaten als *al-wālid* (r2) her zu erwarten. Ähnlich haben wir in einer Adresse *waladuhā naṣr ibn ʿālī* (hier **Nr. 2**.1); dort allerdings meint *waladuhā* den geistlichen, nicht den leiblichen Sohn des Adressaten.

r2–4 *waffaqahu llāhu* (*3*) *tawfīqa l-ʿārifīn, wa-kāna lahu ḥāfiḍan* (*l. ḥāfiẓan*) *wa-amīn, wa-ašrakahu* (*4*) *fī duʿāʾi ṣ-ṣāliḥīn, muḥammadin wa-ālihi aǧmaʿīn*: [*waffaqahu*] (*3*) *llāhu tawfīqa l-ʿārifīn inna*[*hu walīyu ḏālika wa-l-qādiru ʿalayhi*][14] (P.Giss.Arab. 17.2–4; 13. Jh.); *waffaqahu llāhu tawfīqa l-ʿārifīn,* (*2*) *«wa»-ǧaʿalahu min awliyāʾihi ṣ-ṣā*[*liḥīn*]*, allaḏīna lā ḫawfun ʿalayhim*[15] *wa-lā* (*3*) *hum yaḥzanūna* (P.QuseirArab. I 6r.1–3); *waffaqahu llāhu* [*tawfīqa*] *l-ʿārifīn, wa-ǧaʿala lahu karāʾima ṣ-ṣāliḥīn, muḥammadin wa-ālihi* (*r4*) *aǧmaʿīn* (P.QuseirArab. I 13r.3–4); *waffaqahu llāhu tawfīqa l-ʿārifīn,* (*3*) *wa-ḫāra lahu* [*fī d-dun*]*yā wa-d-dīn, wa-kāna lahu ḥāfiḍan* (*l. ḥāfiẓan*) *wa-amī*[*n*] (hier **Nr.** 2r.2–3); [*waffaqahu llā*]*hu* [*ta*]*wfīqa l-ʿārifīn, wa-ḥašadahu fī zumrati* (*3*) [*l- ... -īn, wa-ǧaʿala lahu karāʾima ṣ-ṣāliḥīn, mu*]*ḥammadin wa-ālihi aǧmaʿīn* (hier **Nr.** 4r.2–3); *ilà ḥaḍrati l-qāḍī l-aǧalli l-muḥtarami zayni l-*⟨*d*⟩*īn,*[16] *waffaqahu llāhu* (*3*) *taʿālà tawfīqa l-ʿārifīn, bi-muḥammadin wa-ālihi aǧmaʿīn* (P.Vind.Arab. II 31.2–3; 13. Jh. oder später); TS 13 J 18 22 „may God grant her success, as he does with those who know (him) (*tawfīq al-ʿārifīn*)" (zitiert Goitein, Society III: 60 und 439–440 A. 48–50; so Diem, P.Vind.Arab. II: 156 zu 31.2–3). – Eine christliche Parallele ab *wa-ašrakahu* (*4*) *fī duʿāʾi ṣ-ṣāliḥīn, muḥammadin wa-ālihi aǧmaʿīn*: *fa-bi-llāhi* (*r12*) *yā-mawlāya in*{*ʾ*} *ašrakta ḫuwaydimaka fī ṣāliḥi duʿāyika, wa-ǧaʿaltahu min ahli* (*r13*) [*wa*]*lāyika, wa-adḫaltahu fī zumrati man yadḫulu taḥta liwāyika*[17] (P.Heid.Arab. II 70r.12–13; 14. Jh.)

r4–5 *lam naʿdam* (*r5*) *mina llāhi ġayra n-naẓari ilayka*: *innī mā ʿadimtu šay fī mamarrī ilà* (*l. illā*) *n-naẓara ilà waǧ*[*hi*]*ki* (*7*) [*lā*] *aʿdamanīhi llāhu wa-manna ʿalayya bi-naẓarin ilayhi fī ḫayrin wa-ʿāfiyatin* (CPR XXXII 1r.6–7; 10. Jh.); *lam aʿdam mina llāhi siw*⟨*ā*⟩ *n-naẓari* (*3*) *ilayka* (P.Vind.Arab.

---

14 Diem, Review P.Prag.Arab. 1: 32 *inna*[*hu walīyu ḏālika wa-l-qādiru ʿalayhi*] o. ä. Grohmann *ʾd*.

15 Guo *wa-ǧaʿalahu min awliyāʾi llāhi lā ḫawfun ʿalayhim* „May God make him among God's Friends, no fear shall be on them".

16 Diem notiert das Fehlen des *dāl* nicht.

17 In *duʿāyika,* [*wa*]*lāyika*]*, liwāyika* (*l. duʿāʾika,* [*wa*]*lāʾika*]*, liwāʾika*) ist das yāʾ punktiert.

I 23.2–3; 11. Jh.); *mā aʿdamu* (*4*) *mi*[*na llāhi faḍ*]*l siwā n-naẓari ilaykum wa-li-ǧtimāʿi fa-llāhu yuʿaǧǧili l-ǧtimāʿa qar*[*īb*] *ġayr baʿīd* (P.BERL. ARAB. II 84r.3–4; 13. Jh.); *wa-lam naʿdam siwā n-naẓari ilayka* (TS 8 J 26.4). – In unserem Stück ist *lam naʿdam* entweder regulärer Plural „uns fehlt nichts" oder (da der Adressat von sich selber sonst immer im Singular spricht) maġribinischer Singular „mir fehlt nichts", wozu dann der Plural *lam naʿdamū* „uns fehlt nichts" gehören würde. Hierzu siehe Hopkins, Grammar: 70 § 65.d.

r6 *baʿda qaḍà* (*l. qaḍāʾi*) *l-ḥawāyiǧi* „nach der Erledigung der Angelegenheiten": *wa-*[*š*]*taġala abū yaʿqūba munḏu yawma*[*y*]*ni fī* (*7*) [*qaḍāʾi ḥāǧa*]*tin li-abī l-faḍli sālimin akramakumā llāhu wa-arǧū yafraġu l-yawma wa-yaṣīru ġadan fī ḥāǧatika in šāʾa llāhu* (P.BERL.ARAB. II 38r.6–7; 9. Jh.); *wa-iḏā ʿaraḍat laka yā-aḫī ḥāǧatun fa-ktub ilayya bihā fa-innī usarru* (*6*) *bi-qaḍāʾihā* (P.BERL.ARAB. II 70r.5–6; 11. Jh.); *wa-law lam yakūn* (*r11*) *laka ʿa*[*layya ka*]*lāmun ǧiʾtu laka ʿalà nafsī qaḍāʾan ḥāǧataka* (P.MARCHANDS II 1.R10–11; 9. Jh.); [...] *taṣīru* (*v10*) *bi-nafsika taqḍā* (*sic*) *ḥawāʾiǧī* (P.MARCHANDS II 13V.9–10; 9. Jh.); *la-aḥabbu ilayya qaḍāʾu ḥawāʾiǧihā* (P.MARCHANDS II 13V.16 top upside down); *wa-llāhi llāhi*[18] *lā tataʾaḫḫar* (*9*) *ʿan qaḍāʾi ḥāǧatī* (P.VIND.ARAB. II 21.8–9; 10. Jh.); *fa-asalu llāha an yuqīma ǧāhaka wa-yaǧʿalaka* (*19*) *«maqḍīya» l-ḥāǧati ayna mā ttaǧahta* (P.VIND.ARAB. II 3r.19; 11. Jh. oder später); *annahu nazala* (*4*) *ilà miṣra fī qa*[*ḍ*]*āʾi ḥawāyiǧa lahu* (P.VIND.ARAB. II 36r.3–4; 11. Jh.); *wa-tuʿarrifnī bi-ḫabari*[*ka wa-*]*ḥāǧātika fa-innī usarru bi-qadāʾih*[*ā*] *in šāʾa llāhu* (P.BERL.ARAB. II 71.7; nach 1036); *ǧarà min* (*5*) *maqdūri llāhi mā laḥiqanī minhu t-taʿwīqu ʿani ṣ-ṣafari* (*l. s-safari*) *wa-ʿan iqḍā ḥawāyiǧi l-aṣdiqā* (GEN.KINGDOM 788.5; ca. 1050); [...] (*10*) *ḥawāyiǧu innamā tanqaḍī bi-d-danā*(*nīri*) *bi-d-darʾi fa-iḏā lā* [...] *kayfa tuqḍī* [*?*] *ḥāǧatan* [...][19] (GEN.KINGDOM 363v.10; ca. 1056); *wa-llāhi ya-aḫī / in kāna qaḍà li-bintī ḥāǧatan / min ḥawāʾiǧi n-/nāsi* (TS 13 J 21 18r.Rand; ca. 1100–1138); *wa-aḥḏaquhu fī qaḍāʾi sāʾiri ḥawāyiǧi n-nāsi* (GEN.FRENKELCOMPASSIONATE 44.6); *annahu qad qaṭayta* (*l. qaḍayta*) *ḥawāyiǧahu* (P.QUSEIRARAB. I 14r.6); *wa-ana muntaḍirun* (*l. muntaẓirun*) *wuṣūlaka in* (*13*) *kunta taǧīʾu taqḍī ḥawāyiǧaka* „Ich erwarte Deine Ankunft, wenn Du gekommen bist, um Deine Angelegenheiten zu erledigen." (P.QUSEIRARAB. I 20r.12–

18 Diem gibt in der Edition *fa-llāhi wa-llāhi*, im Glossar S. 253 s. v. ʾlh richtig *fa-llāh allāh*.

19 In der Datenbank des Princeton Geniza Projects findet sich (*10*) *ḥawāyiǧu innamā tanqaḍī bi-d-darā*(*himi*) *fa-iḏā lā na*[*ʿrifu*] *kayfa tanqaḍī ḥāǧatun* [...] (22. Februar 2013).

13); *ana muǧtahidun aqḍī ḥawāʾiǧa l-mawlā* (P.QuseirArab. i 30.3); … *wa-min musāʿadatī li-qaḍā ḥawāyiǧi n-nāsi* (ts 10 j 11 17.3); *wa-ana in šāʾa llāhu (12) ġada ḫurūǧi l-ʿīdi anḥadiru ilà tinnīsa ataqaḍḍà fīhā (13) ḥawāyiǧa wa-unfiḏu lahu ḏālika* (ts 13 j 19 11.11–13). – Für die orthographische Variante *-à* (l. *-ā*ʾ) siehe Hopkins, Grammar: 23 § 21.b.

r8 *wa-yawmī ḏāli[ka]* …….. *yfwt*: Das Ende der Zeile ist unlesbar.

r9 *daḫala ilà qinā*: Die Konstruktion *daḫala ilà* + Ortsname (statt des üblicheren *daḫala* + Ortsname) erscheint: *wa-daḫala ilà aṭrābulūsa markabu ṭ-ṭabībi* (Gen.Kingdom 443r.5; 23. Oktober 1046); *wa-lam yaẓhar minhu min [ḥīni] (7) daḫala ilà iskandarīyata ilà l-āni ġayru l-ḫayri wa-l-ʿiffati* … (Gen.FrenkelCompassionate 28.6–7; 1200–1230); *annahu daḫala ilà l-iskandarīyati* (ts 8 j 11 15.3); *wa-in daḫala ilà (9) miṣra ʿtuqila bi-sababihā* (ts 8 j 17 23.8–9).

r9–10 *qāla ana qad (10) ǧibtu lakuma s-samna wa-l-ǧ[ibna]ta*: In *as-samna* sind die drei Häkchen des *sīn* durchaus zu erkennen. Damit fällt die Lesung *qāla ana qad (10) ǧibtu lakuma ṯ-ṯamana* „Er sagte: ‚Ich habe Euch den Erlös doch schon übergeben'“ aus. – *Ǧāba ṯ-ṯaman* heisst in *wa-ǧīb ṯamanahā* (vom Schreiber korrigiert aus *ṯamanan*) *ʿalayhi kamā ariba* (P.QuseirArab. i 9.5) nicht „forward its cost in the amount requested“ (Guo), sondern „übergib ihm den Erlös dafür …“.

v1 *wa-hum la-sālimū[na ṣāliḥūna]*: *wa-ana sālimun ṣāliḥun kamā yasurrukum (8) wa-llāhu maḥmūdun* (P.Berl.Arab. i 3.7–8; 8. Jh.); *wa-naḥnu sālimūna ṣāliḥūna ka-llaḏī yasurrukum wa-llāhu maḥ⟨m⟩{d}ūdun maškūrun* (P.Berl.Arab. ii 75r.7; 8. Jh.); *annā sālimīna ṣāliḥīna [munḏu] (5) ḫa[ra]ǧta min ʿindinā* (P.Heid.Arab. ii 24.4–5; 8. Jh.); *fa-innā sālimīna ṣāliḥīna ʿalà [mā] yasurruka (5) wa-rabbunā maḥmūdun* (P.Khalili i 15r.4–5; 8. Jh.); *fa-innā sālimūna ṣāliḥūna {wa-innā}*[20] *wa-rabbunā maḥmūdun* (P.Khalili i 15v.4; 8. Jh.); *annā sā(r5)limūna ṣāliḥūna ka-llaḏī yasurruku bi-ḥamdi llāhi/bi-ḥamdin li-llāhi* (P.RagibLettres 9a.r4–5; 8. Jh.); *annā sālimīna (v4) ṣāliḥīna ka-llaḏī yasurruka bi-ḥamdi llāhi ʿalaynā wa-niʿmatihi* (P.RagibLettres 9b.v3–4; 8. Jh.); *annā sālimīna ṣāliḥīna ka-llaḏī yasurru(r5)ka wa-rabbunā maḥmūdun* (P.RagibLettres 11.r4–5; 8. Jh.); *šayḫukā bi-ḫayrin ʿalà afḍali mā tuḥibbu wa-llāhu maḥmūdun* (P.GrohmannUrkunden 19 = P.World p. 166 = P.Marchands v/1 8r.7; 9. Jh.); *fa-qad kānū*

20 Korrektur von Diem, P.Berl.Arab. ii: 246 zu 72.6–7.

ṣāliḥīna ruḥamāʾa (P.Marchands II 9.v4; 9. Jh.); [...] *sālimun* (*r8*) *ʿalà asarri a*[*m*]*rin* (P.Marchands II 27r.7–8; 9. Jh.); *wa-ana wa-š-šayḫu wa-ahlu l-bayti sālimīna bi-ḫayrin ʿalà mā tuḥibbu* (P.Marchands V/1 1.r1; 9. Jh.); *annā bi-ḫayrin sālimīna* (*v5*) *ṣāliḥīna lam yaḥduṯ ʿalà aḥadin minnā illā* (*r6*) *ḫayru l-amri* (P.RagibLettres 10.v4–6; 9. Jh.); *annā sālimīna ṣāliḥīna bi-ḥamdin li-llāhi* (*r4*) *«ʿalaynā» wa-niʿmatihi* (P.RagibLettres 12r.3–4; 9. Jh.); *wa-naḥnu sālimūna muʿāfawna wa-llāhu maḥmūdun* (P.RagibLettres 13.r3; 9. Jh.); *i*[*nnī*] (*r5*) *sālimun fa-li-llāhi l-ḥamdu ʿalà ḏālika* (P.Heid.Arab. II 36r.4–5; 11. Jh.); *wa-llāhu taʿālà yaktub salāmatakum wa-yaruddukum ilaynā sālimīna* (2) *muʿāfayna* (P.QuseirArab. I 79.1–2); *wa-qad waṣala «ǧumlatu l-marīnati» sālimīna*[21] (*6*) *fa-li-llāhi l-ḥamdu ʿalà ḏālika* (hier **Nr. 14v**.5–6). In den Geniza-Dokumenten scheint die Kombination nicht vorzukommen. – Selten wird *sālim ṣāliḥ* auch auf Geldstücke bezogen: *wa-baqā* (sic) [*ʿindī*] *maʿa* [*d-danā*]*nīri* (*r14*) [*di*]*rhamun sālimun ṣāliḥun* (P.David-WeillLouvre 11.r14–15; 9. Jh.).

v1–2 *wa-in kā*[*na*] (2) *ǧaʿfaru bāqī* (*l. bāqiyan*) *ʿalà s-s*[*ā*]*ḥili: Sāḥil* ist meist „Küste", gelegentlich aber auch „(Fluss)hafen" (Friedman, Review P.QuseirArab. I: 402; Gil, Shipping: 280; 281; Kaplony, Interplay: 101 A. 24; Regourd, Documents: 340).

v2–3 *fa-tusallim lī* (*v3*) *ʿalayhi wa-taqul-lahu* (ausgesprochen als *wa-tgul-lu, wa-tʾul-lu* o.ä.): Die Formel *sallim/tusallim lī ʿalà fulānin wa-taqul lahu/wa-tuʿrifhu* + apoc. „grüsse mir den x und sag ihm/teil ihm mit, er solle ... tun" ist in den Quṣayr-Dokumenten gut belegt: [*tu*]*sallim*[22] *lī ʿal*[*à*] (*4*) *l-aḫi sulṭāna wa-mā waladu*[*hu*] *wa-ahluhu wa-wālidu*[*hu*] (*5*) *wa-aḫawātuhu illā bi-ḫayrin wa-tuʿrifhu yaǧtahid*[23] *lī fī l-h*[...] (P.QuseirArab. I 12v.3–5); *wa-sallim lī ʿalà l-aḫi ʿabdi r-raḥīmi wa-ʿalà l-aḫi ʿīsà* (*11*) *wa-sallim lī ʿalà š-šayḫi abū mufarriǧin wa-tuʿlimi l-makīna in kāna mā dafaʿa laka* (*12*) *šayʾ taqul-lahu*[24] *ana ursilu ilayhi kitāb li-kirà dābbatin wa-yaṭluʿ* (P.QuseirArab. I 13r.10–12); vgl. auch *wa-tusallim lī ʿalà ḥusaynini s-salāma l-kaṯ⟨ī⟩ra wa-taqūl lahu* (*13*) *ʿammuka abū*

---

21 Guo *wa-qad waṣala ʿaskaru l-mazīdi sālimīna* „The additional troops (?) have arrived, all in good shape and health." Die Lesung ist paläographisch und im Kontext unwahrscheinlich.

22 Guo liest [...] *sallim*, aber da das *sīn* nach der Lacuna mit einem Verbindungsstrich ansetzt, ist wohl [... *tu*]*sallim* zu lesen.

23 Guo *taǧtahid*.

24 Guo *wa-tuʿlim*, aber da der letzte Buchstabe des Wortes klar ein *hāʾ* ist (und ganz anders als das eindeutige Schluss-*mīm* von *tuʿlim* in Zeile r11), drängt sich die Lesung *wa-taqul-lahu* auf.

ʿalīyin yusallimu ʿalayka s-salāma l-kaṯ⟨ī⟩ra (P.QuseirArab. I 19.12–13). Hierher gehört wohl auch die von Guo verlesene, aber aufgrund von Guo 1999: 175 fig. 2b nur schwer zu lesende Stelle: *wa-tusallim lī ʿalà (6)* ʿ[...]*H s-salāma*[25] *wa-taqūl lahu innahu? (7) lī l-yawma tabīʿhu* (P.QuseirArab. I 20v.5–7). – Zur Zusammenschreibung von *taqul/qul* und *li-* mit Personalpronomen vgl. die gerade zitierte Stelle P.QuseirArab. I 13r.12; weiter *wa-qul-lahu aradta uwağğihu ilayka bi-danānīra mimma laka ʿindī* (P.Berl.Arab. II 38.12; 9. Jh.); *wa-maymūnatu taqraʾu ʿalayki s-salāma wa-taqul-laki* (*l. wa-taqūl laki*) (P.Vind.Arab. II 17r.13; 9.–10. Jh.); *wa-llāhi l-ʿalīmi in akṯara (14) taqul-lahu ʿalayya* (Gen.Palestine 101r.13–14; ca. 1030); *fa-ğāʾa ilayya saʿīdun (14) qāl-lī tamurra binā (15) ilà l-kattānīyi (16) naʾhuḍ* (*l. naʾḫuḏ*) *(16) ğamīʿa mā lanā (17) ʿindahu* (Gen.Sicily 6 = Gen.Kingdom 238r Rand rechts.13–17; 11. Jh.); *fa-tağtamiʿ bihi wa-qul-lahu l-yawma (6) biḍāʿuhu qalīlun* (TS 8 J 13 3r.6–7); *wa-qad qāl-lī* BDMSYS *unẓur ğamīʿa mā laka mina l-ḥawāyiği* (TS 8 J 18 33b.3); *wa-kāna bišrun qad (4) awqafanī ʿalā kitābika qāl-lī* (TS 10 J 13 5.3–4); *wa-bi-annanī (15) iḏā ğiʾta narğaʿu taqul-lahu wa-ana l-yawma fī (16) miṣra* [*ka-mā*] *taʿrifī* (TS 13 J 24 18.14–16). – Nicht hierher gehört: *wa-la-qad qaraʾtuhu ʿalà ḥasanin (r9) kitābaka fa-qāla*[26] *mā katabtu ilayhi hāḏā wa-lā ḏakartuhu* (P.Marchands II 1r.8–9; 9. Jh.). – Weiter zu *qāl* mit suffigiertem *la-* „für" + Personalsuffix siehe Blau, Grammar of Christian Arabic: 398–399 § 283; 625; Hopkins, Grammar: 206–207 § 221; Diem, P.Berl.Arab. II: 85 zu 38.12.

v4 *wa-ḥaḍara almandu bnu ḍarqata*: Für den Namen Almand vgl. *wa-nusiba ḏālika ilà (17) rağulin yuʿrafu bi-abū almanda kātibi ṣ-ṣināʿati* (Gen.Palestine 197 4.16–17; wahrscheinlich Ende 1041).

v 4–5 Bei den drei Grüssen *wa-ḥaḍara* X *(wa-huwa) yusallimu ʿalayka (wa-ʿalà* Y) grüsst ein X, der sich beim Absender eingefunden hat, den Empfänger (und ggf. einen beim Empfänger befindlichen Y): *wa-ḥaḍara ismāʿīlu wa-huwa yusallimu ʿalayka* (P.QuseirArab. I 48.5); *ḥaḍara muḥammadu bnu ḥasanin wa-huwa yusallimu ʿalayka* (P.Quseir Arab. I 57r.right margin); *wa-ḥaḍara ḥusaynu bnu zikrī*[27] *(11) wa-huwa yusallimu ʿalayka wa-ʿalà r-rašīdi harūna (12) wa-ʿalà ḫalafin wa-«ʿa»là ʿumara bni abū l-ḥasani (13) wa-ʿalà š-šayḫi yūsufa bni qāsimin* (hier **Nr.**

25 Guo *bʾ kaṯīr*.

26 Rāġib *fa-qāl-lī*. Der Schluss ist aber wohl eher nur ein finales *lām*.

27 Guo mir unverständlich *zakarīy⟨ā⟩*.

14r.10–13). – Vgl. auch den Gruss eines Schreibers an den Adressaten *wa-kātibu hāḏihi l-a(15)ḥrufi yaḥyà wa-huwa yusallimu ʿalà l-mawlā (16) wa-ʿalà ahli baytihi* (P.QuseirArab. I 20r.14–16).

v4–5 *wa-huwa yusallimu (v5) ʿalaykuma l-ǧamīʿi wa-mā huwwa«h» yuqīmu fī ṣ-ṣiġāri*: Gemeint sind Grüsse an die Leute des Adressanten, auch an seinen Harem. – Möglicherweise schafft das unpersönliche *mā* (statt des persönlichen *man*) weiter respektvolle Distanz zur Privatsphäre der Familie: *wa-qraʾ ʿalà mā qibalaka s-salāma māǧidata wa-ummi māǧidata wa-kamūla (11) wa-yūsufa wa-ḥafṣin* (P.Jahn 5r.10–11; 771–800); *wa-llaḏī tuḥibbu (r5) [an] yabluġaka ʿan ḫāṣṣatinā wa-ḥāli mā qiba[lanā] (6) [ʿalà] aḥsani ḥālin wa-r-rabbu maḥmūdun* (CPR XVI 4r.4–6; 8. Jh.); *wa-mā qibalanā mi[n] ḍayʿatika ʿalà mā (6) yasurruka* (P.Khalili I 14.5–6; 8. Jh.); *ǧāʾanī kitābuka l-awwalu wa-l-āḫaru wa-fahimtu mā ḏakarta fīhi (8) min ḥālika wa-ḥāli mā qibalaka* (P.Ragib Lettres 4.7–8; 8. Jh.); *wa-ḍayʿatuka wa-ǧam[ī]ʿu mā qibalanā fī ʿāfiyatin wa-llāhu maḥmūdun* (CPR XVI 11.4; 9. Jh.); *[wa-ana wa-]mā qibalī bi-ḥāli ʿāfiyatin wa-salāmatin* (CPR XVI 12.3; 9. Jh.); *šayḫuka akramahu llāhu fī-mā qibalanā ʿalà llaḏī (11) tuḥibbu* „Dein alter Herr – Gott möge ihn ehren – ist mitsamt den Meinen in einem Zustand, der Dich freut“[28] (P.Marchands III 42r.10; 9. Jh.); *wa-lākinnī waqaftu ʿani l-ḫurūǧi ilà (9) mā qibalaka mudārātan minnī lahum* (P.Marchands V/1 11.9; 9. Jh.); *wa-ana wa-mā qibalī (2/3) bi-ḥāli ʿāfiyatin* (P.Ryl.Arab. I VI 14.1–2 = P.World p. 179.2–3; 9. Jh.); *wa-ana wa-abū ʿalīyin wa-ǧamīʿu mā qibalī bi-ḥāli ʿāfiyatin (6) wa-salāmatin wa-l-ḥamdu li-llāhi rabbī l-ʿālamī[na] kaṯīran lā [ša]rīka (7) lahu* (P.David-WeillEdfou Ar.5–7; 867–933); *wa-ana wa-abū ʿalīyin (6) wa-ǧamīʿu mā qibalī bi-ḥāli ʿāfiyatin aḥmadu llāha ʿalayhā* (P.David-WeillEdfou Br.5–6; 867–933); *wa-ana wa-abū ʿalīyin (6) wa-ǧamīʿu mā qibalī bi-ḥāli ʿāfiyatin aḥmadu llāha ʿalayhā* (P.RagibEdfou 1.4–5; 867–933); *wa-qad waǧǧahtu nāfiʿ ilà mā qibalaka* „und ich habe Nāfiʿ zu den Deinen geschickt“[29] (P.Berl.Arab. II 66r.5; 10. Jh.). Weitere Belege für unpersönliches *mā* für persönliches *man*: *wa-ktub (11) ilayya kayfa faʿalta fī ḏālika (12) wa-mā bi-arḍika mina t-tuǧǧāri (13) llaḏīna yabīʿūna ṭ-ṭaʿāma* (P.BeckerNPAF 4 = P.BeckerPAF 7.10–13 = P.Cair.Arab. 147.11–14; 91/710); *fa-dfaʿ ilayhi mā kāna (14) lahu bi-arḍika min*

---

28 Also nicht mit Rāġib „Ton šayḫ – Que Dieu l'honore! est pour ce qui nous concerne (dans l'état) que tu souhaites“.

29 Diem „Ausserdem hab ich Nāfiʿ zu Dir gesandt.“

ǧāliyatihi (P.BeckerNPAF 5r.13–14 = P.Heid.Arab. I 12.13–14 = P.BeckerPAF 14 = P.Cair.Arab. 151.13–14; 710); *wa-ǧʿal fī s-sawāq[ī]* (*21*) *mina l-ḥurrāsi mā yuqīmu bi*[*hi*]*m* (*l. bihā*) (P.Berl.Arab. II 34r.20–21; 11. Jh.). – Zur Verwendung von *mā* für Personen siehe Blau, Grammar of Christian Arabic: 441 § 441; Hopkins, Grammar: 243 § 293; Diem, CPR XVI: 17 zu 5.4–6. – Zur Schreibung *huwwah* (*l. huwa*): *fa-qāla abū* [*ǧahlin*] (2) *anta huwwa fa-ayna muḥammadun* (PB 9 (38).1–2: 229/843). In den Geniza-Dokumenten ist die Schreibung *huwwah* häufig. Weiter zur Schreibung *huwwah* siehe Hopkins, Grammar: 7 § 5.a; 63 § 59.b.

NUMMER 2

Ankündigung einer Lieferung von Weizen von Naṣr b. ʿAlī an den *šayḫ* Ṭāʾiʿ b. Faḍl al-Qināwī in al-Quṣayr

(*Tafeln 2a und 2b*)

Quseir 1978 RN (SW-Bilder Quseir 1978 14; 15)
Höhe und Breite unbekannt

Papier. – Auf Recto ein Geschäftsbrief, auf Verso (Blattwendung ↓) wohl dessen Ende; auf Verso auf dem Kopf stehend die externe Adresse, darunter mehrmals die Basmala als Schreibübung. – Recto sind der obere und der rechte Rand vollständig erhalten. Am linken Rand sind Recto einzelne Buchstaben angeschnitten, ohne dass Text fehlt. Recto unten und Verso oben fehlt je eine unbekannte Anzahl an Zeilen. Die Schrift ist teilweise stark abgenützt und kaum lesbar. Die Briefschluss auf Verso ist im mir vorliegenden Scan nicht lesbar. – *Ṣād/ḍād* wird ohne anschliessendes Häkchen geschrieben (*naṣr* r1; *faḍl* r2; v2; *ḥāfiḍan* r3; *wa-niṣf* r5; *wa«ṣī»ya* r6; *yaṣilu* v1; *al-quṣayr* v1). Finales *hāʾ* besteht aus einem Strichlein nach links und einem weiteren nach unten (*allāh* r1; r2; r3; r4; r5; *waffaqahu* r2; weniger klar *lahu* r3 (2×)). Als Ligatur werden *yāʾ* und finales *nūn* über eine Erhöhung verbunden, ähnlich wie sonst Häkchen und finales *yāʾ* (*al-ʿārifīna* r2; *wa-āmīn* r3; anders *wa-d-dīn* r3). – *Allāh* besteht aus einem grossen *alif*, verbunden mit zwei kleinen *lām* und einem finalem *hāʾ* (r1; r2; r4; r5). Das *ar-raḥmān ar-raḥīm* der Basmala (r1) ist zusammengezogen. *Ibn* im Nasab ist ein schräger Strich (r1, v2). – Unpunktiert. – Mehrfach ist *fatḥa* gesetzt: über initialem *wāw* (*waladuhā* r1; *waffaqahu* r2; *wa-ḫāra* r3; *wa-d-dīn* r3; *wa-kāna* r3; *wa-āmīn* r3; *wa-siwà* r4; *wa-ǧʿalhā* r6; *wa-adrī* r7) oder zur Markierung von ā (*wa-siwà* r4; *ḏālika* r4; *yā* r6; *mā* r6; *dāmat* v2).

Ein Naṣr b. ʿAlī informiert den *šayḫ* Ṭāʾiʿ b. Faḍl al-Qināwī im Hafen von al-Quṣayr (*sāḥil al-quṣayr*), er (Ṭāʾiʿ) habe ihm sechseinhalb Traglasten Weizen geschickt, und bittet ihn, (dies) sein Getreide an einem eigenen Ort aufzubewahren, d. h. getrennt von den Waren (dem Getreide) anderer. Der Empfänger ist anscheinend der Onkel väterlicherseits des Absenders.

Text

و ١ بسـ«ـم ا»لله (الرحمن الرحيم)   وَلدها نصر بن علي
٢ اعـ[ـلـ]ـم [الـ]ـشيخ طائع بن فضل وَفقه الله توفيق العارفين
٣ وَخار له [في الدنـ]ـيا وَالدين وَكان له حافضا وَامين
٤ وَسوَى «ذَلك» ياخي فاني سيرت اليك غلّتي فالله
٥ «الله» ا«جعـ»ـلها وحدها فهى ستة احمـ[ـال قمح] ونصف
٦ فاعمي مَا يحتاج و«صـ»ـية في «غـ»ـلتي وَاجعلها وحدها
٧ وَادري انـ[ـهـ]ـا باقـ[ـية ؟] [....] جميعهم فقد طمنت
٨ [قلبي/قلوبنا] ... عندك اكثر منهم
هـ ...

و ١ وَلدها – علي – ٢ وَفقه – ٣ وَحار – وَالدس وَكان – حافصا وَامـ[ـس] – ٤ «وسوَى ذَلك يا» – ٦ مَا – وَاحعلها – ٧ وَادرى

Übersetzung

r1 Im Namen Gottes, (des Barmherzigen, des Allerbarmers) Ihr Sohn Naṣr b. ʿAlī

2 Ich t[ei]le mit [dem] *šayḫ* Ṭāʾiʿ b. Faḍl – Gott möge ihm schenken den Erfolg der Wissenden, **3** ihm Gutes tun [in der Wel]t und in der Religion, und ihm Behüter und Garant sein. **4** Wei«ter: Mein» Bruder, ich habe mein Getreide abgeschickt an Dich. Ich bitte Dich, los **5** «los» (*fa-llāhi «llāhi»*): v«ersor»g es an einem Ort für sich. Es handelt sich um sechsseinhalb La[dung Weizen]. **6** Mein Onkel! – (aber) Du benötigst (ja gar) keinen R«a»t in Bezug auf mein «G»etreide –, versorg es an einem Ort für sich. **7** Ich weiss, dass [e]s (das Getreide) bleibt? [...] alle von ihnen – sie (die guten Nachrichten) haben/Du hast [mein/unser (besorgtes) Herz] **8** [beruhigt] [...] bei Dir mehr als sie

Rand ...

v1 ... 2 ...

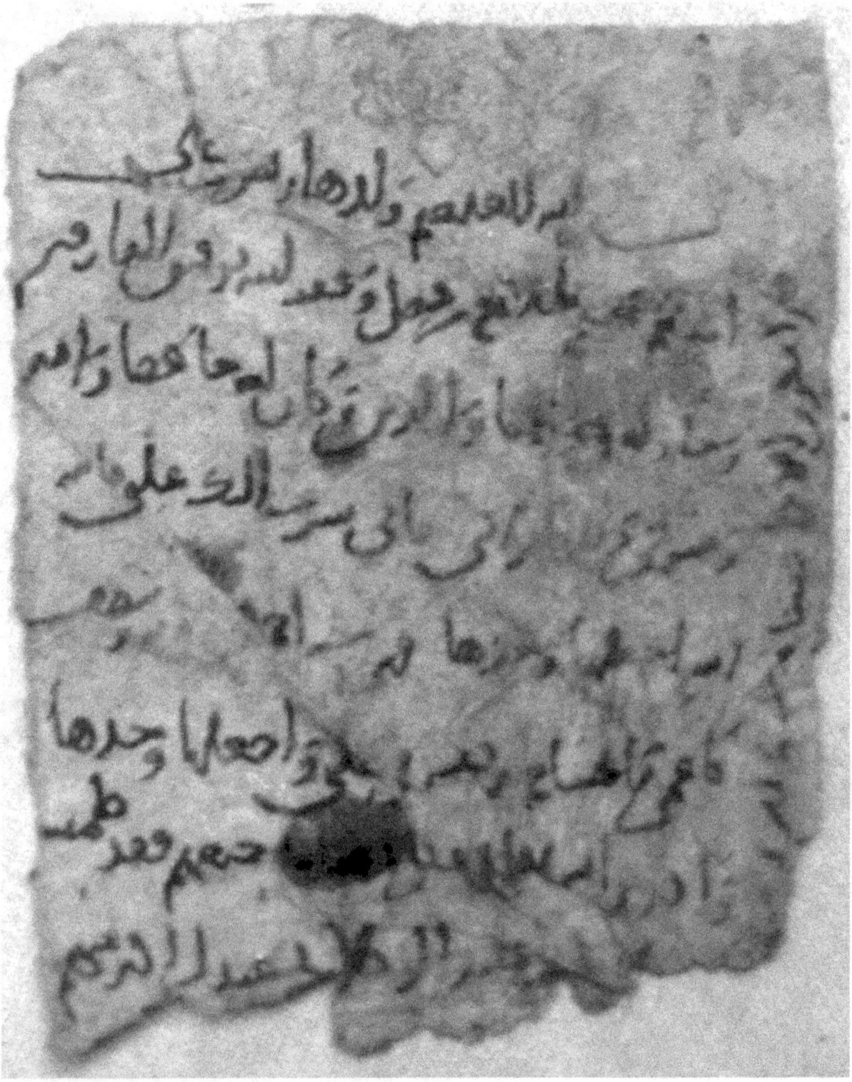

Tf. 2a

Text

ظ ١ ...

٢ ...

ظ مقلوب

١ يصل هذه الاحرف الى ساحل القصير تسلم للشيخ

٢ طائع بن فضل القناوي دَامت سعاد«ته»

٣ ...

ظ ٢ دَامت

Übersetzung

v umgedreht 1 Es mögen gelangen diese Buchstaben (diese Mitteilung) in den Hafen von al-Quṣayr. Sie mögen übergeben werden dem *šayḫ* **2** Ṭā'i' b. Faḍl al-Qināwī – möge sein Glück lange andauern.

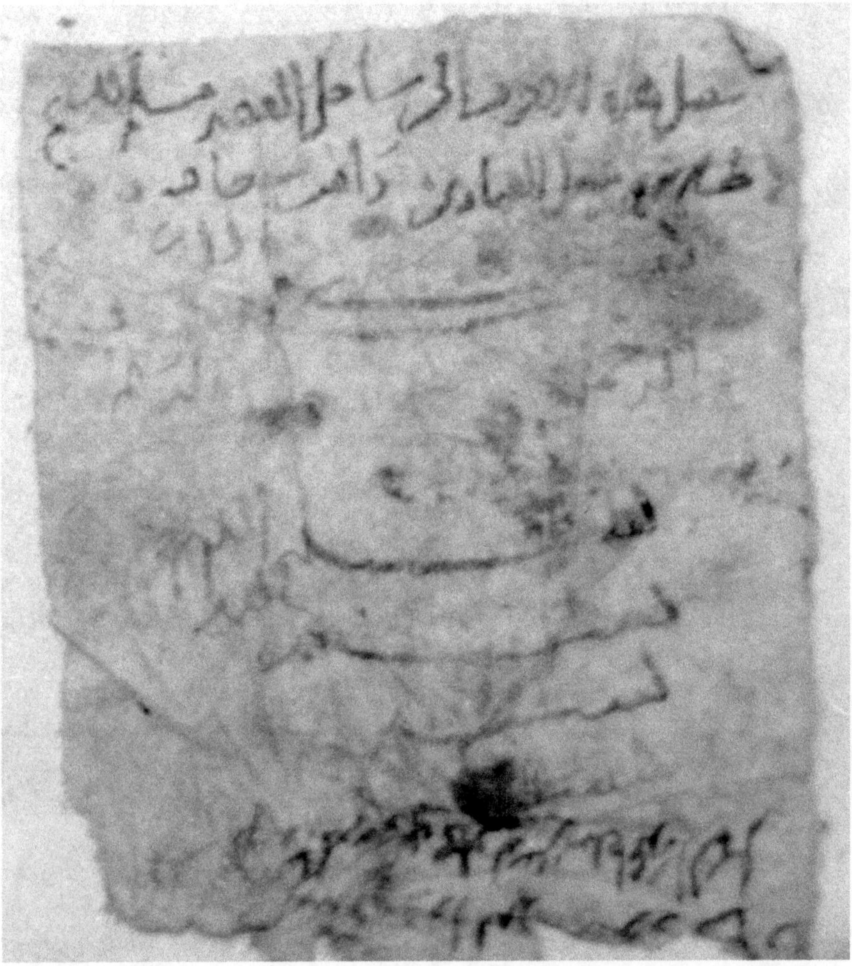

Tf. 2b

Kommentar

r1 *waladuhā*: Da der Absender Naṣr b. ʿAlī (r1) heisst, der Adressat Ṭāʾiʿ b. Faḍl (r2) bzw. Ṭāʾiʿ b. Faḍl al-Qināwī (v2), ist die Selbstbezeichnung des Absenders als *waladuhā* „Ihr Sohn" metaphorisch, ähnlich wie die Anrede des Adressaten mit *yā aḫī* „mein Bruder" (r4). Da aber das Nebeneinander von zwei Metaphern *yā aḫī* und *yā ʿammī* (r6) eher unwahrscheinlich ist, und *yā aḫī*, wie gerade gezeigt, nicht wörtlich sein kann, ist wohl *yā ʿammī* wörtlich zu nehmen. Wir müssen also zwei Brüder Ṭāʾiʿ b. Faḍl und ʿAlī [b. Faḍl] annehmen und einen Neffen bzw. Sohn Naṣr b. ʿAlī [b. Faḍl]. In Guo erscheinen die Namen sonst nicht in diesen Kombinationen. – *Walad* als metaphorische Selbstbezeichnung des Absenders: *wa-qad aḫ[baranī bi-]kitābihi ⟦ilaykumā⟧ ilà waladihi bi-wuṣūli{hi} ḏālika ilay[hi]* (P.Berl.Arab. II 41r.5; 9. Jh.); *baʿda taqbīli l-ayādiya l-ʿāliyati al-ʿalāʾīyati waladu mawlānā wa*[...] (P.Heid.Arab. II 16v Rand.2; 13. Jh.); [...] *waladuhu wa-mamlūkuhu abū l-barakāti* (P.Heid.Hebr. 20r.oberer Rand; arabisch; zitiert Diem, P.Heid.Arab. II: 98 zu 16v.2); *min ʿindi l-waladi l-ʿazīzi* (*3*) *ʿabdi r-raḥ[māni il]à*[30] *ʿindi l-wālidi l-ʿazīzi l-muwaffaqi s-saʿīdi* (*4*) *ʿabdi llāhi waffaqahu llāhu* (*taʿālà*) *wa-llaḏī uʿrifuka yā ʿammī ʿabda llāhi* (P.Vind.Arab. II 13r.2–4; 13. Jh. oder später). – *Wālid* als metaphorische Bezeichnung des Empfängers: *[il]à ʿi[n]di [ʾ]l-wālidi l-ʿaz[ī]zi l-[mu]wa[ffa]qi [s-saʿī]di* (P.Berl.Arab. II 84r.2 13. Jh.) und die gerade erwähnte Stelle P.Vind.Arab. II 13.2–4.

r2 *wa-ḫāra lahu [fī d-dun]yā wa-d-dīn: fa-raʾyuka fī ⟦ḥBd⟧ amrih, ḫāra llāhu fīhi wa-fī* (*9*) *ġayrih,* (*vacat*) *wa-ʿazama laka wa-lanā ʿalà r-rušdi bi-qudratih* (P.Heid.Arab. II 28.8–9; 8.–9. Jh.); *fa-asalu* ⟨*llāha*⟩ *an yaḫīra lahu wa-an yuṣliḥa bihi wa-ʿalà yadayhi* (CPR XVI 29.7; 10. Jh.); *arǧū* (*3*) *llāha ta*(*ʿālà*) *yaḫīru* (*4*) *lakum wa-yaktubu* (*5*) *salāmatakum* (Gen.Kingdom 242r.Rand oben 2–4; ca. 1045); *wa-huwa ḥarīṣun mušfiqun ʿalà aḫāhu llāhu taʿāl[à]* (*7*) *yaḫīr* [...][31] *yaʿuḍḍunā* (*l. yaʿḍudunā*) *kullanā ḫayr wa-llaḏī saʾaltanī ʿanhu* (Gen.Kingdom 487r.5–6; ca. 1051); *allāhu ta*(*ʿālà*) *yaḫīr laka wa-yamunna*[32] *maʿaka* (Gen.Palestine 508r.5; ca. 1067); *wa-asʾalu llāha an yaḫīra laka wa-ana ṣāʾimatun dāʿīyatun laka bi-l-layli* (*19*) *wa-bi-n-nahāri* (Gen.Kingdom 89r.18–

30 Diem *ʿabd r-raḥmāni ilà*.

31 In der Datenbank des Princeton Genizah Project: *yaḫīr lahu* (22. Februar 2013).

32 In der Datenbank des Princeton Genizah Project liest Z.F. einleuchtend *wa-yakūn maʿaka* (22. Februar 2013).

19; 11. Jh.); *ḫāra llāhu li-kullin minhumā fī ṣāḥibih, wa-ballaġahu aqṣà maʾāribih* (P.MuḫliṣʿAqdā 1 p. 422.17 = P.Eheurkunden 25.61; 17. Mai 1334); *allāhu yaḫīr mā yarāhu l-ḫayrata bi-raḥmatihi* (ENA NS 2 I 12r.15); *wa-aḥsana uqābākum wa-ḫāra lakum wa-razaqakum* (Gen. Kingdom 156r.36); [...]*h bika fī ḥarakatihā ḫāra llāhu laka fī ṣaʿbika muqaddir* [...] (TS 8 J 18 7.margin 2).

r5 *iǧʿalhā waḥdahā* ist hier schwer zu lesen, aber im Vergleich mit der Wiederholung *wa-ǧʿalhā waḥdahā* (r6) eindeutig. Die Anweisung, Waren an einem eigenen Ort zu Versorgen, sozusagen unvermischt mit anderen, erscheint in den Quṣayr-Dokumenten auch sonst: *wa-tasukkihā fī mawḍiʿin ǧayyidin (3) wa-ḥriṣ annaka taǧʿalu ʿadlī kullahā fī (4) šūnatin wa-ḫallayta l-ǧamīʿa*[33] *mā taḥtāǧu waṣīyatan*[34] (P.Quseir Arab. I 27r.2–4); *fa-taǧʿal ʿidlī l-ǧamīʿa fī mawḍiʿin wāḥidin* (2) *wa-tuḫallī l-ġ*[...] *yuṭamminu* (*l. yuḍamminu*) *z-zakā«ʾi»ba*[35] *taḥuṭṭūhum (3) lī fī* [*mawḍiʿin ǧayyidin*] (P.QuseirArab. I 27v.1–3). – Häufig ist die weniger spezifische Anweisung, Waren an einem guten Ort unterzubringen: *fa-taḥuṭṭihim ʿinda mawḍiʿin ǧayyidin (8) wa-lā tusallim li-aḥadin minhum šayʾ ġayrī* (P.QuseirArab. I 4.7–8); *takūn taḥuṭṭuhā fī mawḍiʿin ǧayyidin (8)* [...] ... *(9) bi-amwālī taḥuṭṭihā fī mawḍiʿin (10)* [*ǧayyidin*] (P.QuseirArab. I 21r.7–10); ... *wa-llāhi llāhi takūn taḥuṭṭuhum fī mawḍiʿin ǧayyidin (4) ilà šūnati abū mufarriǧin* (P.Quseir Arab. I 48.3–4); *wa-huwa yatasallami s-silaʿa (6) wa-yatrukhu*[36] *fī mawḍiʿin ǧayyidin* (P.QuseirArab. I 57r.5–6).

r6 *fā-ʿammī* (*l. fa-ʿammī*): Zur Schreibung von *fa-*, *la-*, *sa-* und *wa-* mit mater lectionis siehe Hopkins, Grammar 6: §4; Diem, Kaufurkunde: 39–40.

r6 *mā taḥtāǧu wa«ṣī»yatan fī «ġa»llatī*: Die Formel schwächt die vorangegangene Anweisung ab, der Adressat möge den Weizen für sich lagern, und nimmt ihr die Schärfe. – Die auch sonst gut bekannte For-

33 Guo *ilà ǧānibi l-ǧamīʿi*. Von seinem ersten Wort ist allerdings nur eine Unterlänge zu sehen, die eindeutig nicht zu einem finalen *yāʾ* gehört, sondern viel eher zu einem *wāw*. Das zweite Wort kann sowohl als *ǧānibi* wie auch als *ḫallayta* gelesen werden, da die Verbindung zwischen zweitem und drittem Buchstaben gestört ist. Das dritte schliesslich ist *li-l-ǧamīʿi* oder *al-ǧamīʿa*, *alif-lām* werden durchaus zusammengeschrieben. Das entscheidende Argument für meine Lesung ist der Sinn.

34 Friedman, Review P.QuseirArab. I: 405; Diem, Review P.QuseirArab. I: 166. Guo *waṣṣīhi*.

35 Das *yāʾ* von *yuṭamminu* (l. *yuḍamminu*) ist punktiert. Guo *wa-tuḫallī l-ġilāla taṭmanu* (*l. taḍmanu*)/*taṭmannu z-zakāta* „and use the crops to pay for (?) the zakāt taxes".

36 *wa-yaḥuṭṭihi* im Apokopat? – aber ohne Abbildung ist hier keine Entscheidung möglich.

mel kommt auch in den Quṣayr-Dokumenten vor; *waṣīya* ist allerdings von Guo konsequent in *waṣṣīhi* verlesen worden und erst von Friedman, Review P.QuseirArab. I: 405; Diem, Review P.QuseirArab. I: 166 erkannt worden: *wa-lā fa-llāhi* (*r15*) *llāhi lā tuḫallī illā tusayyir lī tamanahā* (*l. ṯamanahā*) (*r16*) *ṣuḥbata ḫiḍri ṣ-ṣabīyi* (*r17*) *l-ḥammāli wa-lā ta'ḫuḏ lanā tamanahā* (*l. ṯamanahā*) *illā ḏahab miṣrī* (*r18*) *wa-ntaqidhu ǧayyid lā yakūn fīhi ḏahab* (*r19*) *makkī lā yakūn illā miṣrī wa-tarbuṭ* (*r20*) *kull šay' ʿuzlatan wa-tusallimhu li-ḫiḍrin* (*v1*) *fā-llāhi llāhi mā taḥtāǧu waṣīyatan* (P.QuseirArab. I 1r.17–v.1); *fa-yaḥriṣi l-aḫu in laqiya lahum bayʿ*[37] *tabīʿhim lī mā taḥtāǧu* (*r6*) *waṣīyatan fī ḏālika* (P.QuseirArab. I 12r.5–6); *wa-in kāna aḥadta l-baʿḍa* (*9*) *arsil lī fa-mā taḥtāǧu waṣīyatan* (P.QuseirArab. I 13r.8–9); *aʿlimi* (*9*) *l-mawlā ḏālika wa-ta'ḫuḏ lahu ṭ-ṭūrīyata* (*11*) *mā yaḥtāǧu l-mawlā waṣīyatan wa-bi-l-mawlā ṣarī*[*ḥun*] (*11*) *ḏālika* (P.QuseirArab. I 20r.9–12); schliesslich die hier (zu r.5) diskutierte Stelle P.QuseirArab. I 27.r2–4. – Eine Konstruktion nicht mit direktem Objekt, sondern mit *ilà* findet sich in *mā taḥtāǧu ilà waṣīyatin fī ḥaqqihi* (hier **Nr. 3**r.4).

r7–8 *wa-qad ṭammanat/ṭammanta* (*8*) [*qalbī/qulūbanā*] „und sie (die guten Nachrichten) haben/Du hast [mein/unser (besorgtes) Herz] beruhigt": Es sind gute Nachrichten, die den Schreiber schon beruhigt haben oder die er sich ersehnt, damit sie ihn beruhigen. Subjekt sind meist die guten Nachrichten selber, selten Gott oder der Empfänger (in einer früheren Nachricht): *fa-ṭammin qalbaka ʿalà ḏālika wa-inna wālidataka* (*29*) *tas'alu ʿanka wa-qālat laka yā bnī ka-mā ṭammantanī bi-kitābika fa-llāhu* (*30*) *taʿālà yuṭamminka min kulli hammin wa-ġammin* (Gen.Freer 9 = Gen.FrenkelCompassionate 18v.28–30; ca. 1150); *wa-llaḏī turīdu ʿilmahu* (*3*) *llāhu taʿālà yuṭammin qulūbanā ʿalà awlādika* [*ka-mā*] (*4*) *ṭammantī qalbī ʿalà ṣ-ṣiġāri llaḏī hum* [...] (TS 8 J 15 22.1–4); *wa-qad ṭammana llāhu qalbaka min ǧihati bni nādirin* (*4*) *wa-l-qāfilati* (TS 8 J 18 18.3–4); *allāh* (*15*) *allāh wa-bi-turbati abī wa-bi-ḥaqqi rabbān wa-ǧamʿi* (*right margin*) *šamlinā a-mā naffaḏtī ṭammantīnī bi-mā antī fīhi wa-bi-ḥāli aḫī wa-ʿammī wa-abū l-ḥasani* (TS 8 J 22 26r.14-right margin); *wa-taktūb yā-sayyidī ilà ʿammī bi-annī sayyartu* (*12*) *l-barqata tuṭamminu qulūbakum min ǧihatī* (TS 8 J 23 7.11–12); *al-ḫāliqu taʿā*(*là*) *yuṭammin qalbanā ǧamīʿ* (*right margin*) *wa-yuršidnā ilà ḫayrihi wa-yahdīnā naḥwa aṣ-ṣawābi* (TS 13 J 13 7r.21–

---

37 Friedman, Quṣayr: 405 *in laqiya lahum bayʿ* „if there is an opportunity to sell them". Guo *fa-yaḥriṣi l-aḫu an laqiya lahum bayʿ* „O Brother, make sure to put them on sale".

right margin); *wa-lā kitāba waṣala minka yā mawlāya* (*14*) *yuṭamminu qulūbanā wa-yuʿlimunā bi-ǧamīʿi umūrihā wa-mā ǧarà* (TS 13 J 16 9.13–14); *wa-innamā ḏakartu laka hāḏā li-mā staqḍaytahu minnī wa-ʾṭ*[..] *yuṭamminu qalba man lahu* (TS 13 J 19 30r.right margin); *wa-lam yataǧaddad* (*5*) *lanā kitābun wa-lā ḫabarun yuṭamminu qulūbanā* (*6*) *min* [...] (TS 13 J 24 18.4–6); *wa-hum bi-kulli niʿmatin tuṭamminu qulūbaka min hāḏā s-sababi* (TS NS J 120.5).

v2 *dāmat saʿādatuhu*: *dā*[*mat*] (*v2*) *saʿādatuhu* (P.QUSEIRARAB. I 7v.1–2); *dāmat* [*saʿādatuhu*] (P.QUSEIRARAB. I 5v.2; P.QUSEIRARAB. I 10v.2); *dāmat saʿāda⟨tuhu⟩* (P.QUSEIRARAB. I 54.6; keine Abbildung vorhanden); *dāmat saʿādatuhu wa-lā yaʿdīnī tafaḍḍuluhu* (DROPSIE 410.4–5); *dāmat saʿādatuhu wa-lā ʿadimtu ḥayātahu abadan* (GEN.FRENKEL COMPASSIONATE 89r.17); *dāmat saʿādatuhu* (TS 8 J 8 14.2). – Ähnlich *dāma*[*t*] *salāmatuhu* (P.QUSEIRARAB. I 58v.2). – Vgl. im IV. Stamm *adāma llāhu saʿādatahu* (P.QUSEIRARAB. I 11.3); (*adāma*) *llāhu saʿādatahu* (P.QUSEIRARAB. I 34r.2); *adāma llāhu saʿādatahu* (P.VIND.ARAB. III 10.4; mamlūkisch); *adāma llāhu saʿādatahu, wa-abbada siyādatahu, wa-waffaqahu fī l-qawli wa-l-ʿamali, wa-ballaġahu* (*r4*) *aqṣā nihāyāti l-amali, wa-fasaḥa/fassaḥa lahu fī l-muddati wa-l-aǧali, bi-muḥammadin wa-ālihi* (P.HEID.ARAB. II 69r.3–4; 14. Jh.); *allāhu yudīm saʿādata mawlānā* (P.VIND.ARAB. III 80r b.1; ca. 1343); *adāma l*[*lāhu taʿālà*] *saʿ*[*ādatahu*] (P.VIND.ARAB. III 12.5; 14./15. Jh.); *aṭāla llāhu baqāʾa ḥaḍrati mawlāya š-šayḫi abū l-faraǧi* ... (*7*) ... *wa-adāma saʿādata* [...] *wa-aḥyāhu wa-min ḥusni tawf*[*īqihi*] (*8*) *lā aḫlāhu* (TS 10 J 15 34.5–8), dazu die sehr häufigen Kombinationen wie *adāma ʿizzaka wa-karāmataka wa-taʾyīdaka wa-saʿādataka*.

v umgedreht *al-qināwī* „der aus al-Qinā“: *al-qināwī*[38] (P.QUSEIRARAB. I 67v. left 3); *ilà ʿīsā bni ḥusaynini l-qināwīyi akramahu llā*[*hu*] (hier **Nr. 6**.2); hierher gehört vermutlich auch *yusallam li-abū mufarriǧini* (*v2*) *l-qināwīyi*[39] *dāmat saʿādatuhu* (P.QUSEIRARAB. I 10v.2), aber ohne Abbildung von Verso ist dies nur eine Vermutung. – Abū Mufarriǧ heisst nach der Qinā übergeordneten Stadt Qifṭ übrigens auch *al-Qifṭī*: [*ilà sāḥili l-quṣayri šūnati š-šayḫi*] (*2*) *bī mufarriǧini l-qifṭīyi* (P.QUSEIR ARAB. I 16v.top upside down 1–2).

---

38 Guo liest *ad-danāwī*, aber da das *qāf* klar eine Schlaufe hat, das *nūn* ebenso klar ein Häkchen, ist *al-qināwī* zu lesen.

39 Guo *sallim abū mufarriǧin* (*v2*) *l-abāwīyu/l-fatāwīyu/l-ʿaṭāwīyu/l-qināwīyu* „to be delivered [to] Abū Mufarrij al-ʿAbāwī (?)“

NUMMER 3

Grüsse und Empfehlung des Überbringers des Briefes

(*Tafeln 3a und 3b*)

Quseir 1978 RN (SW-Bilder Quseir 1978 2.3; 2.4; 2.f27; 2.f28)
Höhe und Breite unbekannt

Papier. – Auf Recto und Verso ein Brief, von dem hauptsächlich Grüsse erhalten sind (Blattwendung ↓). Recto ist der linke und der untere Rand vollständig erhalten; Verso der linke und der obere Rand. Der Text lässt vermuten, dass rechts nicht mehr als 5–7 Buchstaben fehlen. – Eine eigenständige, sehr explizite Schrift. – Langes ā am Wortanfang wird mit *madda* markiert (*āl* r4). In der Ligatur Häkchen-*rāʾ* fällt das Häkchen aus (*šaraf* r1; *ḫayr* r2; *kaṯīr* r5). Finales *dāl* hat einen fast vertikalen Abstrich (*ad-dīn* r1; r4; v1; *ad-daw«la»* r5; *ad-dār* v2). Alleinstehendes *rāʾ/zāy* ist unauffällig (*fāris* r5; *ad-dār* v2), finales *rāʾ/zāy* relativ klein und ähnelt mit einem Schlenker finalem *yāʾ* (*šaraf* r1; *ḫayr* r2; *taʿrifu* r2; *kaṯīr* r5; *tuqriʾ* r5; *tuqriʾhum* v1; v2; *ad-dār* v2; *al-ḥāḍir* v3). *Kāf* hat initial (*wa-kull* r4; *kaṯīr* r5), medial (*bi-l-ki*[*tābi*] v4) und final (*wa-waṣṣaytuka* v4) einen *fatḥa*-artigen Querstrich. Finales *nūn* ist sehr rund und trägt den Punkt über dem rechten Häkchen (*ad-dīn* r1; r4; *zayn* v1). Mediales *hāʾ* ist meist geschlossen mit einem Querstrich (*wa-ʾHRLH* r4; *tuqriʾhum* v1; *ahl* r2), medial aber einmal dreieckförmig und oben offen (*tuqriʾhum* v2). – Einige diakritische Punkte. *Fāʾ* hat alleinstehend (*wa-taʿrifu* r3) einen Punkt oben und unten, ebenso final (*šaraf* r1; der obere Punkt unsicher in *ʿāfiya* r2), vermutlich ebenso initial (*ʿāfiya*, nicht aber *fāris* r5; beim sonst unpunktierten *fī ḫayr* r2 gehört der Punkt über und unter dem *ḫāʾ* zum *fāʾ*). Mediales *qāf* hat zwei Punkte oben (*al-qaʿda?* r2; *ḥaqqihi* r3; *tuqriʾ r5*). *Kāf hat initial* (*kull* r4; *kaṯīr* r5; *al-ki*[*tāb*] v4) und final (*waṣṣaytuka* v4) oben einen Querstrich. *Tāʾ marbūṭa* trägt zwei Punkte (*wa-ʿāfiya* r2). – In *salām* hat das mediale *sīn* zwei (r5), ein (v1; v2; v3; v4) oder gar kein (v2) Häkchen. *Šadda* ist mit Punkt oben markiert (*wa-kull* r4). – *Fatḥa* über dem letzten Buchstaben finden wir in *as-salām* (r5; v1; v2).

Der Absender bittet den Empfänger, verschiedenen Personen Grüsse auszurichten: einem Šaraf ad-dīn, einem x, von dem der Absender möglicherweise eine besonders hohe Meinung hat, einem Ayyūb, seinen Leuten und der Familie eines Ǧamāl ad-dīn, einem Fāris ad-daw«la», einem Zayn ad-dīn und seinen Leuten, der Familie (des Empfängers) und zwei weiteren Parteien. Schliesslich empfiehlt der Absender dem Empfänger den Überbringer des Briefes (*ḥāmil al-kitāb*). Am Ende erscheinen weitere Personen, u. a. ein Mūsà.

Text

و ١ [... و]شرف الدين فو⌈اصيـتك⌉ [بـه ...]

٢ [...ا]لقعدة؟ وهو في خير وعافية وو⌈اصيـ⌉[ـتك]

٣ [به وما تحـ]ـتاج الى وصيـ«ـة» فى حقه وتعرف

٤ [...... و]ايوب واهـ{ـر}له وكلّ آل بيت جمال الدين

٥ [تقرئهم عني السـ]ـلامَ كثير وفارس الدو«لة» تقرئ عنى السلام

[...]

و ١ شرف الدين – فو⌈اصيـ«ـتک»⌉ – ٢ [ا]لقعده – فى خبر – وعافية – وو⌈اصيتـ⌉[ـک] – ٣ [تـ]ـحتاج – وصيـ«ـه» – حقه – وتعرف – ٤ ايوب – وكلّ آل بيت جمال الدين – ٥ [السـ]ـلامَ كثير وفارس – نقرى

Übersetzung

r1 […] Und den Šaraf ad-dīn empfehle ich [Dir. Und den …] **2** [… a]l-Qaʿda? – er ist wohlauf und bei guter Gesundheit – empfehle ich **3** [Dir], (aber eigentlich) benötigst Du keinen Ra«t» in Bezug auf seinen Anspruch, Du kennst (ja) **4** […]. Und den Ayyūb und seine Le{R}ute und die ganze Familie des Hauses von Ǧamāl ad-dīn grüsse von mir **5** [vie]lmals. Und den Fāris ad-daw«la» grüsse von mir. […]

Tf. 3a

Text

ظ [...]

١ [وفلان تقرئ عني] السلامَ وزين الدين وجماعـ«ـته» تقرئهم

٢ [... عني الـ]ـسلام و{على} اهل الدار تقرهم عنى الـ(ـسـ)ـلامَ

٣ [و... تقرئهـ]ـم عنى السلام الحاضر والغايب

٤ [و... تقرئهم] عنى السلام ووصّيتك بحامـ[ـل الكـ][ـتاب]

٥ [...]. برحمـ[ـته ...] وموسـ[ـى] وتسـ[ـلم على ...]

ظ ١ السلامَ وزىن الديں – ٢ تمرهم – الـ(ـسـ)ـلامَ – ٣ عنى – الحاضر والغايب – ٤ عنى – ووصيت بحامـ[ـل] – ٥ برحمـ[ـته] – وتسـ[ـلم]

Übersetzung

v [...] **1** [Und den ... grüsse] von mir. Und den Zayn ad-dīn und seine Grup«pe» grüsse **2** [von] mir. Und {über} die Leute des Hauses (die Ehefrau(en)) grüsse von mir. **3** [Und die ... grüsse] von mir, wer anwesend und wer abwesend ist. **4** [Und den ... grüsse] von mir. Ich empfehle Dir den Überbringer des Brie[fes] **5** [...]. durch seine Barmherzig[keit]. Und den Mūsà g[rüsse ...]

Tf. 3b

Kommentar

r1 *šaraf ad-dīn*: Ein ʿĀlī Šaraf ad-dīn Qatāda erscheint auch P.Quseir Arab. I 67v.left 17.

r1 *fa-waṣṣaytuka bihi*, **r2–3** *wa-waṣṣaytuka bihi* und **v4** *wa-waṣṣaytuka bi-ḥāmili l-kitābi*: Die ersten beiden Stellen entsprechen den vorhandenen Überresten, sind aber hauptsächlich aus der dritten erschlossen.

r2 Ein Männername Qaʿda ist sonst nicht belegt.

r3 *mā taḥtāǧu ilà waṣīyatin fī ḥaqqihi*: Vom folgenden her ist eher *taḥtāǧu*, nicht *yaḥtāǧu* zu lesen; würde man das viel seltenere *taʿarrafa* lesen, wäre allerdings *yaḥtāǧu* vorzuziehen. Die Formel ist sonst nicht mit *ilà*, sondern mit direktem Objekt konstruiert, siehe hier zu **Nr.** 2r.6.

r4 *ǧamāl ad-dīn*: In den Quṣayr-Dokumenten haben wir in einem Brief an Naǧīb, eine der zentralen Personen des Archivs (s. hier zu **Nr.** 6.2–3), einen Abū Sulaymān *mawlā* des *qāḍī* Ǧamāl ad-dīn, der (der Abū Sulaymān) zwei Traglasten (*ḥimlayn*) gesiebten Getreides überbringen soll (P.QuseirArab. I 12r.3); weiter einen Saʿd al-Ǧamālī als Überbringer von 3 grossen Säcken (*ṯalāṯat zakāyib kibār*)[40] (P.Quseir Arab. I 56.2).

v1 *zaynu d-dīni wa-ǧamāʿa«tuhu»* „Zayn ad-dīn und seine Grup«pe»“: *wa-ana wa-ummu bnihā wa-ǧamāʿatunā ʿalà afḍali mā tuḥibbī*[41] *wa-llāhu maḥmūdun lā šarīka lahu* (P.Khalili I 17.3; 9. Jh.); [*wa-ana fī ʿāfiyatin*] (3) *wa-l-ḥamdu li-llāhi rabbi l-ʿālamīna wa-ǧamāʿatu man ʿindī fī ʿā*[*fiyatin*] (hier könnte auch die Familie gemeint sein) (P.Heid. Arab. II 13.2–3; 11. Jh.); *wa-ḫuḏ abū l-ḥasani wa-abū ʿa«wnin» wa-taḫuṣṣa ʿannī ǧamāʿata* (21r *rechter Rand*) *aṣḥābinā* ⟨ʾ⟩*s-salāma* [*wa-*]*aṣḥ*[*āb* ...] (P.Heid.Arab. II 11.19–20; 12. Jh.). – Ein *qāḍī* und *faqīh Zayn ad-dīn an-nāʾib fī l-ḥu*[*k*]*m* erscheint in P.QuseirArab. I 70r.2 (13. Jh.).

v2 *wa-*{*ʿalà*} *ahli ad-dāri tuqrihim* (*l. tuqriʾhim*) *ʿannī* ⟨*s-sa*⟩*lāma* „und grüsse die Leute des Hauses (die Ehefrau(en)“: Zur Lesung von *ahl ad-dār/baytī/al-manzil*, mit folgendem Singular oder Plural, als „die Ehefrau(en)“ s. Goitein, Society III: 160 und 461 A. 2; Diem, P.Vind.Arab. I: 195–196 zu 38.13; Diem, P.Berl.Arab. II: 304 zu 84.9.

---

40 *Zakāyib kibār* ist voll punktiert. Guo *ṯalāṯat rakāyib kibār* „three adult shee-camels“. Auch *zakāyib* Zeile 4 ist voll punktiert, auch dort liest Guo *rakāyib* „she-camels“.

41 Diem, Review P.Khalili I: 46. Khan *ʿalà afḍali mā bi-ḫayrin*.

v4 *waṣṣaytuka bi-ḥāmili l-ki*[*tābi*]: Eine Empfehlung für den Überbringer des Briefes erscheint in den Quṣayrdokumenten auch sonst: *ḥāmilu l-kitābi ḥusaynun lahu bayānun awṣaytuhu wa-wakaltuhu ʿalà bayʿi llaḏī tamma* (P.QuseirArab. I 21v.3–4), möglicherweise auch *ḥāmilu hāḏihi l-waraqati smuhu ʿālī l-ḥammālu* (v4) *l-ʿağūzu* (P.Quseir Arab. I 5v.1–4); [*waṣṣaytuka ʿalà* ...] *wa-ʿalà ḥāmili kitābin yuwaqqifi l-qāḍī ʿalayhi wa-yaḫtimhu wa-yusallimhu*[42] *li-ṣāhibi r-rahni bi-yadika* (P.QuseirArab. I 72.1–2).

v5 *fāris ad-daw«la»*: Ein Fāris ad-dawla Faḍāʾil aṭ-Ṭawāšī mBḥB al-ʿamāʾir bi-l-aʿmāl al-fayyūmīya erscheint P.Berl.Arab. II 35r.7 (11. Jh.).

---

42 Guo *wa-sallimhu* „and [then] deliver it".

NUMMER 4

Nachfrage einer Bint Nūḥ wegen Untätigkeit des Empfängers

(*Tafeln 4a und 4b*)

Quseir 1978 RN 594 (SW-Bilder Quseir 1978 8.5; 8.6; Farb-Bilder)
10.1 cm hoch × 9.1 cm breit, bei Einberechnung der auf dem Scan doppelt eingeklappten Ecke oben links

Papier. – Auf Recto und Verso ein Brief (Blattwendung ↓). Recto die linke Hälfte vom Anfang des Briefes. Der linke Rand ist (fast) ganz erhalten, wie die besondere Schreibung des letzten Wortes am Zeilenenende zeigt, nämlich kleiner (*zumrati* r2) bzw. ineinander hinein (*qaʿādu* r3). Rechts fehlt etwa die Hälfte der Zeile. Recto steht auf dem breiten oberen Rand der Absender, senkrecht zur Mitte des Textes bei einer 90 Grad-Drehung des Blattes im Uhrzeigersinn: *min bint nūḥ*. Verso stehen ganz oben zwei Zeilen, wohl der Adresse, die allerdings rechts auf den mir vorliegenden Aufnahmen auf Recto hinübergeklappt sind. Der Rest von Verso ist leer. – Gut erhalten. – *Alif* kann mit dem folgenden Buchstaben verbunden sein (*wa-ālihi* r3; *šāy* r3), muss es aber nicht (*al-ʿārifīna r*3). Alleinstehendes *rāʾ*/*zāy* ist ein dünner Strich mit kaum Unterlänge (*al-ʿārifīna* r2; *zumra* r2), während alleinstehendes *rāʾ*/*zāy* unter die Zeile reicht (*zumra* r2). Mediales *šīn hat* keine Häkchen (*wa-ḥašadahu* r2). Finales *qāf* ist recht lang und fast *wāw*-artig ([*ta*]*wfīq* r2). *Kāf* kann medial (*fa-kay*[*fa*] r3) und alleinstehend (*li-quʿādika* r4, nicht aber *ḏāka* r3) einen grossen runden oberen Strich haben. Finales *hāʾ* besteht aus einem Abstrich ([*allā*]*hu* r2; [...]*ʿhu* r4). – Fast vollständig unpunktiert. – Keine Vokalzeichen.

Die Absenderin, eine Bint Nūḥ, erkundigt sich, warum der Adressat bzw. die Adressatin in einer uns unbekannten Angelegenheit untätig ist, und äussert ihre Besorgtheit.

Text

و ﻫ من بنت نوح

١ [بسم الله الرحمن الرحيم]

٢ [اعلم الـ... وفقه اللـ]ـه [تـ]ـوفيق العارفين وحشده في زمرة

٣ [الـ...ـين وجعل له كرائم الصالحين مـ]ـحمد وآله اجمعين وسوى ذلك فكيـ[ـف] قعاد

٤ [... ـ]ـعه فقلبي مشغول لقعادك فما شاي

٥ [...] والـ..ـك ...

ظ ١ [يصل هذه] الاحـ«ـر»ف الى [...القصير/ساحل القصير يسلم لـ...]

٢ [...] اليه وفقه [توفيـ]«ـق العارفين» وحـ[ـشده في زمرة الـ...ـين]

و ﻫ من – ٣ فكيـ[ـف]

Übersetzung

r Rand oben senkrecht Von Bint Nūḥ

1 [Im Namen Gottes, des Barmherzigen, des Allerbarmers]

2 [Ich teile dem … mit – möge ihm Gott schenken den Erfolg der Wissenden, ihn sammeln in die Schar **3** [der Gläubigen (o.ä.) … und ihn teilhaben lassen am Gebet der Rechtschaffenen, Mu]ḥammads und seiner Familie allesamt. Davon abgesehen: Was (wörtlich: wie) ist die Untätigkeit **4** [des ..]. (des Adressaten) – mein Herz ist ganz abgelenkt durch Deine Untätigkeit und nichts **5** […]

v1 [Es mögen gelangen diese] Buch«sta»ben (diese Mitteilung) nach [al-Quṣayr/dem Hafen von al-Quṣayr. Sie mögen übergeben werden dem …] **2** […] ihm – möge er ihm schenken den [Erfol]«g der Wissenden» und ihn sam[meln in die Schar der …]

Tf. 4a

Tf. 4b

Kommentar

r3–4 [*waffaqahu llā*]*hu* [*ta*]*wfīqa l-ʿārifīn, wa-ḥašadahu fī zumrati* (*4*) [*l-…īn, wa-ǧaʿala lahu karāʾima ṣ-ṣāliḥīn, mu*]*ḥammadin wa-ālihi aǧmaʿīn*: siehe hier zu **Nr.** 1.2–4; die Ergänzung *wa-ǧaʿala lahu karāʾima ṣ-ṣāliḥīn* könnte auch leicht anders gelautet haben. – Der Teil *wa-ḥašadahu fī zumrati* … „möge Er (Gott) ihn sammeln in die Schar [der Rechtgeleiteten (o. ä.)]" ist mir sonst unbekannt. Möglicherweise finden wir aber in einer etwa später zu datierenden höflichen Anrede einen Widerhall dreier Eulogien, bei denen uns dann die dritte betreffen würde: *fa-bi-llāhi* (*r12*) *yā-mawlāya in*{*ʾ*} *ašrakta ḫuwaydimaka fī ṣāliḥi duʿāyika, wa-ǧaʿaltahu min ahli* (*r13*) [*wa*]*lāyika wa-adḫaltahu fī zumrati man yadḫulu taḥta liwāyika* (P.Heid.Arab. II 70r.12–13; 14. Jh.; christlich) wäre die auf den Adressat bezogene Uminterpretation von *ašraka fī duʿāʾi ṣ-ṣāliḥīna*, von *ǧaʿalahu min ahli dirāyatihi*, und eben von *adḫalahu fī zumrati* …

r3 *wa-siwà ḏāka/ḏālika*: Der zweite Buchstabe ist mit dem finalen *kāf* zwar verbunden, aber mit einem sehr viel dünneren Strich, könnte also *alif* oder *lām* sein.

r3 *fa-kay*[*fa*] *quʿād* […] und 4 *fa-qalbī mašġūlun li-quʿādika*: In Z. 3 ist das finale *fāʾ* von *fa-kayfa* nicht mehr sichtbar und war vermutlich sehr klein, das *dāl* von *quʿāduka* sehr klein und über das vorangehende *alif* geschrieben. – Für *quʿād* als negativ besetzte Untätigkeit: *wa-in kāna* (*!*) *taqūlu anna quʿādaka miṣwāh lā* (*21*) *šakka fīhi hāḏā* … (TS 13 J 21 32v.20–21; 14. Jh.); *wa-lā* (*4*) *tasʾal mā naḥnu fīhi min ǧihatika wa-nasʾalu* (*5*) *li-wuǧūhi llāhi taʿālà annaka taqūmu* (*6*) *taǧīʾu fa-ayš biǧī* (*!*) *min quʿādika hūna* (*7*) *wa-llāhu taʿālà yastaǧību* (TS 8 J 25 9.3–7); *fa-ġassarūnī ʿalà l-quʿādi fa-waǧadahu l-ḫawfu wāsiʿ wa-mtanaʿa ʿani* (*25*) *l-quʿādi ilà ḥayṯi an yušarrifanā mawlānā bi-kitābihi š-šarīfi* „da ermunterten sie mich, stillzuhalten …" (Gen.FrenkelCompassionate 54r.24–25). – Hingegen *quʿād* als neutraler Begriff für den „Aufenthalt" eines Waisenmädchens: *li-mā ʿarafa l-mawlā anna qulūbanā ṭayyibatun bi-quʿādihā* (*17*) *ʿindahum wa-furqatinā minhā* (TS 13 J 8 23.16–17). – Ähnlich *qaʿada* „untätig herumsitzen": *unẓurnī an tabʿaṯanī zayd aw* (*r27*) *mubārak maʿa awwali insānin yaqdamu fa-innaka taʿlamu anna zaydan/zaydata* (*r28*) *lā yaqʿudu/taqʿudu ʿindahu kulla sāʿatin* (P.David WeillLouvre 11r.26–28; 9. Jh.); [*fa-ʿaǧǧi*]*lī*[43] *ʿalayya bi-l-qudūmi wa-*

43 Diem, Review P.Khalili I: 46–47. Khan … *k*.

lā taqʿudī akṯara min ḏālika (P.Khalili I 17.12; 9. Jh.); *wa-innamā ana qāʿidun ḥattà āḫuḏu hāḏā* (*6*) [*l-mīr*]*āṯa wa-aḫruǧu* (CPR XXXII 3.5–6; 10. Jh.). Weiter hierzu s. Diem, CPR XXXII: 32 zu 3.5. – Eine ähnliche Aufforderung wie unsere, nicht unnötig herumzusitzen: *fa-llāhi llāhi sāʿata wuṣūlihā ilayka*[44] (*10*) *lā tuḫallīhā taqʿudu sāʿatan wāḥidatan* (*11*) *tabiʿhā*[45] *bi-mā ṭaʿʿama llāhu wa-razaqa* (P.QuseirArab. I 1r.9–11).

v1 [*yaṣil hāḏihi*] *l-aḥ«ru»fu ilà* […]: Die obere Hälfte der Zeile ist gegen vorne umgeschlagen und auf der Abbildung von Recto sichtbar.

44 Guo *sāʿata wuṣūlin laka llaḏī* (*10*) *lā tuḫallīhā* … „By God, by God! as soon as the aforesaid [shipments] arrives, don't let it sit idle …"

45 Guo *tabīʿhā*.

NUMMER 5

Unbeholfener Brief von Ḥasan an den Schiffseigner (*an-nāḫūda*) Abū ʿUṯmān

(*Tafeln 5a und 5b*)

Quseir 1978 RN (SW-Bilder Quseir 1978 3.15; 3.16)
Höhe und Breite unbekannt

Papier. – Auf Recto der Anfang eines Briefes, auf Verso die Adresse (Blattwendung →). – Recto ist der obere, rechte und linke Rand erhalten; unten fehlt eine unbestimmte Anzahl Zeilen. Verso ist die Adresse vollständig erhalten. Dass links nichts fehlt, ergibt sich durch die Hochstellung des letzten Wortes am Zeilenende Recto (*allāh* r3) und die Vollständigkeit der Adresse auf Verso. – Gut erhalten. – Finales *alif* (nicht nach links verbunden) und mediales *lām* (nach links verbunden) sind eigentlich unterschieden; einmal aber ist *alif* versehentlich verbunden (*abū* r3), einmal *lām* versehentlich nicht (*an-nāḫūda* für *li-n-nāḫūda* v2). – Auch in der gelegentlichen Punktierung ist der Schreiber unsicher: *ʿutmān* (*l.* *ʿuṯmān*) r3 und v3; *al-aḫruf* (*l.* *al-aḥruf*) v1). – In der Basmala ist das finale *mīm* von *bi-smi* vokalisiert.

Der Absender informiert den Schiffsbesitzer (*nāḫūda*) Abū Uṯmān über einen uns unbekannten Sachverhalt. Bemerkenswert ist der Gegensatz zwischen der Sorgfalt in Schrift und Formulierung einerseits und der Unbeholfenheit in Bezug auf den richtigen Ausdruck, was die Grammatik (*abū* *l.* *abā* r3; *ʿāna* I *l.* *aʿāna* IV r4, eventuell auch *nāḫūda* *l.* *nāḫudā*), die Aussprache (*ʿutmān* *l.* *ʿuṯmān* r3; v2; *al-aḫruf* *l.* *al-aḥruf* v1; *qusayr* *l.* *al-quṣayr* v1), die Paläographie (s. o.) und das Formular (*uʿlimu bihi n-nāḫūda abū ʿutmāna* r3) betrifft. Vermutlich handelt es sich um einen in seinem Beruf erfahrenen, aber in Bezug auf die Schriftlichkeit wenig gebildeten Geschäftspartner des Adressaten.

Text

و ١ بسمِ الله الرحمن الرحيم «من عند
٢ حسن»
٣ اعلم به الناخوده ابو عثمان (!) وفقه الله
٤ لطاعته و⟨ا⟩عانه على مرضاته وا[...]
٥ [...] الـ[...] اعلـ[...]

ظ ١ يصل هذه الاخرف (!) الى ⟨الـ⟩قسير (!) تسلم
٢ الناخوده ابو عثمان بلغ تؤجر

و ١ سسم – الرحيم – ٣ به الناحوده ابو عثمان – ٤ و⟨ا⟩عانه
ظ ١ الأخرف – ٢ الناحوده – ابو عثمان – بوجر

Übersetzung

r1 Im Namen Gottes, des Barmherzigen, des Allerbarmers «Von
2 Ḥasan»
3 Ich teile mit dem Schiffseigner (*nāḫūda*) Abū ʿUtmān – möge Gott ihm Erfolg schenken **4** zum Gehorsam Ihm (Gott) gegenüber und ihm helfen zu Seiner (Gottes) Zufriedenheit (mit ihm) – **5** [...] der ...

v1 Es mögen gelangen diese Buchstaben (diese Mitteilung) nach Qusayr. Sie mögen übergeben werden **2** ⟨an⟩ den Schiffseigner (*nāḫūda*) Abū ʿUtmān. Übermittle! – mögest Du (von Gott) belohnt werden.

Tf. 5a

Tf. 5b

Kommentar

r1-2 *min ʿindi* (2) *ḥasanin*: Die interne Adresse ist so stark verblasst, dass sie nur erahnt werden kann, die Lesung ist dementsprechend unsicher. Zu *min ʿindi* in der internen Adresse und sonst siehe hier zu **Nr. 11.2**.

r3 *uʿlimu bihi n-nāḫūda* (*l. nāḫudā*) *abū ʿutmān*: Anscheinend handelt es sich um die Kreuzung zweier Einleitungsformeln; so auch in *allaḏī uʿlimuhu*[46] *l-aḫa hibata adāma llāhu ʿizzahu* (P.QuseirArab. I 37r.2).

(**a**) Zugrunde liegt einerseits *uʿlimu fulānan*, das in den Quṣayr-Dokumenten gut belegt und auch sonst sehr häufig ist: [*u*]*ʿlimu š-šayḫa abū mufarriǧin* (P.QuseirArab. I 2v.1); *uʿlimu š-šayḫa abū mufarriǧin* (P.QuseirArab. I 3.3–4); *uʿlimu ḥaḍrata š-šayḫi abū mufarriǧin* (P.QuseirArab. I 4.3–4); *uʿlimu š-šayḫa abū mufarriǧin* (P.Quseir Arab. I 10r.4–7); *uʿlimu l-aḫa naǧība* (P.QuseirArab. I 12r.2); *uʿlimu s-sayyida l-aǧalla* ... (P.QuseirArab. I 13r.3); *u«ʿ»limu s-sayyida š-šayḫa* [*bū mufarriǧin*] (hier **Nr. 14**v.3).

(**b**) Andererseits haben wir *allaḏī uʿlimu bihi fulānan*, das mir ausser aus den Geniza-Dokumenten fast nur aus Quṣayr-Dokumenten bekannt ist: *allaḏī uʿlimu bihi l-wālida* (P.Vind.Arab. II 8r.2; 13. Jh.); *allaḏī uʿlimu bihi š-šayḫa abū mufarriǧin* (P.QuseirArab. I 6r.1); *allaḏī uʿlimu bihi* [...] (*3*) *abī isḥāqa ibrāhīma* [...] (P.QuseirArab. I 19.2–3); *allaḏī uʿlimu bihi l-aḫa l-ʿazīza* ... (*4*) ... *abī isḥāqa* (*5*) *ibrāhīma* (P.Quseir Arab. I 20r.3–5); *allaḏī uʿlimu bihi š-šayḫa abū isḥāqa ibrāhīma walada* ⟨*a*⟩*bū* (*3*) *mufarriǧin* (P.QuseirArab. I 21r.2–3); *allaḏī uʿlimu bihi*[47] *l-aḫa l-ʿazīza asākira* (P.QuseirArab. I 21v.2); *allaḏī uʿ*[*limu bihi*] *abū ʿuṯmāna miṯqāla wa-l-walada l-ʿazīza muḥammadin* (*5*) *walada š-šayḫi abū mufarriǧin* (P.QuseirArab. I 23r.4–5); *allaḏī uʿlimu bihi l-aḫa aḥmada* (P.QuseirArab. I 47.1); [*al-laḏ*]*ī uʿlimu bihi l-wālidata l-ʿazīzata* ... (P.QuseirArab. I 78r.1).

r3 und **v2** *an-nāḫūda*: *aš-šayḫ an-nāḫudā wālid ṯābit* (hier **Nr. 15**.2). Der persische Begriff *nā-ḫudā* „Schiffseigner" ist in arabischen Dokumenten in arabischer Schrift bisher nicht belegt. In den Geniza-Dokumenten kommt das Wort durchaus vor und wird ohne jeden Bedeutungsunterschied ganz verschieden geschrieben (Goitein/Friedman, India traders: 121–122). Weiter zu *nāḫudā* siehe Goitein, Society I:

46 Guo *allaḏī uʿlimu bihi.*

47 Guo *uʿlimuhu.*

48 und 402 A. 40; 479 A. 17; V: 67 und 523 A. 99; Diem/Radenberg: 207; Chakravarti, Nakhudas: 37–39; Chakravarti, Seafaring: 51–55; Ducatez, Aden: 148 A. 82; Goitein/Friedman, India traders: 121–156 (= A. Nākhudās – Shipowners and captains); Margariti, Aden: 143–148; Kaplony, Interplay: 105 A. 32 (mit weiteren Verweisen).

r3 und **v2** *abū ʿutmān* (*l. ʿuṯmān*): Ein Abū ʿUṯmān erscheint auch sonst in den Quṣayr-Dokumenten: Wir haben einen Brief von Abū ʿUṯmān an Abū Isḥāq Ibrāhīm (hier **Nr. 21**), einen von Abū l-Qāsim Yūsuf Muḫallaf an Abū ʿUṯmān Miṯqāl *und* Muḥammad *walad aš-šayḫ* Abū Mufarriǧ (P.QuseirArab. I 23r) und einen an den *šayḫ* Abū ʿUṯmān (hier **Nr. 16**). Wenn es sich in allen drei Fällen um ein und dieselbe Person handelt, so haben wir einen Schiffseigner Abū ʿUṯmān Miṯqāl. Da *Miṯqāl* wie *Yāqūt* „Rubin" und *Kāfūr* „Kampfer" ein typischer Sklavenname ist, ist dieser Abū ʿUṯmān zuerst Sklave gewesen, später als geschätzter Mitarbeiter der Firma respektvoll als Abū ʿUṯmān angesprochen worden und [als eigentlich Handelnder?] in einem Brief noch vor Muḥammad, dem Sohn des Besitzers [als Lehrling?] genannt worden, bis er schliesslich (spätestens jetzt als Freigelassener und) *šayḫ* selber ein Schiff, wenn nicht mehrere Schiffe besass.

r3–4 *waffaqahu llāhu (r4) li-ṭāʿatihi*: *akramaka llāhu bi-mā akrama awliyāʾa d-dīni waffaqahum li-ṭāʿatih, wa-manna ʿalayhim bi-raḥmatih, wa-abqāka, wa-aʿānaka, wa-kafāka, wa-ḥafiẓaka* (P.Marchands II 33.2; 9. Jh.); *waffaqahu [llāhu] (4) li-ṭāʿatih, wa-lā aḫlāhu min ḥusni tawfīqih* (P.QuseirArab. I 26r.3–4); *[waffa]qahu [ʾ]llāhu bi-iṭāʿatih (sic), wa-nahāhu ʿan maʿṣ[i]yati[h]* (hier **Nr. 7**r.2); *waffaqahu llāhu li-ṭāʿatih (4) wa-ǧaʿalahu min ahli dirāyatih* (hier **Nr.14**v.3–4); *wa[ffaqa]hu llāhu li-ṭāʿatihi* (hier **Nr. 12**.1); *[wa-waffa]qahu li-ṭāʿatihi wa-riḍāhu* (TS 12 435r.7).

r4 *wa-ʿānahu* I (*l. aʿānahu* IV): *wa-qad ḥamaltu ilayka {mā ʿāna (l. aʿāna) llāhu ʿalà stiḫrāǧihi} (8) min amwāli ḍ-ḍiyāʿi l-maʿrūfati bi-minyati l-aṣbaġi (9) wa-minyati ummi sahlin mā ʿāna (l. aʿāna) llāhu ʿalà stiḫrā(10)ǧihimā mina l-ʿayni l-maʿsūli …* (P.Vind.Arab. III 17r.7–9; ca. 919). – Der I. statt des IV. Stammes erscheint auch bei anderen Verben: *wa-qrawna (l. wa-qraʾna) minnā s-salāma ʿalà salāmata wa-ummīhā (16) kaṯīr wa-ǧamīʿa ahli l-qaryati man ḥababtum (l. aḥbabtum)* (P.Loth 2r.15–16 = P.Berl.Arab. II 75r.15–16; 8. Jh.); *(4) aḥibbu ḥabbaka llāhu (l. uḥibbu aḥabbaka llāhu) an (5) tatafaḍḍala wa-tawaǧǧaha (l. tatawaǧǧaha) ilayya (6) bi-hāḏā l-ḥisābi (7) l-yawma* (P.Cair.Arab. 321v.4–7; 9. Jh.); *(r2) ǧu[ʿi]ltu fidāʾaka wa-dāma (l. adāma) llāhu ʿizzaka wa-karāmataka (r3) [wa-atamma niʿmatahu ʿalayka] wa-zāda fī iḥsānihi ʿalayka wa-ʿi[ndaka] fī d-dunyā wa-l-āḫirati bi-raḥmatihi* (P.David-WeillEdfou Br.2–4; 867–933); *wa-lā mātanī* (*l. amātanī*) *llā[hu] yā-umma muḥammadin wa-yā-umma ʿabbāsata ḥattā arākum* (*14*) *fī*[48] *ʿāfiyatin* (CPR XVI 30r.13–14; 9. Jh.); *wa-[fahimtu mā ḏakarta fīhi min salāmatika]* (*5*) *dāmahā* (*l. adāmahā*) *llāhu laka* (CPR XVI 28.4–5; 9.–10. Jh.); *wa-uʿlimuka annī mā mustu* (*l. musistu*) *mimmā kuntumu* (*8*) *[ntaẓar]tūhu lī šayʾ wa-mā tawahhamtu illā an sawfa yuṣībunī* ... (*9*) ... *fa-lā wa-l-llāhi l-ʿaẓīmi wa-mā ṣābanī* (*l. aṣābanī*) *šayʾun mimmā kuntu atawahhamu annahu yaṣi⟨b⟩nī* (*l. yuṣībunī*)[49] *[fa]-ʾllāhu* (*l. [fa-li-llāhi*)[50] *l-ḥamdu ʿalà ḏālika kamā huwa ahluhu* (CPR XXXII 1r.7–10; 10. Jh.); *fa-bi-llāhi in_kāna wāḥidun minhum qarra lī bi-muddin wāḥidin faḍlan ʿammā* (*16*) *sawāhū* (P.Cair.Arab. 291.15–16 = P.DiemVulgarismus r.15–16; 10.–11. Jh.); *wa-⟨a⟩qamnā/wa-qimnā* (*l. wa-aqamnā*) *fī ṭ-ṭarīqi* (*r3*) *ṯalāṯata ayyāmin bi-layālīhā* (P.Vind.Arab. II 11r.2–3; 12. Jh.); *dāma* (*l. adāma*) *llāhu rifʿatahu* (P.Vind.Arab. II 37.6; 13. Jh. oder später); *fa-mā ʿuṭiya* (*l. uʿṭiya*) *l-mamlūku dālika* (*28*) *li-tʾ[...]* (P.Monneret IV.27–28). Weiter hierzu s. Hopkins, Grammar: 72 Par. 70 (mit weiteren Belegen); Diem, CPR XVI: 75 zu 28.5.

V1 *hāḏihi l-aḥrufu* (*l. al-aḥrufu*) „die vorliegenden Buchstaben" als Bezeichnung des Schreibens erscheint: *fa-sāʿata wuqūfika ʿalà hāḏihi l-aḥru[fi]* „und sobald Du die vorliegenden Buchstaben (den vorliegenden Brief) lie[st]" (P.Berl.Arab. II 71.4; nach 1036); *taṣilu hāḏihi l-aḥrufu ilà faḍāʾila* (P.Vind.Arab. I 7v Rand oben.1; 11. Jh.); *la-kuntu ʿiwaḍ min hāḏihi l-aḥrufi an yakūna ṣuḥbatī* (2) *ašraḥu hāḏā l-ḫawlīya li-ḥaḍratihi l-maḥrūsati mā yağiduhu* ... (P.Vind.Arab. III 32v.1–2; 12. Jh.); *bi-anna sāʿata wuqūfika* (*8*) *ʿalà hāḏihi l-aḥrufi* ... (P.Heid.Arab. II 39.7–8; 12. Jh.); *ṣuḥbata mūṣili hāḏihi l-aḥrufi* (P.Vind.Arab. I 61.3; 12. Jh.); *wa-kātibu hāḏihi l-aḥrufi yā mawlāh tuʿazz ana ʿabduhu buqṭuru bnu qāsin yuballiġu* [...] (P.Vind.Arab. III 31 rechter Rand.2; 12. Jh.); *taṣilu hāḏihi l-aḥrufu ilà* (2) *l-wālidi ʿaqīdi l-ġufarāʾi* (P.Vind.Arab. II 8v.1–2); *yā mawlāya ʿallaqtu hāḏihi l-aḥrufa[...]* (P.Vind.Arab. II 27r.8; 12. Jh.); *fa-yatafaṭṭali* (*l. fa-yatafaḍḍali*) *l-mawlā yaqif*[51] *maʿa mūṣili hāḏihi l-aḥrufi* „Du, der Patron, mögest so freundlich sein,

48 Diem versehentlich *fī* (*14*) *fī*.

49 Diem *yuṣībunī*.

50 Diem *[fa]-ʾllāhu*.

51 Friedman, Review P.QuseirArab. I: 404. Guo *taqif*.

dem Überbringer dieses Schreibens beizustehen."[52] (P.QuseirArab. I 6r.5); *wa-kātibu hāḏihi l-a(15)ḥrufi yaḥyà wa-huwa yusallimu ʿalà l-mawlā (16) wa-ʿalà ahli baytihi* (P.QuseirArab. I 20r.14–16); *sāʿata*[53] *wuqūfika ʿalà hāḏihi l-aḥrufi* (P.QuseirArab. I 22r.5); [*taṣi*]*l hāḏihi l-aḥrufu ilà miṣra* (in arabischer Schrift; Gen.AshtorEgypt 59. Adresse 2; 1408); *sababu aḥrufī hāḏā* (*sic*) *maǧī r*(*abb*) *mufarriǧi bni sulaymāna* (Gen.Palestine 539.6).

v2 *an-nāḫūda*: Vom Formular her ist *li-n-nāḫūda* zu erwarten.

v2 *balliġ tuʾǧar* „Übermittle! – mögest Du belohnt werden": Der erste Teil der Formel ist eine Anweisung an den Überbringer, der – durchaus verschieden ausgestaltete – zweite Teil hingegen bezieht sich nicht auf die Bezahlung des Boten durch den Empfänger (wie ich dies fälschlich angenommen hatte; Kaplony, Interplay: 102), sondern ist der Wunsch, dass Gott den Überbringer für die (wohl unentgeltliche) Beförderung des Schreibens belohnen möge. Während die Formel *balliġ tuʾǧar* beide Interpretationen erlaubt, lassen die Parallelen nur die zweite Lösung zu:

(a) *Balliġ* ***tuʾǧar*** „Übermittle! – mögest Du (sc. von Gott) **belohnt** werden": *balliġ tuʾǧ*[*ar*][54] (P.QuseirArab. I 13v.top down 2); *balliġ tuʾǧar*[55] (P.QuseirArab. I 37v.2); *balliġ tuʾǧar*[56] (P.QuseirArab. I 78v.5 upside down); *balliġ tuʾǧar*[57] (Gen.AshtorEgypt 59.Adresse 2; 1408; arab. Schrift); *balliġ tuʾǧar*[...] (TS 13 J 21 18v.bottom margin 3; 1100–1138); *balliġ tuʾǧar* (Gen.FrenkelCompassionate 65v.4, arab. Schrift; Gen.Kingdom 786v. Rand oben 2; ca. 1080, arab. Schrift; ULC Or1080J 38v.upside down 2; 1270–1289, arab. Schrift; TS 10 J 10 15v.right margin 4; 1149; TS 8 J 14 4b.4; TS 8 J 14 17b.2; TS 8 J 16 2b.middle 1–2, arab. Schrift; TS 8 J 17 22b.4, arab. Schrift; TS 8 J 18 21b.4, arab. Schrift; TS 10 J 12 16v.2 top upside down; TS 12 34v.bottom upside down 2; TS 13 J 19 5v.bottom margin 3); *balliġ tuʾǧar in šāʾa llāhu* (TS 8 J 15 9b.4); doppelt *balliġ tuʾǧar balliġ tuʾǧar* (TS 12 305v.bottom margin, 13. Jh., arab. Schrift).

---

52 Diem, Review P.QuseirArab. I: 166.

53 Diem, Review P.QuseirArab. I: 167. Guo *sāʿa*[*ta*] (mit *tāʾ*, nicht mit *tāʾ marbūṭa*).

54 Guo statt *balliġ tuʾǧar*: *as-salāmu bi-naṣri llāhi* „Peace. May God help all."

55 Guo statt *balliġ tuʾǧar*: *as-salāmu* „Peace."

56 Friedman liest die hier zu besprechende Formeln und die Folge als *balliġ tuʾǧar amānatan muʾaddātan*, Guo vorher *balaġa nūhun amāniyata mawlāhu* „Nūḥ has fulfilled his master's wishes."

57 Ashtor [*yu*]*balliġ bū ḥasanin* „bi-šbīl bū ḥasan".

(**b**) *Balliġ* ***hadāka/aršadaka*** *llāhu* „Übermittle! – möge Gott Dich **rechtleiten**“ u. ä.: [*ba*]*lliġ hudīta* (P.MARCHANDS II 1V.LEFT 2; 9. Jh.); *balliġ hadāka llāhu* (P.MARCHANDS II 8.TOP 1; 9. Jh.); *balliġ aršadaka* (2) *llāhu* (P.MARCHANDS II 16V.BOTTOM left 1–2; 9. Jh.); *balliġ hadāka* [*llāhu*][58] (P.MARCHANDS II 28V.1 left; 9. Jh.).

(**c**) *Balliġ* ***raḥimaka*** *llāhu* „Übermittle! – möge Gott sich Deiner **erbarmen**“ o. ä.: *balliġ raḥimaka llāhu* (P.BERL.ARAB. II 52v.1; 8.–9. Jh.; P.MARCHANDS II 27V.LEFT 2; 9. Jh.; P.KHALILI I 33V address.2; 9. Jh.); *balliġ raḥimaka* [*llāhu*] (P.MARCHANDS II 35V; P.MARCHANDS V/1 2.v; beide 9. Jh.); *balli*[*ġ*][59] *raḥimaka llāhu* (P.GROHMANNURKUNDEN 19v.address 2 = P.WORLD P. 166v.address 2 = P.MARCHANDS V/1 8v. address 2; 9. Jh.); *raḥima llāhu man ballaġahā* (P.RAGIBLETTRES 19r.1; 9. Jh.).

(**d**) *Balliġ* ***sallamaka*** *llāhu* „Übermittle – möge Gott Dich **bewahren**“: *balliġ sallamaka llāhu* (P.RAGIBLETTRES 17v.1; 9. Jh.; UCL OR 1080 J 154b.left 1; 21. August 1008); *balliġ sallamaka llāhu* (*links v3*) *waaǧaraka r-rawḍata* (P.HEID.ARAB. II 32v links. 2–3; 9. Jh.).

(**e**) *Balliġ* ***ṣaḥibaka*** *llāhu* „Übermittle – möge Gott Dich **begleiten**“: *balliġ ṣaḥibaka llāhu* (P.MARCHANDS V/1 17v.2 left; 9. Jh.).

(**f**) *Balliġ* ***taǧammala*** *llāhu* „Übermittle – möge Gott (es) **schön machen**“: *balliġ taǧammala llāhu* (GEN.PALESTINE 582v.4; nach 1073; arab. Schrift; GEN.PALESTINE 159v.4 links; arab. Schrift; ENA NS 63 16v.2; arab. Schrift).

(**g**) *balliġ* ***tusdā*** „Übermittle – möge Dir (sc. von Gott) **Gutes erwiesen** werden“ (TS 12 435v.bottom margin; ca. 1140 zitiert Goitein, Letters: 56 Nr. 7v).

Weiter zu dieser Art Formel siehe Goitein, Mail service: 120a; Goitein, Society I: 283–284 und 470 A. 10; Diem, P.Heid.Arab. II: 153 (der die konditionale Verknüpfung betont, also „Überbringe, dann wird Gott Dich bewahren“) zu 32v; Diem, Review P.Khalili I: 33.

---

58 Rāġib ohne Ergänzung *balliġ hadāka*.

59 Rāġib. Grohmann ohne *balliġ*, nur *raḥimaka llāhu*.

NUMMER 6

Brief in eigentümlicher Schrift von Nağīb an ʿĪsà b. Ḥusayn al-Qināwī

(*Tafel 6*)

Quseir 1978 RN 592 (SW-Bilder Quseir 1978 3.24; 3.25; 8.13; Dols et al., Inscriptions: 248 fig. 28; Farb-Bild)
4.7 cm hoch × 12.1 cm breit

Papier. – Der Beginn eines Briefes. Umseite unbekannt. – Der rechte und der linke Rand sind erhalten, ebenso der breite obere Rand. Unten fehlt eine unbekannte Anzahl an Zeilen. – Eine eigentümliche, sehr regelmässige, eventuell maġribinische Schrift; hierzu passt die maġribinische Punktierung des *qāf* (*al-qināwī* 2). Finales *rā*ʾ ist relativ klein und rund (*ar-raḥmān* 1; *ar-raḥīm* 1; *akramakum* 2; 3). Mediales *qāf* hat eine fast bis auf die Höhe der *lām*-Hasten gestreckte Schlaufe (*al-qināwī* 2). Nach finalem *nūn* beginnt das folgende Wort über der Mitte des *nūn*-Bogens (*ar-raḥmān ar-raḥīm* 1; *ibn ḥusayn allaḏī* 2; *min aḫīkum* 2). Finales *hā*ʾ besteht nur aus einem offenen Abschwung auf der Zeile gegen links (*akramahu* 2; 3; *bihi* 3). Finales *yā*ʾ hat eine runde Unterlänge gegen links (*ṣallà* 1; *ilà* 2), alleinstehendes *yā*ʾ hingegen die aussergewöhnliche Form eines lateinischen grossen L: eine scharfe Ecke gegen links, dann eine nach rechts zurückgewendete Unterlänge (*al-qināwī* 2; *allaḏī* 3). – Im *allāh* der Basmala (1), nicht aber sonst (*ar-raḥmān* 1; *ar-raḥīm* 1; *al-qināwī* 2; *allāh* 1; 2; *allā*[*h*] 3), sind *alif* und *lām* zusammengeschrieben und das finale *hā*ʾ trägt zwei, möglicherweise später radierte Punkte. *Ibn* im *nasab* beginnt mit *alif* (2). – Meist punktiert. *Qāf* trägt einen Punkt oberhalb (*al-qināwī* 2). Finales *bā*ʾ hat den Punkt direkt unter dem Häkchen (*wağaba* 3), finales *nūn* direkt über dem Häkchen (*ibn* 2; *ḥusayn* 2; *min* 2). – Erwähnt Dols, Inscriptions: 248. – Abbildung Dols, Inscriptions: 248 fig. 28.

Der Absender Nağīb informiert den Empfänger ʿĪsà b. Ḥusayn al-Qināwī über einen uns unbekannten Sachverhalt.

Text

١ بسم الله الرحمن الرحيم و‹صلى› الله على سيدنا محمـ[ـد واله]
٢ الى عيسا ابن حسين القناوي اكرمه الله من اخيكم
٣ الـ.ـسا. نجيب والذي وجب به اعلامكم اكرمكم اللـ[ـه]

١ بسم الله – سيدنا – ٢ عيسا ابن حسين الفناوي – من اخيكم – ٣ نجب والذى وحب به

Übersetzung

1 Im Namen Gottes, des Barmherzigen, des Allerbarmers, und Gott ⟨möge segnen⟩ unseren Herrn Muḥamm[ad und seine Familie.]

2 An ʿĪsā b. Ḥusayn al-Qināwī – möge Gott ihn ehren – von Eurem Bruder 3 al-.B'. Naǧīb. Das, worüber Ihr benachrichtigt werden müsst – möge Gott Euch ehren – ist

Tf. 6

Kommentar

1 [ṣallà] *llāhu ʿalà sayyidinā muḥamma*[*din wa-ālihi*]: Die Formel erscheint in den Quṣayr-Dokumenten am Briefanfang (nach der Basmala) und am Briefschluss: *bi-smi llāhi* [*r-raḥmāni r-raḥīmi*] *wa-ṣallà llāhu ʿalà sayyidi⟨nā⟩ muḥammadin wa-ālihi wa-sallama*[60] (P.Frantz

60 Frantz-Murphy ... *ʿalà sayyidi⟨nā⟩ muḥammadin nabīyihi.*

MurphyQuseir 1.1; 1218–1219); *wa-ṣallà llāhu ʿalà sayyidinā* [...] (P.Frantz-MurphyQuseir 2 right margin); *bi-smi llāhi r-raḥmāni r-raḥīmi wa-ṣalla llāhu ʿalà muḥammadin wa-ālihi wa-sallama*[61] ... *wa-ṣallà llāhu ʿalà muḥammadin wa-ālihi wa-sallama*[62] (P.Quseir Arab. I 12r.1 und v.8); *wa-l-ḥamdu li-llāhi wa-ṣallà llāhu ʿalà sayyidinā muḥammadin nabīyihi wa-ṣallà llāhu ʿalà ālihi ṭ-ṭāhirīna wa-ṣaḥābatihi* (P.QuseirArab. I 14v.2). – Die Formel ist, entgegen Guos Lesung, *nicht* vorhanden in: *bi-smi llāhi r-raḥmāni r-raḥīmi wa-ṣallà llāhu ʿalà ʿa*[*bdihi*] (2) [*wa*]-*l*-[*ḥamdu*] *li*[*-llāhi wa*]*ḥda*[*hu*][63] ... *wa-ṣallà* (17) *llāhu ʿalà ʿabdi*[*hi*] *wa-l-ḥa*[*m*]*du li-*[*llā*]*hi waḥda*[*hu*] (P.Quseir Arab. I 20r.1–2 und 16–17); [*bi-smi llāhi r-raḥmāni r-*]*raḥīmi wa-ṣallà llāhu ʿalà* [*ʿabdi*]*hi l-ḥamdu li-llāhi*[64] (P.QuseirArab. I 23v.1).

2 *ʿīsā ibn ḥusayn*: Wo in den Quṣayr-Dokumenten ein ʿĪsà ohne jeden *nasab* erscheint, ist er möglicherweise mit diesem ʿĪsà gleichzusetzen. Im Brief eines ʿAbd Allāh an einen ungenannten Empfänger lässt dieser ʿAbd Allāh einen Bruder (*aḫ*) ʿAbd ar-Raḥīm, einen ʿĪsà und den *šayḫ* Abū Mufarriğ grüssen (P.QuseirArab. I 13r.10–11), während in einer Quittung an Abū Mufarriğ ein ʿĪsà als Schuldner genannt wird (P.QuseirArab. I 60v.1). – Auffällig ist die Schreibung *ʿīsā* mit *alif mamdūda*.

2 *al-qināwī* „der aus Qinā“: siehe hier zu **Nr.** 2v2.

2–3 *min aḫīkum* (3) ... *nağība*: In den Quṣayr-Dokumenten erscheint ein (*aḫ*) *nağīb* (Bruder) Nağīb recht häufig, wobei wir aber nicht wissen, ob immer ein und dieselbe Person gemeint ist. Als Absender erscheint er nur im vorliegenden Brief – um so bemerkenswerter ist die besondere Handschrift. – Bei den übrigen Briefen ist (*aḫ*) *nağīb* Empfänger oder wird gegrüsst, gelegentlich in Verbindung mit Abū l-Mufarriğ: *uʿlimu l-aḫa nağība ḥafiẓahu llāhu wa-tawallāhu ... ilà šūnati abū mufarriğin yusallam li-l-aḫi nağība ḥafiẓahu llāhu* (2) *min ʿalīyi bni badrin* (P.QuseirArab. I 12r.2 und v.top down 1–2); *yusallam li-l-aḫi nağība mawlā ʿabdi llāhi faḫrhum?* (P.QuseirArab. I 13v. top down 1); *aš-šayḫu l-ağallu l-muwaqqaru s-saʿīdu l-mawlā nağību aṭāla llāhu*

61 Guo *wa-ṣallà llāhu ʿalà muḥammadin wa-llāhu sallama.*

62 Guo *wa-ṣallà llāhu ʿalà muḥammadin wa-llāhu sallama.*

63 Guo *wa-ṣallà llāhu ʿalà* (2) *sayyidinā muḥammadin.* Da Guos Lesung unsicher ist, und Anfangs- und Schlussformel häufig identisch sind, gehe ich davon aus, das die Schlussformel auch am Anfang steht – was paläographisch durchaus möglich ist.

64 Guo liest die ganze Zeile als [*abū l*]-*qāsimi* (*sic*) *wa-ṣalla* (*l. ṣallà*) *ʿalà sayyidinā «muḥammadin» wa-ālihi* „[... Abū] al-Qāsim. May God bless our Lord Muḥammad and his family.“

baqā'ahu etc. (P.QuseirArab. I 14r.1); «*wa-ʿalà naǧība*» (*v4*) *s-salāmu* (P.QuseirArab. I 27v.3–4); *huwa yusallimu ʿal⟨ay⟩ka wa-ʿalà l-aḫi naǧība* (P.QuseirArab. I 41.5; ein Brief an Abū Mufarriǧ); *wa-ʿalà l-aḫi naǧība* [*tawallāhu*] (*Rand*) *llāhu wa-waliyahu yā aḫī yā naǧību* (hier **Nr. 12r.5**-margin; ein Brief an Abū Mufarriǧ). – Nur erwähnt wird ein Naǧīb: [... *a*]*š-šayḫ naǧīb* (P.QuseirArab. I 8r.3); *yatasallami š-šayḫu naǧību bnu mabādi'a s-sayyidīyu* (2) *ḥimlayni daqīq* (P.QuseirArab. I 48.1–2); *wa-hiya kutibat bi-yadi r-rayyis* (3) *wa-kataba naǧību l-fayyūmīyu* (P.QuseirArab. I 65.2–3).

NUMMER 7

Antwort von Ṯābit b. Ǧawhar an seinen Sohn Abū Ǧ/Ḥ/Ḫ̆M… im Hafen von al-Quṣayr

(*Tafeln 7a und 7b*)

Quseir 1982 RN 1087 (SW-Bilder Quseir 1982 1087.1; 1087.2)
9.3 cm hoch × 8.4 cm breit

Papier. – Auf Recto die linke Hälfte eines Briefanfangs, mit dem internen Absender links auf der ersten Zeile, auf Verso die rechte Hälfte der Adresse (Blattwendung →). – Recto ist der breite obere Rand erhalten, mit einem runden Loch in der Mitte der erhaltenen linken Hälfte; geht dieses Loch auf ein ursprüngliches Siegel zurück, so hätten wir damit die Mitte des Schreibens. Rechts fehlt in der Breite vermutlich etwa ein Drittel bis ein Viertel, während links der Rand in etwa erhalten ist. Unten fehlt eine unbestimmte Anzahl Zeilen. Verso ist der rechte Rand mit der rechten Hälfte der Adresse erhalten. – In der Ligatur *ʿayn*-finales *nūn* beginn das *nūn* rechts unter dem *ʿayn* (*ʿan* 2). Initiales *hāʾ* erreicht unten und oben die volle Unter- und Oberlänge (*ǧawhar* r1), während finales *hāʾ* nur gerade ein offenes Häkchen ist ([*waffa*]*qahu* 2; [*ʾa*]*llāhu* 2; *bi-iṭāʿatihi* 2; *qaraʾtuhu* 3). Alleinstehendes *wāw* ist recht klein (*wa-qaraʾtuhu* 2; *wa-«fahimtu»* r2; etwas grösser *wāliduhu* 1 und *waṣalanī* 3). – In *wāliduhu* in der Adresse beginnen *alif* und *lām* oben mit einem kleinen Aufstrich (1). – Einige wenige Punkte. – Keine Vokalzeichen.

Ṯābit b. Ǧawhar antwortet mit diesem Brief seinem Sohn Abū Ǧ/Ḥ/Ḫ̆M… /Ḫ̆M …, der sich im Hafen von al-Quṣayr (*sāḥil al-quṣayr*) befindet, auf dessen vorhergehenden Brief.

Text

و ١ [بسم الله الر]حـ[ـمـ]ـن الرحيم والده ثابت بن جوهر

٢ [الذي اعلم به الولد وفـ]ـقه [ا]لله باطاعته ونهاه عن معصـ[ـيـ]ـتـ[ـه و...]

٣ [...وسوى ذلك] وصلني كتابك وقراته و«فهمت» [...]

٤ [...]ـ[ـت] الذي اخبرتنا بهده الاخبار [...]

٥ [...]. وا[ر]سلني [...]

و ٢ باطاعته ونهاه – معصـ[ـيـ]ـنـ[ـه] – ٣ كتابک وفراته – ٤ [...]ـت الدي اخبرنا بهده

Übersetzung

r1 [Im Namen Gottes, des Barmherzi]gen, des Allerbarmers. Sein Vater Ṯābit b. Ǧawhar

2 [Dies ist, was ich mitteile dem Vater – [G]ott möge ihm sche]nken den Erfolg zum Gehorsam Ihm (Gott) gegenüber und ihn zurückhalten vom Ungehorsam Ihm (Gott) gegenüber und [...]. **3** [... Davon abgesehen:] Dein Brief ist angekommen bei mir. Ich habe ihn gelesen und «verstanden» [...]. **4** [...] was Du uns mitgeteilt hast mit diesen Nachrichten [...] **5** [...]. Und er hat mich [ge]schickt [...]

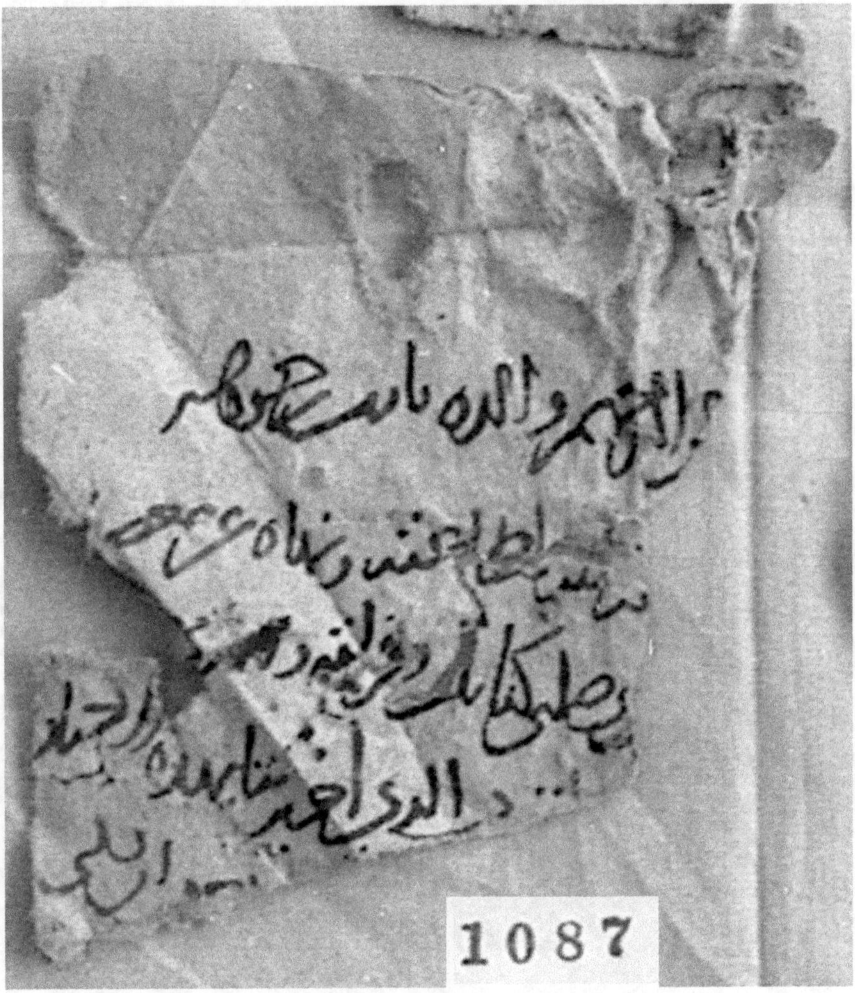

Tf. 7a

Text

ظ ١ الى ساحل القصير يسلم للـ[ـشيخ ...] ابو حما[...]

Übersetzung

v1 Zum Hafen von al-Quṣayr. Es möge übergeben werden dem [*šayḫ* ...] Abū Ǧ/Ḥ/ḪM[...]

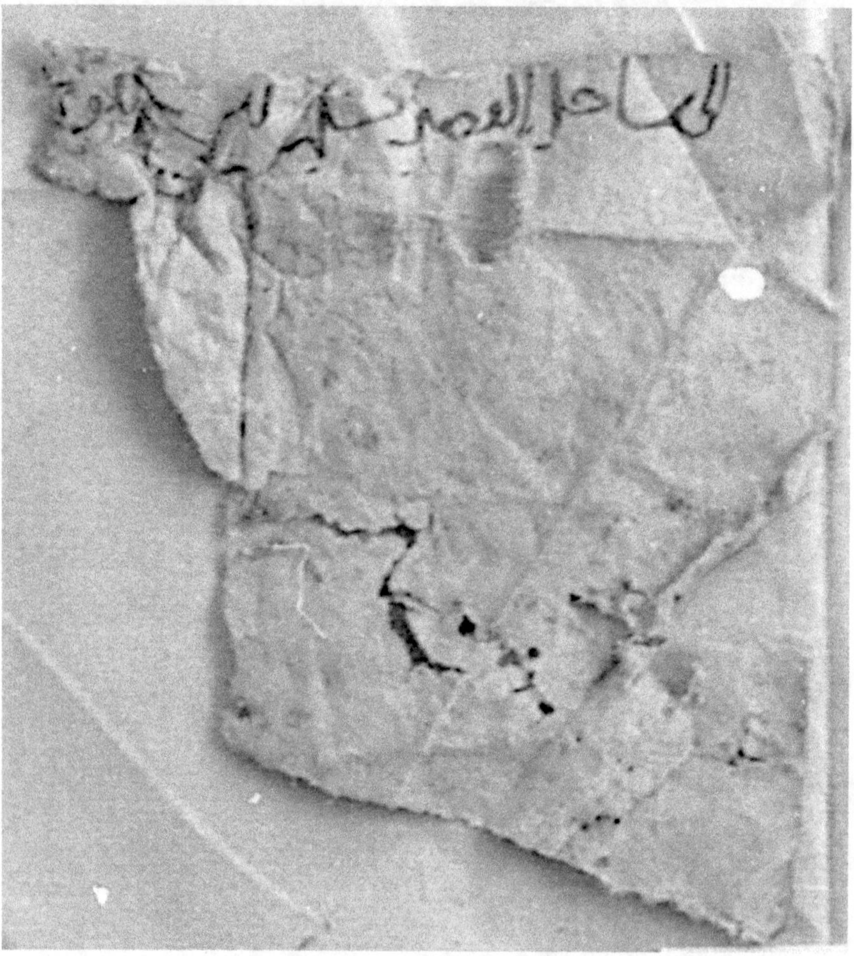

Tf. 7b

Kommentar

r1 Ein Ṯābit erscheint in den Quṣayr-Dokumenten in *ṯābitun/nāʾibun ʿašaratun* (P.QuseirArab. i 62r.4; ein Einkaufszettel) und *yatasallami* [*ʾ*]*š-ša*[*yḫu*] *n-nāḫudā wālidu ṯābitin* (hier **Nr.** 15.2).

r2 [*waffa*]*qahu llāhu li-iṭāʿatih, wa-nahāhu ʿan maʿṣ*[*ī*]*yati*[*h*]: Zum ersten Teil der Formel siehe hier zu **Nr.** 5r.3–4.

r3 *wa-qaraʾtuhu wa-«fahimtu»*: *wa-qaraʾtu wa-* ist klar lesbar. Auf *wa-qaraʾtu* an dieser Stelle folgt im Allgemeinen *wa-fahimtu* (was zu den erkennbaren Resten passt), dann mit *mā ḏakarta* „was Du erwähnt hast", *mā fīhi* „was drin steht" der Inhalt des erwähnten Briefes. Selten folgt auf *wa-qaraʾtu* dann *wa-ḥamidtu llāha ʿalà* … (so etwa P.Marchands v/1 23.2–3; 9. Jh.). In den Quṣayr-Dokumenten sind die Lemmata *qaraʾa* und *fahima* sonst nicht belegt.

r4 *aḫbartanā bi-hāḏihi l-aḫbāri*: Bei *aḫbara fulānan* „jemanden informieren" wird der Inhalt der Nachricht meist mit *anna* eingeleitet, seltener mit direktem Objekt, mit *min* oder wie hier mit *bi-*, die Quelle der Nachricht mit *ʿan*. – Die Konstruktion mit *bi-* haben auch: *wa-kuntu nasītu amsi uḫbiruka bi-amri* (*8*) *l-ḥimāri llaḏī fī munastiratin/munastirata* (P.Jahn 8r.7–8; 8. Jh.); *aḫbir nafsaka minnī bi-afḍali s-salāmi* (P.Jahn 11.4; 771–800); *qad* [*ka*]*tabtu ilayka ḥafiẓaka llāhu kitāb qabla hāḏā uḫbiruka fīhi bi-annahum sāqū* (*6*) *isḥāqa bna barīʿa wa-ʿīsà bna yaḥyà wa-yaḥyà z-zayyāta wa-hum muḥbasīna ilà an katabtu* (cpr xvi 11.5–6; 9. Jh.); *fa-aḫbartuhu* (*18*) [*bi-l-*]*ḫabari* (P.Berl.Arab. ii 30.17–18; 9. Jh.); *wa-qad aḫ*[*baranī bi-*]*kitābihi* ⟦*ilaykumā*⟧ *ilà waladihi bi-wuṣūli*{*hi*} *ḏālika ilay*[*hi*] (P.Berl.Arab. ii 41r.5; 9. Jh.); *fa-aḫbara bi-salāmatikum* (P.David-WeillMarchand 1r.3 = P.Marchands iii 1r.3; 9. Jh.); *fa-aḫbaranī*[65] *bi-salāmatiki* (P.Khalili i 17.4–5; 9. Jh.); *laʿallahā taḥtašimu minka fī šayʾin tuḫbiruka bihi* … (*10*) … *wa-qad katabtu ilà abī l-qāsimi abqāhu llāhu adʿū lahu wa-uḫbiruhu bi-šiddati maḥabbatika lahu* (P.Marchands ii 13v.8–10; 9. Jh.); *fa-ʿinda* (*top margin 1*) *sāʿati mā waṣaltu uḫbirtu* (*top margin 2*) *bi-muṣībatihi* (Gen.FrenkelCompassionate 2r.23–top margin 2; 1130); *fa-ǧtamaʿa bi-d-dayyāni wa-aḫbarahu bi-ḏālika* (Gen.Ashtor Egypt 60v.16; 1236 oder 1436) usw.

v1 *abū Ǧ/Ḥ/ḪM*[…]: In den Quṣayr-Dokumenten kennen wir bisher fol-

65 Diem, Review P.Khalili i: 46. Khan *wa-aḫbaranī*.

gende Namen, die passen würden: *Ǧamāl ad-dīn* (P.QuseirArab. I 12r.3); [*Ḥam*]*d* (P.QuseirArab. I 64r.7); *Ḥamd* (P.QuseirArab. I 64v.4); *b. Ḥamād al-Milāḥī* (P.QuseirArab. I 67v.left 7); *Ḥamūda al-Ḥāwī* (P.QuseirArab. I 67r.right 6); *Ḥamza b. bint al-ʿIzzī* (P.QuseirArab. I 67v.right 3); *ʿUṯmān b. Ḥamza Tammām* (P.QuseirArab. I 67v.left 19); *Ḥamza* (P.QuseirArab. I 68v.5); *Abū Ḫamīs* (P.QuseirArab. I 67v.right 22). Abgesehen vom ersten stammen allerdings alle Belege aus schlecht erhaltenen Listen.

NUMMER 8

Anweisungen in Bezug auf den Transport von tausend *irdabb* Weizen und Tadel über den Bericht des Empfängers von einem Schiffbruch

(*Tafeln 8a und 8b*)

Quseir 1978 RN (SW-Bilder Quseir 1978 3.28; 3.29; 3.30; 3.31)
Höhe und Breite unbekannt

Papier. – Das Stück besteht aus zwei Fragmenten, bei denen Vorder- und Rückseite wohl zu ein und demselben Geschäftsbrief gehören (Blattwendung ↓). Die Reihenfolge der beiden Seiten ist unklar, unsere Bezeichnung als Recto und Verso daher willkürlich. Drei weitere, etwas kleinere Fragmente stammen von derselben Hand; da wir ihre Beziehung zu den beiden grossen Stücken und zueinander nicht bestimmen können, bleiben sie hier unberücksichtigt. – Der rechte Rand ist Recto und Verso durch eine Zeile auf dem Rand gesichert; möglicherweise standen hier noch weitere Zeilen. Links sind einige Wörter hochgestellt (*šaḥḥin* r1; *ʿabd* r3; *LRQB* v2), stehen also wohl am Ende der Zeile. Oben und unten fehlt je eine unbekannte Anzahl Zeilen. – *Rāʾ* hat final und alleinstehend einen kleinen Aufstrich. Mediales *sīn* besteht aus einem Strich (*safarī* v1; *as-sāḥil* v2; *bi-r-rasūli* v3; *yastaqirru* v1). *Qāf* hat final (*aṭlaqa* r1; *ġariqa* v2) einen sehr kleinen Kopf. *Lām-alif* ist in einem Zug geschrieben (*al-irdabb* r2). Finales und alleinstehendes *wāw* beginnen mit einem kleinen Anstrich von rechts her. – In *irdabb* sind *alif* und *dāl* nach links verbunden (*irdabb* r1; *al-irdabb* r2). *Allāh* hat das *alif* und das erste *lām* hoch, das zweite *lām* und das finale *hāʾ* halbhoch (*allāh* r1; r3, *bi-llāh* v3). In *fī* ist die Unterlänge des finalen *yāʾ* nach recht gezogen (v2 (2×)). – Einige Punkte, teilweise in der Form von Strichen.

Auf Recto berichtet der Absender, dass ein Dritter, wohl der Sultan, ihm tausend *irdabb* Getreide zugeteilt und damit ein *qunbār*-Transportschiff habe beladen lassen. Der Empfänger des Briefes solle damit losfahren, denn er (der Absender) wolle den Weizen als Sicherheit für ein Darlehen einsetzen. Nachdem er den Empfänger (wofür?) bezahlt habe, solle dieser das Getreide (möglichst schnell) befördern, und er (der Absender) werde den Lohn der Transporteure zahlen. Auf Verso tadelt der Absender den Empfänger für das, was er ihm auf seiner (des Absenders) Reise nach Kairo über den Untergang eines Schiffes in einem Hafen berichtet habe. Obwohl er (der Empfänger) bei Gott und dem Propheten geschworen habe, habe er, wie sich jetzt herausgestellt hat, doch gelogen.

Text

و [السلطان]

١ خلد الله ملكه اطلق لى على ديوان قوص الف اردب غله واشـ]ـحـ[ـن]

٢ به قنبار فصر به وانا اطلب اكتري على الالف الاردب

٣ والله العظيم ان اوفيتك تجد الغله التى لـ«ـه و»مع عبد

٤ [الله ؟ فـ]ـادفع لك اجرة حما[ليها] لـ[.]ـصر ما .حـ[...]

هـ [...] المائة فالـ«ـفضـ»ـلة [لرأيك ...]

و ١ اطلق – دىوان قوص الف اردب – ٢ به فسار فصر به وانا اطلب اكترى – الالف الاردب – ٣ العطيم ان اوفبتک – الغله التى – عبد – ٤ ادفع – هـ فالفصله

Übersetzung

r [Der Sultan –] **1** Gott möge seine Königsherrschaft ewig währen lassen – hat mir auf den *dīwān* von Qūṣ tausend *irdabb* Weizen zugewiesen und mit ihm (dem Weizen) **2** einen *qunbār* (Transportschiff) beladen. Reise nun mit ihm (mit diesem Weizen) los, denn ich will die tausend *irdabb* als Sicherheit für ein Darlehen einsetzen. **3** Bei Gott, dem gewaltigen, wenn ich Dich bezahlt habe, finde (übernimm) den Weizen, der ihm gehört und bei ʿAbd **4** [Allāh? o.ä.] ist, und ich zahle Dir die Miete seiner Trä[ger] (der Träger des Weizens) **Rand** [...] hundert, aber der Vor«ra»ng [gebührt Deiner Meinung ...]

Tf. 8a

Text

ظ [حتى]

١ «يستقر قلبي» فيسكن» وعند سفري الى القاهر[ة سيرت]

٢ لي في هذا المركب الذى غرق في الساحل خمسين اردب

٣ وحلفت بالله وبالرسول فما صدقت وقد اظهر

٤ الله فـ[ـيـ]ـك برهانه [وحلفت] ⸢حلفا منك بالايمان⸣

ه [...] بكم وبه واذكر وا [...]

ظ ١ «ستقر قلبى» – وعند سفرى – ٢ لي – المركب الذى عرق – اردب – ٣ وحلفت – فما صدقت وقد – فـ[ـيـ]ـک «رهانه» ⸢حلفا منک بالاىماں⸣

Übersetzung

v [damit] **1** mein Herz sicher ist und ruhig. Auf meiner Reise nach Kairo [hast Du geschickt] **2** wegen dieses Schiffes, das im Hafen mit 50 *irdabb* untergegangen ist. **3** Du hattest bei Gott und beim Propheten (sic) geschworen und doch nicht die Wahrheit gesagt! Jetzt aber hat Gott **4** in Bezug auf Dich den Beweis dafür gezeigt, [dabei hattest Du] einen Eid in Bezug auf Dich beim Glauben (bei Deinem Glauben) [geschworen ...] **Rand** [...] mit Euch und mit ihm und denkt an [...]

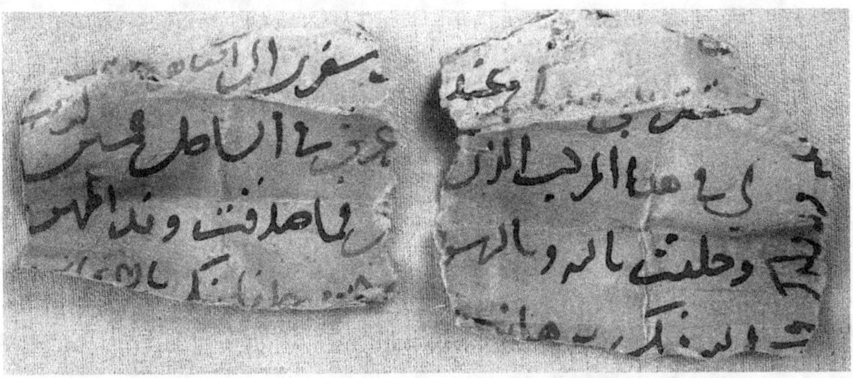

Tf. 8b

Kommentar

r1 [*as-sulṭān*] (*1*) *ḫallada llāhu mulkahu*: [...]ʾ *ilà l-ḥaḍrati ṭ-ṭāhirati ḫallada llāhu* (*16*) [*mulkahu*] (GEN.PALESTINE 404.15–16; 11. Jh.); *yuqabbilu l-arḍa wa-yasʾalu man bi-yadihi azimmatu l-maqādīr, wa-hu*[*wa*] *ʿa*[*là*] (*5*) *kulli šayʾin qadīr, an yuḫallida mulka mawlānā, wa-māliki* [*riqqinā?*] ... (*ḫallada llāhu*) *mulka mālikihā bi-muḥammadin wa-ālihi* (P.VIND.ARAB. III 33.4–5 und 19 Rand; 11–12. Jh.); *fī hāḏihi l-awāmiri l-ǧuyūšīyati* (*15*) *abqāhā llāhu taʿālà wa-ḫallada mulka mālikihā* (P. STERNFĀṬIMIDPETITIONS 3r.14–15; 1161–1162); *wa-lammā ttaṣala bihā* (*7*) *min ʿuṣāratin ʿalà* {*ṣ-ṣalāti ʿalà*} *man nahā s-sul*[*ṭāna aʿazza*] *llāhu naṣrahu wa-ḫallada mulkahu* (*8*) *min tasmiyatihi bi-riyāsatin* (TS 12 657.6–8; 1082–1092); [...] *lahum tawqīʿu as-sulṭāni ḫallada llāhu mulkahu* (TS 10 J 15 29r.18; ca. 1150); *wa-lammā kāna fī hāḏihi* (*15*) *l-yawmayni waṣala kitābun li-mawlāya ṣalāḥi d-dīni ḫallada llāhu mulkahu ...* (*20*) ... *wa-daʿaw li-s-sulṭāni ḫallada llāhu mulkahu* (GEN. FRENKELCOMPASSIONATE 78r.14–15 und 20; 1170er Jahre); *wa-tuʿlim aḫī an baʿda ḫurūǧihi ǧalasa s-sulṭānu ḫallada llāhu mulkahu* (ENA NS 19 31.24); *nuwwāb as-sulṭāni ḫallada llāhu mulkahu* (TS 13 J 7 9.7); *ammā* (*12*) *qisṭ 2. wa-l-āḫaru aḫaḏū* (*l. aḫaḏūhu*) *li-ḫizānati l-maʿmūrati* (*13*) *ḫallada llāhu mulkahu* (TS 13 J 27 4.11–13); *wa-ṭaliʿū fīhi n-nāsu ilà s-sulṭāni ḫallada llāhu mulkahu* (TS 16 163r.25); *wa-ǧānā mina s-sulṭāni ḫallada llāhu mulka*{*nā*}*hu mā* {*yasurru qulūbakum*} (*8*) *yasurrukum wa-yasurrunā* (TS NS 324 55 A.7–8). – Weiter hierzu s. Diem, P.Vind.Arab. III: 151 zu 33.5 (mit weiteren Belegen).

r1 *aṭlaqa lī ʿalà dīwāni qūṣa alfa irdabbi ġallatin*: ⟦... *ṯumma uṭliqnā min dīwāni l-maksi* (*8*) *ḥimlayni*⟧ ... *wa-uṭliqnā* (*9*) *ḥimlayni min dīwāni l-maksi lī fī ḥimlayni l-83 illā qīrāṭayni wa-bāqī l-aḥmāli lahum* (TS 8 J 6 9A.7–9). Weiter zu *aṭlaqa* „zuweisen, auszahlen" s. Diem, P.Vind.Arab. III: 383.

r1–2 *wa-šaḥḥin* (*r2*) *bihi qunbār*: *Qunbār* „ein Transportschiff" (Gil, Commerce 255–256) ist nach Fahmy 1966: 130 ein besonders grosses und schweres Schiff.

r2 *wa-ana aṭlubu aktarī ʿalà l-alfi l-irdabbi* „ich will die tausend *irdabb* als Sicherheit für ein Darlehen einsetzen": *wa-lam nabīʿ* (*l. nabiʿ*) *šayʾ qulnā laʿalla «nubāyiʿu»*[66] *wa-bi-niʿmati* (*14*) *llāhi aktarī ʿalà ġallatika*

66 Guo *wa-lam nabiʿ šay fa-lanā laʿalla zāʾid* „We did not sell anything. So, we have perhaps some surplus."

wa-lā tawaqqaf ʿani štiġālika (15) [*bi*]-*ḏālika*[67] „Wir haben nichts verkauft, haben (uns) aber gesagt: „Vielleicht «schliessen wir doch noch einen (Kauf)vertrag».“ Wenn Gott (14) gnädig ist, nehmen wir (aber) auf Deinen Weizen ein Darlehen auf. Hör nicht auf, Dich darum zu kümmern!“ (hier **Nr. 14**v.13–15). In beiden Fällen verkauft der Absender den Weizen nicht, sondern nutzt ihn als Sicherheit und kommt so zu einem Darlehen.

r3–4 *wa-maʿa ʿabdi* (4) […]: Der zweite Teil des *ʿabd*-Namens ist nicht erhalten, es könnte sich um *ʿabd allāh* oder jede andere, nicht zu lange Kombination handeln.

r Rand *fa-l-fa«ḍ»latu* [*li-raʾyika*]: *wa-raʾyuka afḍalu* (P.Jahn 17.11 und 25; 771–830); *wa-li-raʾyika faḍlatun* (Gen.Sicily 54 = Gen.Kingdom 113r.11 und 34; 1000–1030); *wa-li-l-ārāʾi l-ʿāliyati faḍlun fī ḏālika in šāʾa llāhu ʿazza wa-ǧalla* (P.RichardsFāṭimidPetition r.23; 1036–1094); *fī ḏālika li-raʾyika faḍlatun* (ENA 2805 10.11; ca. 1045–1096); *wa-li-l-ārāʾi l-ʿāliyati faḍluhā in šāʾa llāhu taʿālà* (P.SternAyyūbidPetitions 3r.21; 1212); *wa-li-raʾyika l-faḍlu/l-faḍlatu* (ULC Or 1080 J 111, zitiert Goitein, Society I: 440 A. 11; siehe Diem, P.Heid.Arab. II: 214–215 zu 48.9).

v2 *ġariqa*: Die Lesung des alleinstehenden *qāf* ist auf den ersten Blick überraschend, vom finalen *qāf* in r1 *aṭlaqa* her aber eindeutig. – Eine sachliche Parallele findet sich in einem Bericht über ein Schiff, das aus Oberägypten Getreide nach Kairo bringt, dort im Arsenal (*aṣ-ṣināʿa*, *l. dār aṣ-ṣināʿa*) nach dem Entladen sinkt, den nach Oberägypten fahrenden Schiffen die Ausfahrt blockiert und von seinem Eigentümer gehoben werden soll (P.Vind.Arab. III 80r a.1–15; ca. 1343). – Zur mamlūkenzeitlichen Getreideversorgung Mekkas aus den Sarāt-Bergen südlich von Ṭāʾif, der Tihāma, dem Ostsudan und Äthiopien (über die ostafrikanischen Häfen) und Ägypten siehe Mortel, Prices: 290–293.

v3 *wa-ḥalafta bi-llāhi wa-bi-r-rasūli* „Du hast bei Gott und beim Propheten geschworen“: Die Lesung ist mit der Parallelstellung von Gott und Muḥammad theologisch schwierig, paläographisch aber unausweichlich.

---

67 Guo *wa-bi-niʿmati llāhi akrī ʿalà ġallatika wa-lā tuwaqqif ʿan amwālika wa-n-nāsu* „By the grace of God, I will collection commission for [transporting?] your grain. So do not withhold your money. People …“

B

Aus einem Ehevertrag

NUMMER 9

Aus einem Ehevertrag, den ein Vollbruder für seine Schwester schliesst

(*Tafel* 9)

Quseir 1978 RN 593 (SW-Bilder Quseir 1978 24; 9.14; Farb-Bild)
4.9 cm hoch × 18.3 cm breit

Papier – Das Stück besteht aus einem Streifen mit zwei Zeilen. – Auf der einen Seite zwei Zeilen mitten aus einem Ehevertrag. Oben und unten fehlt eine unbekannte Anzahl Zeilen, rechts und links (zwischen dem Schluss von Zeile 1 links und dem Anfang von Zeile 2 rechts) zusammen etwa 13 Buchstaben. – Initiales *ǧīm* ist links geschlossen (*daraǧa* 1 (2×); *wa-li-r-riǧāl* 2). *Dāl* ist im Vergleich zu *rā'* recht gross (*daraǧa* 1 (2×); *zā'ida*; *wa-li-r-riǧāl* 2, nicht aber *«wa»-ḏālika* 2 und *al-maḏkūr* 2). Finales *rā'* hat eine kleine Schlaufe und sieht gleich aus wie finales wāw (*wa-li-r-riǧāl* 1). Initiales *šīn* kann einen Strich tragen (*taršīṭ* (*l. šarā'iṭ*) 2). Finales *nūn* wirkt wie finales *yā'* (*ʿalayhinna* 1; *qibalihinna* 2). – Häufige Ausdrücke sind in einem Zug geschrieben (*li-qawlihi* 1; *taʿālà* 1; *allāh* 1; *wa-ḏālika* 2; *fī_t-ta'rīḫī* 2; al-*maḏkūr* 2). Dabei ist bei *allāh* das *alif* doppelt so gross wie die drei folgenden gleichhohen Buchstaben, während bei al-*maḏkūr* der Strich über dem *kāf* sekundär gesetzt ist. – Einige diakritische Punkte. – Mehrere Vokalzeichen.

Zwei Zeilen aus einem Ehevertrag, wobei die erste Zeile nur die übliche Formel über den Vorzug der Männer erhält, während die zweite den Vollbruder der Frau erwähnt, einen Yūs[uf b.] FḤ[...], wohl in seiner Funktion als ihr gesetzlicher Vertreter.

 | DOI: 10.1163/9789004279605_005

Text

١ [... وله عليها مثـ]ـل ذالك ودرجة زائدة لقولـ«ـه» تعالي وللرجال عَليهن درجة والله عـزيز حكيم تو[لى تزويجها اياه]

٢ بذلِك في التاريخ المذكور فيه على {‹ا›لرَشيط}‹الشَرائط› ‹ا›لمسمات فيهنَ اخو«هـ»ـا شقيقها [يو]سف [بن] فحـ[... مستحق ولاية تزويجها]

---

١ نعالي – عَلهں – ٢ بدلِک – فىه – لرَسىط – فىهنَ احو«هـ»ـا – فحـ[...]

Tf. 9

Übersetzung

1 [... und er hat ihr gegenüber densel]ben Anspruch und eine Stufe mehr, wegen Seines (Gottes) – Er ist erhaben – Spruchs: „Den Männern steht ihnen (f.pl.) gegenüber eine Stufe mehr zu – Gott aber ist mächtig und weise" (Koran 2.228). [...] Es hat beso[rgt ihre Verheiratung mit ihm] **2** am in ihm (dem vorliegenden Dokument) erwähnten Datum zu den in Bezug auf sie (f.pl.) genannten Bedingungen ihr (f.sg.) Vollbruder (von Vater und Mutter her) Yūsuf b. FḤ[..., der einen Anspruch auf die Vollmacht hat, sie zu verheiraten]

Kommentar

1 [... *wa-lahu alayhā miṯ*]⌈*lu ḏā*⌉*lika wa-daraǧatun zāʾidatun li-qawli«hi» taʿālà ‚wa-li-r-riǧāli ʿalayhinna daraǧatun wa-llāhu ʿazī*[*zun*] *ḥakīmun*ʿ (Koran 2.228): Die Koranstelle wird in einer ganzen Anzahl von Ehe-

verträgen (etwa P.Cair.Arab. 42.6; 9. Jh.; P.Cair.Arab. 45.11–12 = P.World p. 196.11–12; 16.–25.4.1069; P.DietrichEheurkunde 1.12–13; P.GrohmannBerlin 12.10–11; 1048–1108; P.GrohmannBerlin 13.12–15 = Chrest.Khoury i 12.15; 10.5.1202; 4.12.1207) nach der Ermahnung zum pfleglichen Umgang miteinander erwähnt und betont den Ehrenvorrang des Ehemannes.

1–2 *tawa[llà tazwīǧahu iyyāhu]* (2) *bi-ḏālika ... aḫūhā šaqīquhā ...* [*mustaḥiqqu walāyati tazwīǧihā*]: Der Satz erklärt, wer der für die Braut handelnde *walī* ist, nämlich der genannte Yūsuf, und dass seine *walāya* sich davon ableitet, dass er der Vollbruder der Braut von Mutter und Vater her ist. Parallelen: *wa-waliya* (14) *tazwīǧahā iyyāhu wa-taʿāqudi nikāḥihā ʿalayhi* (15) *aḫīhā* (*l. aḫūhā*)[68] *ḫiḍrun bi-ḥukmi walāyatihi ʿalayhā* (P.GrohmannOstraka 1r.13–15; 12.6.1348); *wa-waliya tazwīǧahā iyyāhu aḫūhā li-ibīhā* (*l. abīhā*) *wa-ummihā ʿalīyun* (P.RagibMariage 10; 13.6.1036–10.1.1094); *wa-waliya tazwīǧahā iyyāhu bi-ḏālika* (6) *wa-ʿaqda nikāḥihā ʿalayhi waladu aḫīhā šaqīqihā li-abawayhā ḥusāmu bnu* (7) *ibrāhīma bni burhāna bi-ḥaqqi walāyatihi ʿalayhā wa-bi-iḏnihā wa-riḍāhā fī ḏālika* (CPR XXVI 2 II.5–7; 23. 12. 1241). – Ähnlich auch: *wa-anna aḫāhā šaqīqahā aḥmada mustaḥiqqu walāyati tazwīǧihā* (P.Cair.Arab. 139.4–5; 2.12.1242); ... *wa-anna* [*aḫā*]*hā šaqīqahā* (5) *saʿda bna yūsufa bni ʿabdi l-ḥamīdi mustaḥiqqu walāyati tazwīǧihā* (P.Cair.Arab. 141.4–5; 19.7.1245). – Die Kombination *aḫ šaqīq* „Vollbruder“ bzw. *uḫt šaqīqa* „Vollschwester“ hat kein *wa-* dazwischen. Zusätzlich zu den gerade erwähnten Stellen erscheint sie auch: *wa-anna* (7) *walada aḫīhā šaqīqihā ḥusāma bna ibrāhīma bni burhāna* (8) *ahlun li-l-walāʾi ʿalayhā* (CPR XXVI 2 I.6–8; 23. Dez. 1241); in den Genizadokumenten ist die Verbindung häufig. – Nicht hierher gehört die Kombination von *aḫī* „mein Bruder“, *šaqīq rūḥī* „der Bruder meines Geistes“ und *ʿazīz nafsī* „der Liebe meines Seele“: *katabtu aṭāla llāhu baqāʾa aḫī wa-šaqīqi rūḥī wa-ʿazīzi nafsī* ... (Gen.Sicily 8 = Gen.Kingdom 617r.2; 9. Januar 1058).

---

68 Grohmann übersetzt „Und es ist als Muntwalt aufgetreten ... und schloss den Vertrag ... ihr Bruder Ḫiḍr mit dem Rechte seiner Muntgewalt über sie“, liest also *wa-waliya* (14) *tazwīǧahā iyyāhu wa-taʿāqada nikāḥahā ʿalayhi* (15) *aḫīhā* (*l. aḫūhā*) ...

C

Geleitschreiben

NUMMER 10

Geleitschreiben zu einer Lieferung von Mehl an den *šayḫ* Ibrāhīm b. Mufarriğ

(*Tafel 10*)

Quseir 1982 RN 983a (SW-Bilder Quseir 1982 983.1; 983.2)
Höhe und Breite unbekannt

Papier. – Auf Recto ein Geleitbrief, Verso unbekannt. – Der rechte Rand ist vollständig erhalten. Auch sonst fehlt kein Text, allerdings reicht von oben her ein Strich, wohl der Rest eines Registervermerks, bis in die zweite Zeile und es ist zu vermuten, dass der Ansatz dieses Striches fehlt, d.h. dass der obere Rand ursprünglich breiter war. Dass der linke Rand vollständig ist, zeigt sich auch an der für das letzte Wort einer Zeile typischen Hochstellung von *šay'* (6). – Alleinstehendes *alif* ist nach links verbunden, sowohl in der Verbindung *alif-lām* (*aš-šayḫ* 1; *al-ġanī* 3; *aš-šanhūrī* 3; *aṭ-ṭanbudayyī* 4; *allāh* 7 (2×)) wie auch sonst (*ibrāhīm* 1). Finales *dāl* ist einmal steil und wirkt wie *rā'* (*ʿabd* 3; *wa-rafaʿahum* 6; *tadfaʿ* 6), einmal sehr gross (*aṭ-ṭanbudayyī* 4); auch alleinstehendes *dāl* ist *rā'*-artig steil (*wa-dafaʿahum* 6). *Rā'* ähnelt final (*ṭirġām* (*l. ḍirġām*) 4) und alleinstehend (*aš-šanhūrī* 3) einem liegenden Haken; in den Ligaturen Häkchen-*rā'* (*ibrāhīm* 2) und *fā'-rā'* (*mufarriğ* 1) ist finales *rā'* nicht gekrümmt und steht unter dem vorhergehenden Buchstaben. Finales *nūn* ist zwar gerundet, aber sehr flach und wirkt wie finales, unpunktiertes Häkchen (*ḥimlayni* 2; *ṭaḥīn* 2). Initiales und intermediäres *hā'* besteht aus Ober- und Unterlänge, die klecksartig horizontal oder fast horizontal liegen (*ibrāhīm* 1; *aš-šanhūrī* 3; *wa-dafaʿahum* 6). *Wāw* ist alleinstehend (*wa-rafaʿahum* 6) und final (*bū mufarriğ* 1; *aš-šanhūrī* 3) klein. Die Unterlänge des finalen *yā'* ist in der Ligatur Häkchen-finales *yā'* nach rechts gewandt (*ʿabd al-ġanī* 3; *aṭ-ṭanbudayyī* 4). – In *ibn* ist finales *nūn* ein schrägstehender gerader Strich (1). – Einige wenige diakritische Punkte. – Keine Vokalzeichen. – Publiziert von Guo als P.Quseir Arab. I 52.

Ein Geleitschreiben zu einer Lieferung von zwei Traglasten Mehl (*ṭaḥīn*) an den *šayḫ* Ibrāhīm b. Mufarriğ. Überbringer ist ein ʿAbd al-Ġanī aš-Šanhūrī, Verwalter (*qayyim*) von Ṭirġām (l. Ḍirġām) aṭ-Ṭanbudayyī.

 | DOI: 10.1163/9789004279605_006

Text

(Registervermerk)

١ يتسلم الشيخ «ابرهيم» بن بو مفرج

٢ حملين طحين صحبت

٣ عبد الغني الشنهوري

٤ قيم طرغام الطنبدبي

٥ وعليه ....

٦ ودفعهم فلا تدفـ[ـع] «اليه» شي

٧ «» الله اللـ»[ـه ...]

---

٢ حملين – ٣ السهوري – ٦ شي

Übersetzung

0 (Registervermerk)

1 Es hat zu erhalten der *šayḫ* «Ibrāhīm» b. Bū Mufarriğ **2** zwei Traglasten Mehl (*ṭaḥīn*) über **3** ʿAbd al-Ġanī aš-Šanhūrī, **4** den Verwalter (*qayyim*) von Ṭirġām (l. Ḍirġām) aṭ-Ṭanbudayyī. **5** Er hat .... **6** Er hat sie (pl.) bezahlt – aber zah«le» ihm nichts ... **7** ... Los los (*allāh allāh*) [...]

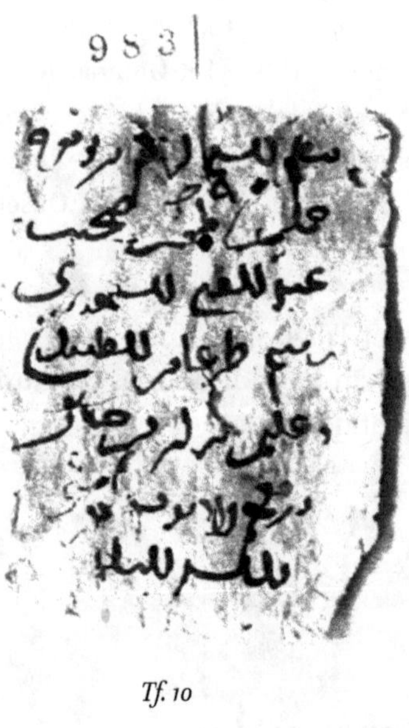

Tf. 10

Kommentar

0 Zum Registervermerk siehe hier zu **Nr. 11.1.**

1 *yatasallami š-šayḫu ibrāhīmu bnu bū mufarriǧin*: Dieser Abū Isḥāq Ibrāhīm b. Abī Mufarriǧ erscheint in den Quṣayr-Dokumenten:
(**a**) als Empfänger von Geleitschreiben, im Text: [*li-ibr*]*ā*[*hīma bni*] *abū mufarriǧin* (P.QuseirArab. I 51.3); *yatasallami š-šayḫu ibrāhīmu bnu abū mufarriǧin raḥimahu llāhu* (P.QuseirArab. I 53.2); *yatasallami š-šayḫu ibrāhīmu bnu abū mufarriǧin* (P.QuseirArab. I 56.1); *al-musayyaru ilà š-šayḫi abī isḥāqa ibrāhīma bni abī mufarriǧin* (P.QuseirArab. I 57r.2); *aṣ-ṣādiru li-yadi l-aḫi ibrāhīma bni abī mufarriǧin* (P.QuseirArab. I 58r.2);
(**b**) als Empfänger eines Geleitschreibens, in der Adresse: *li-wakīli abū isḥāqa wa-huwa* [*ibrā*]*hīmu* (2) [*b*]*nu abī mufarriǧin dāmat salāmatuhu* (P.QuseirArab. I 58v.1–2);
(**c**) als Überbringer von Geleitschreiben: *ṣuḥbata* [... *š-šayḫi*[69] *abū isḥāqa ibrāhīma*] (2) *bni abī mufarriǧin* (P.QuseirArab. I 17.1–2);
(**d**) als Empfänger von Briefen, im Text der Briefe: *allaḏī uʿlimu bihi* [...] (3) *abī isḥāqa ibrāhīma* [...] (P.QuseirArab. I 19.2–3); *allaḏī uʿlimu bihi l-aḫa l-ʿazīza l-muwaffaqa* (4) *s-saʿīda l-muḥtarama l-amīna abī isḥāqa* (5) *ibrāhīma waffaqahu llāhu taʿālà* (P.QuseirArab. I 20r.4–5); *allaḏī uʿlimu bihi š-šayḫa abū isḥāqa ibrāhīma walada bū* (3) *mufarriǧin* (P.QuseirArab. I 21r.2–3); (*r1*) *mamlūkuhu abū uṯmāna* (*r3*) *yaḫdumu*[70] *ḥaḍrata š-šayḫi l-aǧalli l-muwaffaqi s-saʿīdi l-muwaqqari* (*r4*) *abū isḥāqa ibrāhīma sallamahu taʿālà wa-tawallāhu* (P.QuseirArab. I 22r.1–4); *wa-l-musallimu*[71] *ibrāhīmu* (6) *bnu abū mufarriǧin dāmat saʿādatuhu* (P.QuseirArab. I 54.5–6);
(**e**) als Empfänger von Briefen, in der Adresse: *yusallam li-l-mawlà l-aḫi l-ḫaṭībi l-muwa*[*qqari*] (2) *«r-rayyisi» abū isḥāqa ibrāhīma bni l-ḥāǧǧi abī mufarriǧini l-ʿ*[...] (P.QuseirArab. I 18.1–2); *ilà ḥaḍrati abī zaydin wa-qawmihā ilà l-quṣayri sallimhu li-š-šayḫi* (2) *abī isḥāqa ibrāhīma bni abū mufarriǧin* (P.QuseirArab. I 20v.top down 1–2); *ilà sāḥili* [*l-quṣayri*] (*v2*) *ibrāhīma bni abī* [*mufa*]*rriǧin* (P.QuseirArab. I 55v.2); *ilà sāḥili* [*l-quṣayri šūnati š-šayḫi*] (*upside down top down 2*) *bī* (*sic*) *mufarriǧini l-qifṭīyi* (P.QuseirArab. I 16v.top upside down 2);

---

69 Guo *li-š-š-šayḫi* „to Shaykh Abū Isḥāq Ibrāhīm".

70 Diem, Review P.QuseirArab. I: 167. Guo *yuḥayyī* „greets".

71 Guo *wa-l-musallamu* „He who is to receive and safe-keep them". „Derjenige, der empfängt" wäre allerdings eher *al-musallam ilayhi*.

(f) als Aussteller einer Quittung: *allaḏī qabaḍa bū mufarriǧin* (P. QuseirArab. i 60r.3).

Die Form *bū mufarriǧ* kommt gelegentlich vor (P.QuseirArab. i 21r.2–3; P.QuseirArab. i 60r.3), einmal finden wir sogar *bī mufarriǧ* (P.QuseirArab. i 16v.top upside down 2).

2 *ḥimlayn ṭaḥīn*[72]: *ṭaḥīn* „Mehl" kommt in den Dokumenten überraschend selten vor: *wa-naḥnu fī šiddatin ʿaẓīmatin* (5) *mina l-ġalāʾi ġirāratu l-qamḥi bi-sabʿīna* (6) *dirham wa-ḫamsatin wa-sittīna wa-mā yūǧadu* (7) *wa-ṭaḥīnuni l-kaylu 206 ⟨wa-⟩niṣfu dirhamin* (TS NS 226 6r.4–7). – Die Wurzel *ṭ-ḥ-n* erscheint in den Quṣayr-Dokumenten sonst nur in *wa-yā mawlāya ṭaḥa[n]tu qalīla daqīqin* (P.QuseirArab. i 13r.5). – Zu den Mehlpreisen in Mekka in der Mamlūkenzeit siehe Mortel, Prices: 325–326.

3 *aš-šanhūrī*: Die in der Aufstellung **Nr. 17** genannten Sendungen gehen an Manṣūr und Muḥammad al[-Šanh]ūrī. – Zu Šanhūr südlich von Qūṣ siehe Halm, Lehensregister: 75; Timm: 2292–2294.

4–5 *qayyim ṭirġām* (*l.* *ḍirġām*) *aṭ-ṭanbudayyī* (5) *wa-ʿalayhi* ...: Zum Ort Ṭanbudā/Ṭanbuḏā/Ṭanbuday/Ṭambaḏā usw. bei al-Bahnasā siehe Halm, Lehensregister: 182; Timm: 2495–2498. Den Rest von Zeile 5 kann ich nicht lesen. – Ganz ausgeschlossen scheint mir Guos *rusima ṭ-ṭufaylīyu* (5) *wa-ġalīmu* (*l.* *wa-ġulāmu*) *barakata wa-ḥammālun* (6) *bi-rafʿi d-duyūni l-ġayri šayʾin* „It is decided that Ḍirghām al-Ṭufaylī (?) (5) Baraka's slave boy, and the porter (6) should forgive the debts altogether", wörtlich seiner Meinung nach „it is prescribed that ... should lift off the debts for nothing".

6 *wa-lā tadfa*[ʿ] *«ilayhi» šayʾ*: Die Lesung *ilayhi* ist unsicher und ist aus *wa-lā tadfa*[ʿ] und *šayʾ* erschlossen.

7 *«allā»*[*h allāh*]: Guo liest *as-salāmu ilayka* (*l.* *ʿalayka*) „Peace be upon you".

---

72 Guo *ḥiml ṭaḥīn* „a load of flour".

NUMMER 11

Geleitschreiben zu einer Lieferung von Kichererbsen und Mehl an den *šayḫ* Abū Mufarriǧ

(*Tafel 11*)

Quseir 1982 RN 1001a (SW-Bild Quseir 1982 1001.2)
5.3 cm hoch × 16.3 breit

Papier – Auf Recto ein Geleitschreiben, auf Verso Schreibübungen. – Der rechte und der obere Rand ist erhalten, vermutlich auch der linke Rand. Unten ist das Blatt abgerissen; der Zeilenabstand zwischen den oberen beiden Zeilen lässt aber vermuten, dass auch unten kein Text fehlt. – Finales *mīm* ist liegend und recht flach (*min* 2). Finales *rāʾ* (*šarīf* 1) und *wāw* (*abū* 2) sind recht klein. – Fast vollständig punktiert. – Keine Vokalzeichen. – Von Guo als P.QuseirArab. I 39 publiziert.

Geleitschreiben zu einer gemischten Traglast Kichererbsen und Mehl, die Muḥammad b. Šarīf al-Iṭṣā[wī] über einen ʿAlī aš-Šanqurī an den *šayḫ* Abū Mufarriǧ schickt. Eine klare Parallele ist hier **Nr. 12**, ein Geleitschreiben zu einer Traglast Mehl oder mehr, die wohl ebenfalls nach al-Quṣayr geschickt wird, wo das Schreiben gefunden worden ist.

Text

١ (لى)
٢ يتسلم الشيخ ابو مفـ«ـر»ج من عند محمد بن شر⟨يـ⟩ف الاطصا[و]⸢ي⸣
٣ صحبة علي الشنقري حمل حمص ودقيق

---

٢ ابو – من – شر⟨يـ⟩ف الاطصا[و]⸢ي⸣ – ٢ صحبه – السمري – ودقيق

Übersetzung

1 (Registervermerk)
2 Es hat zu erhalten der *šayḫ* Abū Mufa«rri»ǧ von Muḥammad b. Šar⟨ī⟩f al-Iṭṣā[w]ī
3 über ʿAlī aš-Šanqurī eine Traglast Kichererbsen und Mehl.

Tf. 11

Kommentar

1 Die Ligatur *lām*-Häkchen-finales *yāʾ* ist von Guo als Abkürzung für die Basmala verstanden worden, vermutlich handelt es sich aber um einen Registervermerk. Gegen eine Abkürzung spricht übrigens auch, dass der Abstand zwischen diesem Zeichen und der nächsten Zeile bedeutend kleiner ist als derjenige zwischen den beiden Zeilen des eigentlichen Textes. – Ähnliche Registervermerke finden sich in den

Quṣayr-Dokumenten in P.QuseirArab. I 23r; P.QuseirArab. I 24; P.QuseirArab. I 25r; P.QuseirArab. I 26; P.QuseirArab. I 27; P.QuseirArab. I 28r; weiter hier **Nr. 10**; **Nr. 11**; **Nr. 14r**; **Nr. 16**; **Nr. 20**; **Nr. 21**; **Nr. 22** (ein Registervermerk und ein langer vertikaler Strich); **Nr. 23**; **Nr. 24v**. Weiter zu solchen Registervermerken, mit weiteren Beispielen, siehe Diem, P.Vind.Arab. III: 263 (Interpretation als Revisionszeichen); Guo, P.QuseirArab 111–114 (Basmala); Friedman, Review P.QuseirArab. I: 405–406 (Verweis auf Fortsetzung); Cohen, Interplay 22–23 (Basmala); Diem, Review P.QuseirArab. I: 167; Kaplony, Interplay: 105 (Registervermerk); Diem, CPR XXXII: 84–85 zu 13.1 (Basmala).

2 *min ʿindi muḥammadi …*: Zu lesen ist *min ʿindi*, auch wenn der Punkt unter dem zweiten Wort die Lesung min *ʿabdi* aufzudrängen scheint. Dies ist aber so gut wie ausgeschlossen, da die Untersuchung der Quṣayr-Dokumente ergibt, dass wir *ʿabd* + Nomen nur in zusammengesetzen Namen wie *ʿAbd al-Bāqī* und *ʿAbd al-Karīm* eindeutig lesen können. Bei allen anderen von Guo als *ʿabd fulān „Diener des X"* gelesenen Fällen handelt es sich um *ʿindi* in den Zusammensetzungen *min ʿindi fulān* „von X" (besonders in internen Adressen) und *ilà ʿindi fulān* „zu X": (**a**) Eindeutig *min ʿindi fulān* (nicht *min ʿabdi fulān*) ist zu lesen, wenn sich in einem Brief *min ʿindi fulān* (in der externen Adresse) und *fulān* (in der internen Adresse) auf ein und diesselbe Person beziehen: *ilà l-quṣayri yusallam li-hibata l-*[*muba*]*lliġi min ʿindi*[73] *murtaḍà* (2) *bni l-kaʿbīyi balliġ tuǧar*[74] (hier **Nr. 23r**.1–2; externe Adresse) und *aḫūhu murtaḍà bnu l-kaʿbīyi* (hier **Nr. 23r**.1; interner Absender).

(**b**) Bei internen Absendern und Empfängern findet sich *min/ilà ʿindi fulān*: *min ʿindi ʿalīyi*[75] *bni ḥiǧāzīyin* (P.QuseirArab. I 4.1); *min ʿindi abū s-saʿāda*[*ti*][76] (2) *bni riḍwāna* (3) *wa-mina_bni kīlā*[*na*] (P.QuseirArab. I 10r.1–3); *min ʿindi ʿabdi llāhi*[77] (P.QuseirArab. I 13r.1–2); hier **Nr. 5r**.1–2 *«min ʿindi* (2) *ḥasanin»*; *min ʿindi*[78] *muḥammadin* (*Rand* 2)

---

73 Guo hat beide Lesungen *min ʿabdi murtaḍà* und *min ʿindi murtaḍà*, übersetzt aber nur „by the servant of Murtaḍā".

74 Guo statt *balliġ tuǧar*: *as-salāmu*.

75 Guo *min ʿabdi ʿalīyi* … „from the servant of ʿAlī …".

76 Guo *min ʿabdi abū s-saʿādata* „From ʿAbd Abū al-Saʿāda …".

77 Da sich diese interne Adresse auf dem Riss befindet, ist die Lesung schwierig. Guo liest (*1*) *ʿabd* (*2*) *min allāh* (*3*) *ʿabd* und übersetzt (2) „From ʿAbd Allāh."

78 Da sich diese interne Adresse auf dem Riss befindet, ist die Lesung schwierig. Guo liest (*1*) *ʿabd* (*2*) *min allāh* (*3*) *ʿabd* und übersetzt (2) „From ʿAbd Allāh."

ḫaṭībi l-ušmūnayni (2) *ilà ʿindi*[79] *ʿabdi r-raḥmāni bni rumayḥin* (P.Vind. Arab. I 10.Rand 1–2; 13. Jh.); *min ʿindi l-waladi l-ʿazīzi* (3) *ʿabdi r-raḥ*[*māni il*]*à*[80] *ʿindi l-wālidi l-ʿazīzi l-muwaffaqi s-saʿīdi* (4) *ʿabdi llāhi waffaqahu llāhu* (*taʿālà*) *wa-llaḏī uʿrifuka yā ʿamma ʿabdi llāhi* (5) *anta ruḥta min ʿindī ʿalà annaka* ... (P.Vind.Arab. II 13r.2–5; 13. Jh. oder später).

(**c**) Im Brieftext ist *min/ilà ʿindi fulān* zu lesen: *anna* (*r5*) *ʿalīya l-mamlūka*[81] *sayyara qiṭʿatayni daqīq wa-niṣfa* (*r6*) *ḥimli tamrin/ṯamarin ilà ʿindi l-ḥaḍrati*[82] (P.QuseirArab. I 16r.4–6); *anna min yawmi ḫarağtu min ʿindika*[83] *mā waṣalanī kitābun* (P.QuseirArab. I 26r.5); *wa-yunhī ilayhi anna walada* (4) *l-mamlūki ǧāʾa l-yawma min ʿindi ahlinā* (P.QuseirArab. I 74.3–4); [...]*ḫuḏ lī d-darāhima min ʿindi abū l-mağdi wa-arsilh*[*ā* ...][84] (P.Cair.Isl.Art inv.Quseir 1982 1083b.13, übers. Guo, Quseir: 26–27), fragmentarisch *min ʿabdi/ʿindi*[85] [...] (P.QuseirArab. I 25r.4); weiter *al-qāʾidu qāla lī iḏā laqītahu msikhu wa-ǧibhu ilà ʿindī* (P.Vind.Arab. II 36v.7; 11. Jh.); *fa-in qadarta* (5) *taʾḫuḏ kitāb ilà ʿindi l-amīri l-muqaddami l-muẓaffari ʿabbāsa* ... *wa-kitāb* (6) *ilà ʿindi š-šayḫi l-muhaḏḏabi bni ʿāmirini ṣ-ṣayrafi min ʿindi š-šayḫi ṯ-ṯiqati* (7) *abū l-faḍāʾili* (P.Heid.Arab. II 23.4–7; 12. Jh.); *fa-iḏā waṣala ḫuḍayrun ilà ʿindi l-mawlā yaqbiḍhā* (9) *mina llaḏī yaṣilu ʿalà yadihi in šāʾa llāhu* (P.Vind.Arab. I 44v.8–9; 1150–1230); *wa-uʿlimu l-mawlā* (6) *an ḥaḍara ilà ʿindi l-mamlūki š-šayḫu* (7) *manṣūrun mūṣiluhā* (Gen.Freer 8r a.5–7; 1231); *wa-mina l-maṣlaḥati an tuḫalliya ġulāmaka* (23) *wa-ṣ-ṣaġīra yaṭlaʿū ilà miṣra ilà ʿindi*[86] *mawlānā* (P.Vind.Arab. I 45r.22–23; 1150–1230); *yaǧību* (*l. yaǧibu*) *tarūḥu ilà ʿindi*[87] *ustāḏihi* (P.Vind.Arab. I 38r.9; 12. Jh.); ... *ilà itlīdima ruḥtu ilà ʿindi*[88] *l-muʿallimi* (P.Vind.Arab. I 9.6; 14. Jh.); *fa-sāʿa*[*ta*] (7)

---

79 In *ʿindi* ist das *nūn* auch hier punktiert.

80 Diem *ʿabdi r-raḥmāni ilà*.

81 Guo *anna ʿalīya l-mamlūkīya* „that this servant ʿAlī" [?].

82 Das *nūn* von *ʿindi* trägt, soweit erkennbar ist, einen Punkt. Guo *ilà ʿabdi l-ḥaḍrati* „to the slave boy of your [noble] presence".

83 Das *nūn* von *ʿindi* trägt einen Punkt.

84 Den arabischen Text lese ich direkt aus dem mir vorliegenden Scan. Guo, Quseir: 26–27 „In another letter (rn 1083b), the sender asks Shaykh Abū Mufarrij to *‚receive, on my behalf, the* [*payments in*] *dirhams from* (*min ʿinda*) *Abū al-Majd.ʻ* ..."

85 Guo *min ʿabdi* [...] „from the servant [...]".

86 In *ʿindi* ist das *nūn* punktiert.

87 In *ʿindi* ist das *nūn* punktiert.

88 In *ʿindi* ist das *nūn* punktiert.

wuqūfikum ʿalà hāḏihi (*sic*) *l-marsūmi taḥḍurū ilà ʿindinā ṭayyibīna l-qalbi* (*8*) *munšariḥīna ṣ-ṣadri āminīna ʿalà anfusikum wa-mālikum* (P.VIND.ARAB. III 3.6–8; 14.–15. Jh.); *wa-nahabū mawāšiya ahli z-zūqi wa-qumāšahum wa-amtiʿatahum wa-ʿādū ilà ʿindi* (*12*) *aḥmada bni šālīša l-maḏkūri* (P.SINAIARAB. 71.11; 21. 6. 1512).

(**d**) In Adressen: *taṣil hāḏihi l-aḥrufu ilà faḍāʾila* (2) *min ʿindi aḫūhu manṣūrin* (P.VIND.ARAB. I 7v Rand oben.1–2; 11. Jh.); *yatasallami š-šayḫu ibrāhīmu bnu abū mufarriǧin raḥimahu llāhu min ʿindi*[89] *š-šayḫi* (*3*) *ḥasanini t-tāǧiri li-skandarīyi* (sic) (P.QUSEIRARAB. I 53.2–3); *yatasallam ibrāhīmu wa-ʿumaru bnu rašīda min ʿindi*[90] *l-mawlà l-qāḍī l-aǧalli* (*3*) *n-naǧībi taqīyi d-dīni bni hibata …* (hier **Nr. 24v**.2).

(**e**) Bleibt Guos Lesung *wa-kataba aḥmadu ʿabdu n-naǧībi mūsà bni muḫliṣin f*[*ī*] *taʾrīḫihi*[91] (P.QUSEIRARAB. I 57v.4). Gegen diese Lesung spricht, dass *an-naǧīb* in den Quṣayr-Dokumenten sonst immer Name ist, der Besitzer von Aḥmad also an-Naǧīb *und* Mūsà heissen würde. Ohne Abbildung kommen wir hier aber nicht weiter.

Zieht man den Rahmen weiter, zeigt sich grundsätzlich dasselbe Bild: *ʿabd* erscheint meistens in einem zusammengesetzten Namen, bezeichnet also jemanden (wie in den wenigen Koranzitaten) als Sklaven Gottes. Manchmal ist *ʿabd* auch höfliche Bezeichnung des Absenders, also Variante zu *al-mamlūk* „(Euer) Diener“. Hierzu einige Beispiele: *ʿabduhu baraṭimu bnu yuḥannisa* (P.VIND.ARAB. III 38.1; 10. Jh.); *istaǧāba llāhu min ʿabdatihā bi-mā dāʿāhu* (*l. dāʿathu*) „Gott erhöre von ihrer Sklavin die Fürbitte, die er (!) Ihm gegenüber äusserte!“ (P.BERL.ARAB. II 69.4–5; 11. Jh.); *ʿabdu mawlāya š-šayḫi aṭāla llāhu baqāʾahu … wa-ʿabduhu yasalu mawlāya š-šayḫa adāma llāhu ʿizzahu niʿmata an yu*[*n*]*ǧi*[*za*] (*5*) *ġaraḍī* (P.VIND.ARAB. III 40.2 und 4–5; 11. Jh.); *ʿabduhu wa-rahīnu «mannihi» wa-ġadīyu niʿmatihi …* (*4*) *… yuqabbilu l-arḍa* (P.VIND.ARAB. III 33.2–4; 11.–12. Jh.); *wa-ʿabduhu yasaluhu kabata llāhu aʿdāʾahu* (*5*) *fī nisfi dīnārin* (P.DIEMZWEIPRIVATBRIEFE 1.4–5; 12. Jh.); *ʿabduhā ʿalīyu bnu ʿadlāna* (P.HEID.ARAB. II 23 Rand oben; 12. Jh.); *wa-kātibu hāḏihi l-aḥrufi yā mawlāh tuʿazz ana ʿabduhu buqṭuru bnu qāsin yuballiġu* […] (P.VIND.ARAB. III 31 rechter Rand.2; 12. Jh.); *ʿabduhu wa-ḫādimuhu* (*links 2*) *ʿabdu llāhi* (P.VIND.ARAB. I

---

89 Guo min *ʿindi* „from“ oder *min ʿabdi* „from the servant of“.

90 In *ʿindi* ist das *nūn* punktiert.

91 Guos Passiv in „and it is written by Aḥmad, the servant of al-Najīb Mūsā ibn Mukhliṣ, on the same day“ ist auf jeden Fall aktivisch zu lesen als „and has written Aḥmad …“.

66.1-links 2; 14. Jh.); ⟨*fa-*⟩*ana ʿabdukum wa-ʿubaydukum* (*r9*) *wa-muḥibbukum wa-mamlūkukum fi bayʿikum wa-širāʾikum* (P.VIND.ARAB. II 44.8–9; 14. Jh. oder später); *wa-suʾāluhu mina ṣ-ṣadaqāti l-ʿāliyati l-inʿāmu …* (*8*) *wa-l-ḫalāṣu bi-l-ḥaḍra*[*ti l-*ʿ]*āliyati ʿalà ʿab*[*di*]*hi l-ḥaqqa* (P.VIND.ARAB. III 46.6–8; 15. Jh.). Weiter zu *ʿabd* als Selbstbezeichnung des Absenders s. Diem, P.Vind.Arab. I: 61–62 zu 11.6; Diem, P.Vind.Arab. III: 383. – Dafür, dass *ʿabd* den realen Sklaven eines Menschen meint, finde ich keinen einzigen Beleg.

1 *šarīf*: Hier is das *fāʾ* andeutungsweise von rechts her verbunden und trägt nicht nur einen Punkt oben, sondern auch zwei Punkte unten, vermutlich die Punkte des vorangehenden *yāʾ*, bei dem das Papier die Tinte des Häkchens nicht angenommen hat.

1 *al-iṭṣā*[*wī*]:[92] Zum Ort Iṭsā, koptisch Tsē, in der Gegend von Qifṭ, vielleicht das heutige al-Masīd, siehe Timm: 1205–1206; zu weiteren Orten mit demselben Namen siehe Halm, Lehensregister: 122; 260; Timm: 2851–2852.

2 *aš-šanqurī*:[93] Beim darüberstehenden *mufarriǧ* ist der obere Teil des rāʾ in einem Falz verborgen. Derselbe Falz versteckt auch das Häkchen des *nūn*. Zum Ort (Dayr aš-)Šanqurīya, in der Gegend von Bahnasā, auf der Höhe von Ihrīt, siehe Halm, Lehensregister: 152 s. v. Dair al-Ḫādim/Kōm Mudrak; Timm: 715 s. v. Dēr al-Ḫādim. Eine Parallele ist vielleicht das von Guo als *safarī* gelesene Wort (P.QUSEIRARAB. I 76v), das auf dem mir vorliegenden Scan nur undeutlich erkennbar ist.

---

92 Guo liest *al-iṭṣā*, fasst dies aber auf als *al-iṣṭā*[*ḫarī*] „al-Iṣṭā[khrī]".

93 Guo *as-siʿrī* oder *aš-šiʿrī*.

NUMMER 12

Geleitschreiben zu einer Lieferung von Mehl an Abū Mufarriǧ und Grüsse

(*Tafeln 12a und 12b*)

Quseir 1982 RN 1004b (SW-Bilder Quseir 1982 1004.1; 1004.2; 1004.3; 1004.4; nur Recto: Farb-Bild)
5.3 cm hoch × 8.5 cm breit

Papier – Auf Recto das Geleitschreiben, auf Verso die Adresse[94] (Blattwendung ↓, dann eine Drehung um 90 Grad gegen den Uhrzeigersinn). Das Blatt hat in der längeren Dimension fünf, nach links immer weiter auseinander liegende Falze, in der kürzeren Dimension zwei. Das Blatt war also relativ klein gefaltet gewesen, wobei der Teil rechts oben auf Recto nach der Faltung zuinnerst gewesen war. – Recto sind der obere, untere und rechte Rand erhalten. Der rechte Rand ist über eine Randnotiz gesichert, während links etwa sechs Buchstaben fehlen. Auf Verso ist vermutlich kein Text verloren; auf dem Scan fehlt allerdings der untere Rand. Einige Löcher sind sicher bestimmbar. – *Ǧīm/ḥā'/ḫā'* ist initial (*ḥiml* r2; *yā-aḫī* rRand), medial (*naǧīb* r5; rRand) und alleinstehend (*mufarriǧ* r1; *al-aḫ* r5) recht gross, nicht aber final (*aš-šayḫ* r1). Finales *rā'* (*mufarriǧ* r1; *«ša»rīf* r2; *'arūs* r2; *murra* r3; *wa-l-masīr* r3), alleinstehendes *wāw* (*wa[ffaqa]hu* r1; *wa-l-masīr* r3; *wa-waliyahu* rRand; *waṣala* v1; *wa-«yuwāfī»* v2) und finales *wāw* (*abū* r1; *wa-huwa* r2; *li-abū* r2; *'arūs* r2; *'an šawq* r5) sind sich ähnlich, wobei aber nur *wāw* eine sehr kleine Schleife hat. Finales *fā'* hat einen nach links unten gezogenen geraden Schlussstrich (*šarīf* r2). Finales *nūn* besitzt eine auffällig nach oben gerichtete Endschleife (*min* r2; *ibn* r3). Finales *hā'* ist ein senkrechter Strich bis unter die Zeile (*waffaqahu* r1; *allāh* r1 und rRand; *li-ṭā'atihi* r1; *yusallimhu* r3). – Einige wenige diakritische Punkte. – Keine Vokalzeichen. – Recto von Guo als P.QuseirArab. I 41 publiziert.

Geleitschreiben für eine Traglast Mehl (*daqīq*), die ein x b. Šarīf an Abū Mufarriǧ schickt und die eigentlich einem Abū 'Arūs gehört, bei der die Reise (*al-masīr*) (kostenmässig) 7 (Münzen einer Geldeinheit) beträgt, und die an einen 'Alī b. Murra weiterzuliefern ist. Eine weitere Person grüsst Abū Mufarriǧ und den Bruder (*al-aḫ*) Naǧīb. Der Bestimmungsort des Begleitschreibens ist möglicherweise Karā[kuš] südlich von Qūṣ.

94 Guo erwähnt Verso nicht.

Text

و ١ يسلم للشيخ ابو مفرج و[فقـ]ـه الله لطاعته

٢ من «شـ»ـريف ؟ حمل دقيق وهو لابو عروس

٣ يسلمه لعلي بن مرة والمسير سبع

٤ والسلام عليك كثير «عـ»ـن شوق و.انتها الدعا .

٥ [وفلان] يسلم عليك وعلى الاخ نجيب [تولاه]

هـ الله ووليه ياخي يا نجيب ان «كان» ؟ [...]

و ١ دقنق – ٢ لابو – ٣ والمسير – ٥ بحب

Übersetzung

r1 «Es ist zu übergeben» dem *šayḫ* Abū Mufarriǧ – Gott möge ihn be[schenken] mit Gehorsam ihm gegenüber – **2** von «Ša»rīf? eine Traglast Mehl – sie gehört Abū ʿArūs –, **3** die er (Abū Mufarriǧ) abliefern möge an ʿAlī b. Murra. Die Reise (*al-masīr*) beträgt sieben (einer Geldeinheit). 4 Und Gruss vielmals! «voller Sehnsucht und äusserster Fürbitte». 5 [x] (selber) grüsst Dich und den Bruder Naǧīb [– es schütze ihn] **Rand** Gott und er sei sein Beschützer. Mein Bruder Naǧīb, wenn «es gibt» [...]

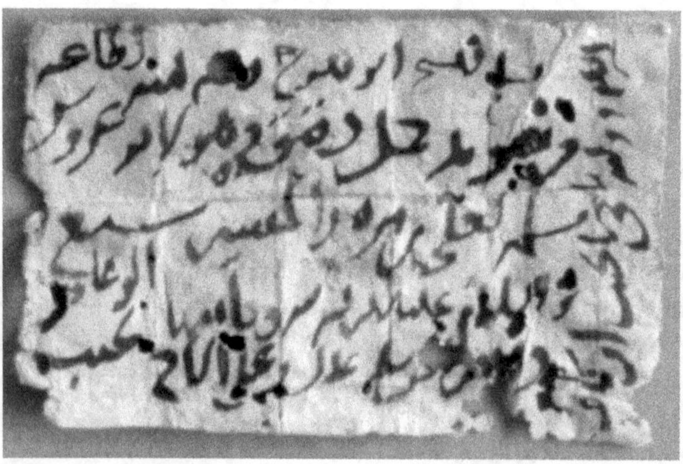

Tf. 12a

Text

ظ ١ وصل الى كرا[كش] ؟

٢ و«يوافي» من ... [جزاه]

٣ «الله» خيرا ...

Übersetzung

v1 Es ist angekommen nach Karā[kuš]? 2 und es kommt an von [... – möge ihm] 3 «Gott» Gutes vergelten ...

Tf. 12b

Kommentar

r1–2 *waffaqahu llāhu li-ṭāʿatihi*: siehe hier zu **Nr.** 5r.3–4.

r2 *min šarīfa*: Eine klare Parallele zu diesem Geleitschreiben ist hier **Nr.** 11, ebenfalls ein Geleitschreiben, mit dem Absender Muḥammad b. Šarīf al-Iṭṣ[āwī] und ungefähr demselben Umfang der Ladung. – Guo ergänzt das vorangehende *waffaqahu llāhu li-ṭāʿatihi* mit (2) *wa-ḥuḍūʿihi* „may God make him successfull on account of his obedience and humilty". Dies ist unwahrscheinlich, da eine solche Formel unbekannt ist und im Formular hier der Absender der Ladung folgt.

r2 *abū ʿarūs* „Abū ʿArūs": Der Eigenname ʿArūs ist in den Geniza-Dokumenten gut belegt, beispielsweise: *wa-ḏakara lī anna hūnā ʿaqdu qudsihi wa-ǧā (1) yadfaʿuhu li-abū ʿarūsa baʿda an bāta laylatayni* (ENA 2805 11A.r top–v.1; 1062); *wa-qāla lanā lī šahādatun inda (6) m(ārēnū) ʿarūs bar m(ārēnū) yōsēf n(ūḥō) ʿ(ēḏän) wa-ana ūṯiru stimāʿahā (7) wa-iṯbātahā fa-aḥḍara ilaynā m(ārēnū) ʿarūs dānān* (GEN.INDIABOOK A 20r.5–7; 10. Juni 1099); *aš-šayḫ abū l-afrāḥ ʿarūs* WYBH (BODL MS HEB D 79 35.r right 7; ca. 1100); *wa-qad waṣala ilayya kitābu š-šayḫi abū l-afrāḥi ʿarūsa* (ENA 2805 5Ar.15); *wa-ǧā abū isḥāqa (9) wa-qāla laka ʿarūs lā tabīʿ illā 25 wa-zāda l-ḥarīra 4 danānīr (10) fī kulli ʿašaratin* (TS 8 J 36 9.8–10); *sayyidī wa-mawlāya š-šayḫ abī l-afrāḥ ʿarūs ibn yōsēf n(ūḥō) ʿ(ēḏän)* (TS 10 J 13 4.v Adresse).

r3 *yusallimhu li-ʿalīyi bni murrata*: Guos Imperativ *fa-sallimhu li-ʿalīyi bni murrata* „hand it over to ʿAlī ibn Murra" scheint mir in diesem Kontext unüblich zu sein.

r3 *wa-l-masīru sabʿun* „und die Reise (*al-masīr*) beträgt sieben (einer Geldeinheit)":[95] Eine direkte Parallele ist *wa-l-ʿibratu arbaʿīna wa-l-kirā sittatu amdādin* „und die Überfahrt beträgt vierzig (einer Geldeinheit) und die Miete sechs *mudd*" und *wa-l-kirā sittatu amdādin wa-l-ʿi[b]ratu arbaʿīna* „und die Miete beträgt sechs *mudd* und die Überfahrt vierzig (einer Geldeinheit)"[96] (**Nr. 14r**.8 und 17). – Die Lesung *wa-l-maqsu* (*l. wa-l-maksu*) *sabʿun* „und der Zoll beträgt sieben" scheidet dadurch aus, dass finales *sīn* keine Häkchen hat (vgl. *ʿarūs* r2) und im Roten Meer auf Getreide kein Zoll erhoben wurde (Smith, Maritime trade: 133; Ducatez, Aden: 153; Margariti, Aden: 135).

r4 *wa-s-salāmu ʿalayka kaṯīr*: Guo *wa-s-salāmu ʿalaykum*.

---

95 Guo liest gleich, übersetzt aber „The shipment comprises seven [units?]".

96 Guo liest an beiden Stellen العشرة (also *al-ʿušra*) „the tithe tax".

r4 *«ʿa»n šawqin wa-.ntihāʾi d-duʿāʾi*. „voller Sehnsucht und äusserster Fürbitte":[97] *šawq* (*l. šawqan*) *minnī ilayka* (P.Vind.Arab. i 51.5; 9. Jh.); *wa-ʿan šawqin ilayka šadīdin wa-ṣabābatin naḥwaka lā ʿadimtuka wa-lā ḫalawtu minka abadan* (P.Cair.Arab. 325.4; 9.–10. Jh.); *wa-ʿan šawqin ilaykum* (P.Heid.Arab. ii 59v.3; 10. Jh.); *wa-ʿan šawqin ilayka wa-asafin ʿalà mufāraqati š-šayḫi abū bakrin aʿazzahu llāhu iḏ lam yatahayyaʾ liqāʾuhu qabla*[98] *nḥidārihi* (P.Vind.Arab. i 12.3–4; 10. Jh.); [*ʿan šawqin ilayka* (*šadīdin*)] (2) *wa-waḥšatin*[99] *li-mufāraqatika lā awḥašaniya llāhu minka* (P.Hamb.Arab. ii 33.1–2, 900–950); *wa-ʿan šaw*[*qin*] (3) *ilayka šadīdin* (P.Vind.Arab. i 16.2–3; 11. Jh.); *ʿan šawqin ilayka ayyadaka llāhu* (4) *wa-waḥšatin li-buʿdika lā awḥašaniya llāhu abadan minka* {*wa-*}*bi-mannihi wa-karamihi* (P.Vind.Arab. i 50.3–4; 11. Jh.); *ʿan ḥ*[*ā*]*li salāmatin «nuqī»mu fīhā wa-li-«bnu wa-»šawqin ilayka šadīdin ǧamaʿa llāhu baynanā ʿalà asarri* (4) *ḥālin wa-anʿami bālin innahu ǧawādun mannānun* (P.Vind.Arab. ii 6.3–4; 11. Jh.); *wa-ʿan šawqin ilayka šadīdin wa-waḥšatin ǧamaʿa llāhu* (6) *baynanā ʿalà asarri ḥālin bi-mannihi wa-karamihi innahu ǧawādun karīmun* (P.Heid.Arab. ii 39.5–6; 12. Jh.); *wa-ʿan šawqin ilayka* [*šadīdin*] (3) *li-buʿdika* (P.Heid.Arab. ii 40.2–3; 12. Jh.); *wa-ʿan šawqin ilayka šadīdin wa-wa*[*ḥšatin ǧamaʿa llāhu baynanā ʿalà ḫayrin* (*o. ä.*)] (3) *innahu ǧawādun karīmun* (P.Vind. Arab. i 60.2–3; 12. Jh.). – Die Lesung in unserem Dokument ist allerdings aus zwei Gründen unsicher. Erstens ist *ʿan šawq* von der Formel her klar, aber paläographisch steht nicht *ʿan*, sondern *fāʾ/qāf – hāʾ* oder *fāʾ/qāf* – Häkchen – *hāʾ*. Zweitens ist *wa-ntihāʾi d-duʿāʾ* paläographisch (einigermassen) sicher, aber als Formel nicht belegt.

r5 Zu Naǧīb siehe hier zu **Nr. 6.2–3**.

r Rand [*tawallāhu*] (*Rand*) *llāhu wa-waliyahu* „[es schütze ihn] (Rand) Gott und sei sein Beschützer":[100] *tawallāka llāhu wa-waliyaka wa-ḥalla ḏālika* (P.Marchands v/1 16.r10–11; 9. Jh.).

---

97 Guo liest den Rest der Zeile hier nicht.

98 Diem liest in der Edition *bql*, von seiner Übersetzung und von der Tafel klar ein Druckfehler für *qabla*.

99 Diem, P.Vind.Arab. i: 345 zu 50.4 [*ʿan šawqin ilayka* (*šadīdin*)] (2) *wa-waḥšatin li-mufāraqatika*. Vorher Dietrich ... (2) *wa-waǧh li-mufāraqatika* „... (2) und Weise wegen der Trennung von Dir."; Diem, Review P.Hamb.Arab. ii: 32 *wa-waḥšatin li-mufāraqatika* „Ich schreibe ..., wobei ich Sehnsucht empfinde] und Verlassenheit wegen der Trennung von Dir."

100 Guo liest zusammen mit dem vorangehenden und folgenden Teil *wa-ʿalà l-aḫi naǧība* (*Rand*) *s-salāmu wa-kataba yā-aḫī yā naǧību* ... „And upon Brother Najīb (Rand) be peace! And he wrote, ‚O my dear Brother Najīb ...'"

v1 *ilà karā*[*kuša*]?: Zu Ǧazīrat Karākūš/Qarāquš südlich von Qūṣ siehe Halm, Lehensregister: 70; 74. Dies ist zu unterscheiden von Qarāqis in der Gegend von Alexandrien; hierzu siehe Halm, Lehensregister: 444; Timm: 2106.

v2–3 [*ǧazāhu*] (*3*) «*llāhu*» *ḫayran* „[möge ihm] «Gott» Gutes vergelten": Die Formel wird sowohl positiv wie negativ verwendet.

(**a**) Positiv: *fa-in kunta dafaʿtahu* [...] *ḏālika wa-ǧazāka llāhu ḫayran* (P.David-WeillLouvre 26r.9; 8. Jh.); [...] *wa-ǧazāka ḫayran* (P.Berl.Arab. II 24.9; 9. Jh.); *wa-qad waṣala ilayya matāʿu r-raǧuli fa-ǧazāka* (*5*) *llāhu ḫayran* (P.GrohmannUrkunden 19 = P.World p. 166 = P.Marchands V/1 8r.4–5; 9. Jh.); *kitābī ilayka* [*raḍiya llāhu ʿanka*] (*3*) *riḍāʾan lā yasḫaṭu ʿalayka fīhi wa-ǧazāka ḫayran* (P.Marchands II 11r.3; 9. Jh.); *fattaštu*[*h*]*ā a*[*n*]*a* (*8*) *wa-l-amīnu ǧazāhu llāhu ḫayran* (CPR XVI 14r.8; 10. Jh.); *wa-lākinna kulla mā štarā mubārakun nīyatuhu ḥasanatun ǧazāhu llāhu ḫayr* (Gen.Sicily 61 = Gen.Kingdom 573r.47; ca. 1050); *tatafaḍḍal tuʿṭīhi 53 ǧazāhu llāhu* (*10*) *ḫayr* (Gen.Kingdom 487r.8–9; ca. 1051); *wa-naḥnu laysa ʿindanā* (*37*) *ḫabarun ḥattà ǧāʾa bihi r-raǧulu l-warrāqu*[101] *ǧazāhu llāhu ḫayra llaḏī* (*38*) *naʿlamu* (Gen.Freer 9 = Gen.FrenkelCompassionate 18v. 36–38; ca. 1150); *lammā kuntu fī* (*31*) *maršīlīyata samiʿa bī ḥaḍara wa-sallama* (*32*) *lī qumāšī ǧazāhu llāhu ḫayr* (TS Arabic Box 53 67v. 30–32; 1200–1230); ... *r*(*abb*) *mōšāh wa-aḫīhi* (*16*) *ǧazāhuma llāhu l-ḫayra* (Gen.Kingdom 99r.15–16; ca. 1240); *yatafaḍḍalū n-nāsu bi-faḍlihim ǧazāhuma llāhu ḫayr* (TS 10 J 20 14.7);

(**b**) Negativ: *wa-ana in šāʾa llāhu aqṭaʿu* (*11*) *riǧlahā min manzilī* ... (*13*) ... *wa-lā*[102] *ǧazāhā llāhu ḫayran* (P.Heid.Arab. II 56.10–13; 9. Jh.); *wa-hāḏihi* (*sic*) (*15*) *kulluhu min qawmin lā aǧzāhuma llāhu ḫayr* (TS 8 J 19 25.14–15).

Ebenfalls denkbar wäre *qadara llāhu fīhi ḫayran* „möge Gott über ihn Gutes bestimmen": [*qada*]*ra* [ʾ]*llāhu fīhi ḫayran kaṯīran bi-raḥmatihi wa-saʿādati ḥisbatihi/ḥasanatihi* (*sic*) (P.DietrichEheurkunde 1.5; 4. 12. 1207).

101 Frenkel ohne *ǧāʾa bihi*, aber in der Übersetzung aber doch „ʿēḏ šä-haḇīʿāh ōtō"

102 Diem *fa-lā*.

NUMMER 14[103] RECTO

Geleitschreiben zu zwei Lieferungen von Weizen und Öl an den *šayḫ* Muḥammad b. Ǧaʿfar und Nachrichten

(*Tafel 14a*)

Quseir 1982 RN 1027a recto (SW-Bilder Quseir 1027.ar; Guo, P.QuseirArab. I: 113 pl. 3; Farb-Bild)
17.0 cm hoch × 8.5 cm breit

Papier – Auf Verso ein Geschäftsbrief (**Nr. 14 verso**) von Muḥammad b. Ǧaʿ[far] an einen unbekannten Empfänger, möglicherweise Abū Mufarriǧ, auf Recto dieses Geleitschreiben an einen Muḥammad b. Ǧaʿfar (Blattwendung →). Da das Papier in al-Quṣayr al-Qadīm gefunden wurde, können wir annehmen, dass Verso älter ist als Recto, dass also der Empfänger des Geschäftsbriefs (auf Verso) in al-Quṣayr die Rückseite (d.h. Recto) dieses Briefes für einen informellen Geleitbrief wiederverwendet hat, diesen informellen Brief dann aber nicht abgeschickt hat. Hier bleibe ich aber der Einfachheit halber bei den von Guo gewählten Bezeichnungen. – Der rechte und der linke Rand sind erhalten: der rechte Rand trägt eine zusätzliche Zeile, links sind die Wörter vor dem Zeilenende zusammengedrängt (*taʿālà* 2; *marīnat zayt* 3; *al-ʿušārī* 6). Vom oberen Rand sind die erste Zeile und der darübergesetzte Registervermerk erhalten, der Rand selber allerdings nachträglich abgerundet und links vom Anfang der internen Adresse nur noch ein Stückchen vorhanden. Der untere Rand ist vollständig erhalten. – *Ṣād/ḍād* hat kein Häkchen (*naṣr* 5; 10; *ṣuḥbat* 6; *wa-ḥaḍara* 10). Initiales *ṭāʾ* wird beginnend mit dem oberen Ende des vertikalen Striches in einem Zug geschrieben (*ṭayyib* 4; 9). Initiales *kāf* hat keine Querhaste und wirkt wie *ḥāʾ* mit längerem oberen Strich (*zikrī* 10; *az-zakāʾib* 10); mediales *kāf* hingegen kann eine altertümlich wirkende geschwungene Haste haben (*abū l-karam* 4; *wa-l-kirāʾ* 8; 17; aber ohne Haste *abū l-karam* 9). – In *arādib* kann finales *dāl* nach links verbunden werden (4), muss aber nicht (7). – Die Schlussformel *wa-s-salām* ist in einem Zug geschrieben (5; 9; 10; 16). – Einige diakritische Punkte. Beim finalen *nūn* steht der Punkt über dem Häkchen (*min* 3; *itnayni* 14; *wa-talātīna* 14). – Keine Vokalzeichen. – Von Guo publiziert als P.QuseirArab. I 31 Recto.

---

103 In Kaplony, Interplay: 102 A. 27; 103 hatte ich RN 1024b recto, das Guo als P.QuseirArab I 13 schon publiziert hatte, als **Nr. 13** angekündet. Da ich mich nun aber gegen eine nochmalige Publikation des Stückes entschieden habe, verwende ich hier Nr. 13 nicht.

Geleitschreiben zu zwei Sendungen von Weizen und Öl an den *šayḫ* Muḥammad b. Ǧaʿfar. Eigentümer der beiden Sendungen ist Abū l-Karam b. Naṣr, d.h. sie werden also in seinem Auftrag ausgeführt: die erste Sendung mit 8 *irdabb* gutem Weizen und einem Krug (*marīna*) Öl wird von Saqr b. ʿAyyāš überbracht, die zweite Sendung mit 6 *irdabb* Weizen und einem Krug Öl von ʿAbd Allāh b. Aḥmad dem Nilbootschiffer (*al-ʿušārī*). Die Transportkosten betragen für beide Sendungen zusammen 40 (eine Geldeinheit) für die Überfahrt (*ʿibra*) und 6 *mudd* (Getreide) für die Miete (*kirāʾ*) von Schiff oder Eseln.

Hinzu kommen Nachrichten: Ein Ḥusayn b. Zikrī hatte sich beim Absender eingefunden und schickt Grüsse an den Empfänger, an ar-Rašīd Hārūn, Ḫalaf, ʿUmar b. al-Ḥasan und den *šayḫ* Yūsuf b. Qāsim. Der Empfänger soll dem *šayḫ* Yūsuf b. Qāsim gegenüber klarstellen, dass er (der Empfänger) ihm (dem Yūsuf) sein (des Absenders) Getreide geschickt hat, nämlich 32 *irdabb* und eine *wayba* (Weizen) mit Verpackungsmaterial, d.h. mit den Säcken (*zakāʾib*) und Krügen (*marānī*).

Text

١ (ى) [مملوكـ]ـه [فلان]

٢ يتسلم الشيخ محمد بن جعفر وفقه الله تعالى

٣ من سقر بن عياش من العشارية

٤ ثمانية اردب وويبة قمح طيب ومريـ(ـنـ)ـة زيت

٥ وهي لبو الكرم بن نصر والسلم

٦ وصحبت عبد الله بن احمد العشاري

٧ [سـ]ـتة اردب وويبة ومرينة زيت

٨ والعبرة اربعين والكرا ستة امداد والقمح

٩ طيب والسلم وهي من غلة ابو الكرم

١٠ بن نصر والسلم وحضر حسين بن زكري

١١ وهو يسلم عليك وعلى الرشيد هرون

١٢ وعلي خلف و«عـ»ـلى عمر بن ابو الحسن

١٣ وعلي الشيخ يوسف بن قاسم وتعرفه اني

١٤ قد سيرت له جملة غلتي اتنين وتلاتين

١٥ اردب وويبه والزكائب والمراني

١٦ والسلم عليك ورحمة الله وبركا[ته]

١٧ والكرا ستة امداد والعـ[ـبـ]ـر[ة] اربعين

ه وان كان السعر جيـ[ـد] تبيع ...

---

٣ سقر – عباش من – ٤ ارادب ووبه – ٥ نصر – ٦ وصحت – ٧ [سـ]ـته – ٩ ابو – ١٠ ركري – ١١ الرشىد هرون – الحسن – ١٢ وعلي حلف – الحسن – ١٣ بوسف – اني – ١٤ سرت – علتي اتنين وتلايين – ١٥ والمرابي – ١٧ سته

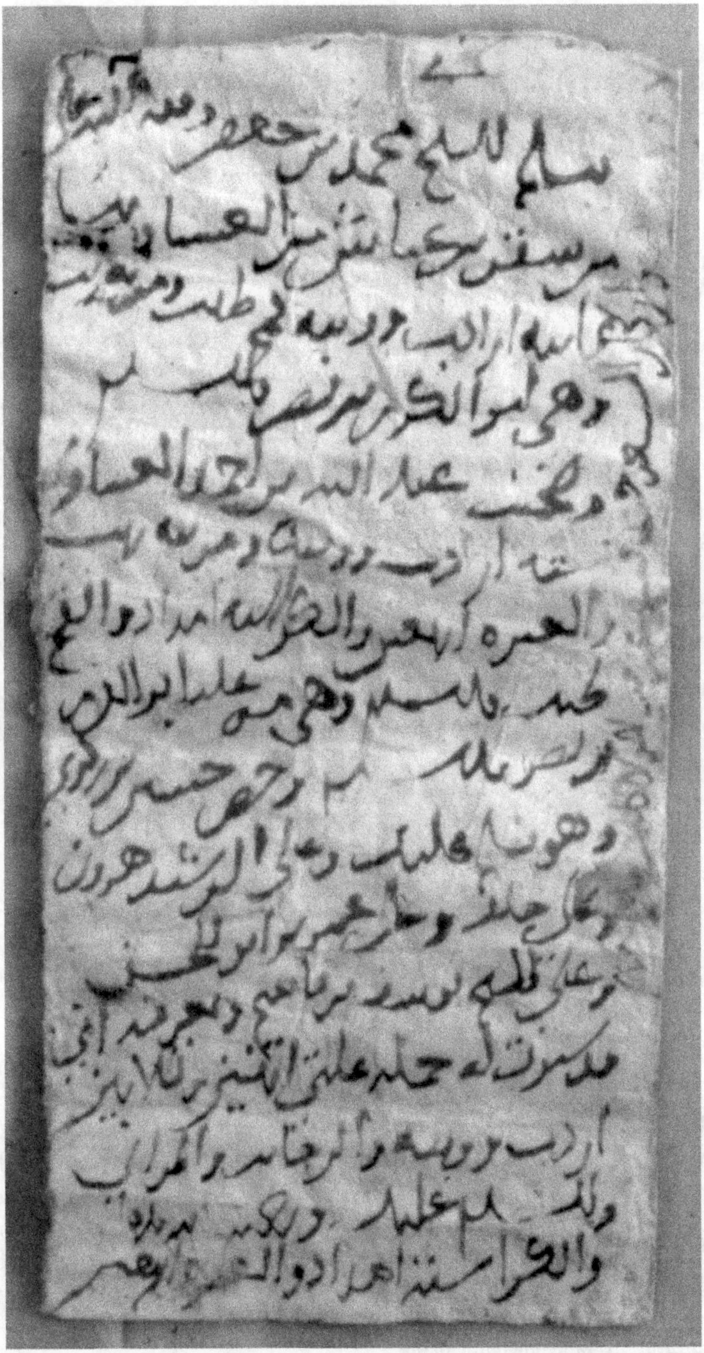

Tf. 14a

Übersetzung

1 (Registervermerk) /Sein Diener [x]

2 Es hat zu erhalten der *šayḫ* Muḥammad b. Ǧaʿfar – möge ihm Gott – erhaben ist er – Erfolg schenken – **3** von Saqr b. ʿAyyāš von den Nilbootschiffern (*al-ʿušārīya*) **4** acht *irdabb* und eine *wayba* guten Weizen und einen Kr⟨u⟩g (*marī⟨n⟩a*) Öl **5** – diese (Waren) gehören dem Bū l-Karam b. Naṣr. Gruss!

6 Und über ʿAbd Allāh b. Aḥmad, den Nilbootschiffer (*al-ʿušārī*) **7** sechs *irdabb* und eine *wayba* (Weizen) und ein Krug (*marīna*) Öl – **8** die Überfahrt (*ʿibra*) beträgt vierzig (einer Geldeinheit) und die Miete (*kirāʾ*) sechs *mudd*, wobei der Weizen **9** gut ist. Gruss! Sie (die sechs *irdabb* und eine *wayba*) gehören zum Weizen, der dem Abū l-Karam **10** b. Naṣr gehört. Gruss! Es war hier anwesend Ḥusayn b. Zikrī – **11** er grüsst Dich, ar-Rašīd (d.h. Rašīd ad-dīn) Hārūn, **12** den Ḫalaf, den ʿUmar b. Abī l-Ḥasan und **13** den *šayḫ* Yūsuf b. Qāsim. Teil ihm mit, dass ich **14** ihm all meinen Weizen geschickt habe – zweiunddreissig **15** *irdabb* und eine *wayba* (Weizen) –, die Säcke und die Krüge. 16 Gruss an Dich und die Barmherzigkeit Gottes und seine Sege[n.] **17** Die Miete (*kirāʾ*) beträgt sechs *mudd* und die Überfahrt (*ʿibra*) vierzig (einer Geldeinheit). **Rand** Wenn der Preis g«ut ist, verkaufe» …

Kommentar

1 Guo liest den Registervermerk Häkchen-*yāʾ* als Abkürzung der Basmala. Weiter hierzu siehe hier zu **Nr. 11.1.**

3 *waffaqahu llāhu taʿālà*: siehe hier zu **Nr. 1.**2–4.

3 *saqr*: Guo liest *sunqur*.

3 *min al-ʿušārīya* „von den Nilbootschiffern“ und **6** *al-ʿušārī* „der Nilbootschiffer“: Guo hat an der ersten Stelle *ibn al-ʿasāwirī/ʿasāwī*, an der zweiten *al-asāwirī/al-asāwī*, ohne diese Nisbe weiter zu erklären.

4 und 7 *wa-marī⟨na⟩t zayt* „und einen Kr⟨u⟩g Öl“:[104] *wa-marīnatayni zayt* (32) *ḥārr* (Gen.IndiaBook b 44r.31–32; 1130); *tusallim lahu l-marīnatayni z-zayti llaḏī maktūbun ʿalayhim*[105] (4) *sābiqu bnu iyāsa l-badrīyu*

104 Guo *wa-barnīyat zayt* „and one bottle of oil“.

105 *al-marīnatayni z-zayti* ist, abgesehen vom letzten *yāʾ*, voll punktiert. Guo *al-murattabayni li-z-zayti* „the *murattabayn*-dues of oil, which are for …“ (s. Guo, P.QuseirArab. I: 53–54

(P.QuseirArab. I 14r.3–4); (*r1*) *aṣ-ṣādiru li-yadi l-aḫi ibrāhīma bni abī mufarriǧin* … (*r4*) *wa-marīnatu*[106] *zaytin ḥārrin* (P.QuseirArab. I 58r.1–4). – Plural zu *marīna* ist nicht *marā'in*, sondern *marānī* (zu *fa'ālīlu* statt *fa'ālilu* siehe Blau, Grammar of Christian Arabic: 228 § 114; Fischer, Grammatik: 56 § 95 A. 5; Hopkins, Grammar: 108–109 § 87.a.): *al-musayyaru ilà sāḥili l-quṣayri* … (2) … *wa-sab'u marānī*[107] *zaytin ḥārrin usw.* (P.QuseirArab. I 46.1–2; 29. 10. 1235); *qad sayyartu lahu ǧumlata ġallatī tnayni wa-talātīna* (15) *irdabb wa-wayba wa-z-zakā'iba*[108] *wa-l-marāniya*[109] (im gleichen Dokument, hier **Nr. 14r.14–15**). – Guo liest statt *marīna* pl. *marānī* durchs Band *barnīya* pl. *barānī*; das Wort findet sich nun auch Burne 2007: 73; 74; 111; 240; 256; 263; 317. Weiter zu *marīna* als einer im Export von Öl von Ägypten nach Aden verwendeten Masseinheit siehe Diem/Radenberg: 201 s. v. mrn. Das Aussehen wohl einer solchen *marīna* beschreibt Burke, Sheikh's House: 256: „Nevertheless, it is interesting to note that one of the sherds kept from this locus [North House, Room A, Locus K9b-46, A.K.] is that of a two-handled jug with an everted rim and a narrow neck, of *Marl 4* ware with monochrome dark green glaze. The glaze would have made it ideal for carrying oily liquids, preventing them from seeping through the vessel walls." Gemeint ist vermutlich K9b46_3/RN 257, siehe Burke, Sheikh's House: 444 mit Plate 37.b. – Zu *barnīya* „Behälter" siehe Goitein, Society IV: 454–455 A. 88; Diem/Radenberg: 13; Diem, P.Vind.Arab. I: 27 zu 4r.7.

6 *al-'ušārī*: siehe oben zu Z. 3 *al-'ušārīya*.

5 und **9** und **10** *wa-s-salām* trennt funktional die einzelnen Teile voneinander ab. An allen drei Orten liest Guo entgegen dem paläographischen Befund *bi-s-salām*. Auf den Zeilen 5 und 10 kombiniert er dies mit dem vorangehenden Namen und übersetzt mir unverständlich „Abū al-Karam ibn Naṣr bi-al-Salām." Auf Zeile 9 bezieht er es auf den Weizen (*qamḥ*) und übersetzt „and in good condition".

8 *wa-l-'ibratu arba'īna wa-l-kirā sittatu amdādin* „die *'ibra* beträgt vierzig und die Miete sechs *mudd*" und **17** *wa-l-kirā sittatu amdādin wa-l-*

„the dues (*al-murattabayn*) for oil, which are for (*maktūb 'alayhim*) …"). Friedman, Review P.QuseirArab. I: 405 liest *al-marīnatayni z-zayti/al-marīnatayni li-z-zayti* „the two *marīnas* for/of oil on which is written".

106 Guo *wa-barnīya* „a bottle".

107 Im Original trägt das *nūn* klar einen Punkt. Guo *barānī* „bottles".

108 Guo *wa-l-⟨ma⟩rǧāna* „corals" (sic).

109 Guo *wa-l-mr'y* „and mirrors".

ʿi[b]ratu arbaʿīna „und die Miete beträgt sechs *mudd* und die *ʿibra* vierzig“:[110] Die Miete von Schiffen (auf dem Roten Meer) bzw. Eseln (vom Niltal her) wird in *mudd*, also in Getreide bezahlt, die Überfahrt hingegen wohl in Geld. Eine parallele Formulierung: *wa-l-masīru sabʿun* „und die Reise (*al-masīr*) beträgt sieben (einer Geldeinheit)“ (**Nr. 12r.3**). – Goiteins Definition „*ʿIbra* is the regular term for the revenue expected from a house, a piece of land, or a whole village“ (Goitein, Society II: 359; 434; siehe auch Diem/Radenberg: 140) passt hier nicht ganz. – Dass die Bemerkung am Schluss wiederholt wird, zeigt ihre Wichtigkeit für den Absender.

10 *ḥusayn ibn zikrī*: Da *Zikrī* als Nebenform gut belegt ist, ist Guos Ergänzung in *Zakarī⟨yā⟩* unnötig.

11 *ar-rašīd hārūn*: *ar-rašīd* ist wohl Kurzform für *rašīd ad-dīn*. Ein Rašīd ad-dīn erscheint in den Quṣayr-Dokumenten in P.QuseirArab. I 73.5, ein Hārūn auf Verso unseres Stückes (hier **Nr. 14v.11** und 12).

14 *ǧumlat ġallatī*: Guo liest hier, P.QuseirArab. I 21r.5 und P.Quseir Arab. I 46.5 (20. 10. 1235) **ḥimla* „Traglast“, wie dies auch Grohmann in P.Cair.Arab. 87.9 (312/924–925) tut. In allen diesen Fällen ist aber richtig *ǧumla* „Total“ zu lesen. „Traglast“ ist das häufig belegte *ḥiml* pl. *aḥmāl*, während ich *ḥimla* „Traglast“ nur kenne in *wa-yuʿayyiṭ mā qāṣid ašīl-luh ḥiml*[111] *b-īqūl hātū ḥammāl ġayr hāḏā mā yašīl ʿindī šay*ʾ (P.Vind.Arab. II 13.Rand 2; 13. Jh. oder später).

15 Der Plural *az-zakāʾib*[112] „die Säcke“: [...] (*r6*) *ilayka zakāʾib*[113] *qabla* [...] (P.QuseirArab. I 15r.6); *wa-tuḥallī l-ġ*[...] *yuḍamminu* (*l. yuḍamminu*) *z-zakā«ʾi»ba*[114] *taḥuṭṭūhum* (*3*) *lī fī* [*mawḍiʿin ǧayyidin*] (P.QuseirArab. I 27v.2–3); (*1*) *yatasallami š-šayḫu ibrāhīmu bnu abū mufarriǧin* (*2*) *min saʿdini l-ǧamālīyi ṯalāṯata zakāyiba kibārin* (*3*) *wa-ḥimlayni qamḥin* ... (*4*) ... *az-zakāyibu fīhim wāḥidatun* (*5 left*) *ṣaġīratun*[115] (P.QuseirArab. I 56.1–2 und 4–5 left). – Der Singular *zakība*:

---

110 Guo liest an beiden Stellen العشرة (also *al-ʿušra*) „the tithe tax“.

111 Diem zieht *ḥamla* wegen des folgenden *ḥammāl* vor, weniger wahrscheinlich (sc. aber doch möglich, AK) seien *ḥimlahu* und *ǧumlatan*. Wegen des *b-īqūl hātū* lese ich die Passage ganz im Dialekt.

112 Guo *wa-l-⟨mi⟩rǧāna* „the corals“

113 Guo *rakāʾib* „riding animals“.

114 Das *yāʾ* von *yuṭamminu* (*l. yuḍamminu*) ist punktiert. Guo *wa-tuḥallī l-ġilāla taṭmanu* (*l. taḍmanu*)/*taṭmannu z-zakāta* „and use the crops to pay for (?) the zakāt taxes“.

115 *Zakāyib kibār* und *zakāyib* sind voll punktiert. Guo *ṯalāṯat rakāyib kibār* „three adult shee-camels“ bzw. *rakāyib* „she-camels“.

wa-ka-ḏālika zakībatu z-zanǧabīli (P.Vind.Arab. I 44r.13; 1150–1230); *innī sayyartu ilayka … (4) zakībata daqīqin* (P.QuseirArab. I 3.3–4); *annī*[116] *ʿalīya bna iḥsāna sayyartu ilà (3) šūnati abū mufarriǧin zakībata lawzin wa-zakī⟨ba⟩ata (4) kaʿkin wa-zakībata diqāqin*[117] (P.Quseir Arab. I 47.2–4); *aṣ-ṣādiru li-yadi l-aḫi ibrāhīma bni abī mufarriǧin … (r3) zakībatu l-ġalli wa-zakībatu samānin*[118] *wa-zakībatu ḥimmiṣin (r4) … wa-mawāhi[b]u (r5) fīhā zakībatu lawzin wa-zakībatu bayāḍin*[119] (P.QuseirArab. I 58r.2–5); *«a»nna z-zakībatayni waṣalatā ilà hārūna* (hier **Nr. 14v**.11); *wa-zakībat fuǧl (5) ṣaġīra* (hier **Nr. 22**.4–5). In den Geniza-Dokumenten findet sich weder *zakība* noch *zakāʾib*.

15 *wa-l-marānī „die Krüge"*:[120] siehe hier zu Z. 4 und 7.

16 *as-salāmu ʿalayka wa-raḥmatu «ʾ»llāhi [wa]-bara«kā»[tuhu]*:[121] Dies vermutet ohne Zugang zu einer Abbildung auch Diem, Review P.QuseirArab. I: 168.

17 *wa-l-kirā sittatu amdādin wa-l-ʿi[b]ratu arbaʿīna*: siehe oben zu Z. 8.

Rand Unverständlich ist mir Guos *wa-in kāna s-siʿru ǧayyid fa-bīʿ ʿinda kaylātin lā kull …* „If the prices are right, you may sell [them] in small portions, but not [in bulk?……], i. e. not in portions of one-one kayla". Bei einem guten Preis ist doch ja umgekehrt möglichst alles zu verkaufen.

---

116 Guo *anna*.

117 Guo *zakīyata wa-zakīyata … wa-zakīyata …* „high quality nuts, baked good, and flour" (Guo, P.QuseirArab. I: 33 „fine nuts (*zakīyat lawz*), good quality cake (*zakīyat kaʿk*), and pure flour (*zakīyat duqāq*)"); Diem, Review P.QuseirArab. I: 169 *zakībata … wa-zakī⟨ba⟩ta wa-zakībata …*

118 Diem, Review P.QuseirArab. I: 169. Guo *simān*.

119 Guo überall *zakīyatu* „fine grain, butter, chickpeas …. fine almonds and egg"; Diem, Review P.QuseirArab. I: 169 stattdessen *zakībatu*.

120 Guo *wa-l-mrʾy* „and mirrors".

121 Guo sonst nicht bezeugtes *as-salāmu ʿalayka wa-raḥmatu llāhi waḥdahu* „Peace be upon you. God's mercy alone is to be thanked."

NUMMER 14 VERSO

Geschäftsbrief von Muḥammad b. Ǧaʿfar

(*Tafel 14b*)

Quseir 1982 RN 1027a verso (SW-Bild 1027av; Farb-Bild)
17.0 cm hoch × 8.5 cm breit

Papier – Verso dieser Geschäftsbrief von Muḥammad b. Ǧaʿ[far] an einen unbekannten Empfänger, möglicherweise Abū Mufarriǧ, Recto ein Geleitschreiben (**Nr. 14 recto**) an Muḥammad b. Ǧaʿfar (Blattwendung →). Zum Verhältnis von Verso und Recto siehe hier bei der Einleitung von Nr. 14r. – Der obere, rechte und untere Rand sind über freien Raum gesichert, auf dem rechten Rand steht ausserdem unten eine Randzeile. Der linke Rand ist dadurch gesichert, dass bei einigen Zeilen der Text, wohl am Zeilenende, hochgestellt ist (*sālimīna* 5: *wa-s-salām* 13: *ṯabata* 15; *natawaqqaf* 16). Die erste Zeile mit der Basmala und die letzte Zeile sind leicht eingerückt. – *ʿAyn/ġayn* ist initial (*ʿalà* 6; *ʿadl* 9; *ʿan* 14; *ġallatika* 14, weniger ausgeprägt *ġālī* 10; *ʿalī* 10; *ʿalaykum* Rand; undeutlich *uʿlimu* 2; *ʿalà* 10; 17; *li-ṭāʿatihi* 2) und alleinstehend (*al-FRʿ* 9; *bāʿa* 12) nicht rund, sondern wirkt wie die Ligatur Häkchen-*ḥāʾ*, besitzt aber auf der Grundlinie einen klaren Strich nach rechts. *Kāf* sieht initial aus wie initiales *ḥāʾ* (*az-zakībata*[*y*]*ni* 11; *zakība* 12, anders *mamlūkuhu* 1), hat final eine lange, unverbundene Oberhaste (*ḏālika* 6; *ʿalayka* 17). Initiales *hāʾ* hat eine unübliche, sonst nur medial bekannte Form mit je einer Schlaufe über und unter der Grundlinie (*hārūn* 11; 12; *hāšim* Rand; unklar *ahl* 4). – Einige diakritische Punkte. – Keine Vokalzeichen. – Von Guo als P.QuseirArab. I 31 Verso publiziert.

Ein Brief von Muḥammad b. Ǧaʿfar an einen unbekannten *šayḫ*, möglicherweise an Abū Mufarriǧ. Der Absender bestätigt zuerst den Eingang der beiden Fässer (*al-maṭarayni*), der Lederflasche (*al-baṭṭa*) und «des ganzen Kruges» («*ǧumlat al-marīna*»). Insgesamt ist der Markt nicht sehr rege: Weizen (*al-qamḥ*) kostet 1 22/24 *dīnār*, Mehl 1 21/24 *dīnār* (sc. pro *irdabb*). ʾWLM und der *sayyid* ʿAdl sind gut in al-FRʿ angekommen; ebenso ist der *sayyid* Abū Ġālī [mit Waren] angekommen, um zu verkaufen, hat auch – dies ist eine Nachricht für Abū ʿAlī Ḥusayn – zwei Säcke für Hārūn mitgebracht. Schliesslich folgen Nachrichten über die geschäftlichen Aktivitäten des Absenders: Während Hārūn einen Sack Rettich für 2 *dīnār* pro *irdabb* verkauft hat, hat der Absender (in der Hoffnung auf bessere Preise) nicht verkauft. Der Absender möchte auf den Weizen (des Empfängers) ein Darlehen aufnehmen und bittet ihn, sich weiterhin darum (um dieses Darlehen) zu kümmern. Bei ihm selber ist ʾWLM (wie schon erwähnt) angekommen, aber da der Absender nicht weiss, welche Preise er (ʾWLM) „mit ihnen" abgemacht hat, wird er die Waren auf jeden Fall weiterhin verkaufen. Am Schluss grüsst der Absender den Empfänger und den *šayḫ* [A]bū [ʿA]lī Ḥu[say]n. Auch der *šayḫ* Abū Hāšim lässt den Empfänger grüssen.

Text

مملوكه
بسم الله الرحمن الرحيم محمد بن جعـ[ـفر]
ا«ع»ـلم السيد الشيخ [ابو مفرج] وفقه الله لطاعته
وجعله من اهل درايته ان وصلني المـ«ـطـ»ـرين
والبطة وقد وصل «جملة المرينة» سالمين
فلله ا«لـ»ـحمد على ذلك والسعر [غير مـ]ـتحرك
سوى القمح دنارين الا قراطين والدقيق
«دينـ»ـارين الا ثمن الاردب {والغله} وصل
اولم والسيد عدل الى الفرع والسيد
ابو غالي جا يبيع وتعرف ابو علي حسين
[ا]ن الزكيبتـ[ـيـ]ـن وصلتا الى هرون
وقد باع هرون زكيبة فجل دنارين
الاردب ولم نبيع شي قلنا لعل «نبايع وبنعمة»
«الله اكثري» على غلتك ولا توقف عن اشتغالك
[بـ]ـذلك ... جا اولم وما [نـ]ـدري ايش ثبت
معهم من الاسعار و«نـ»ـحن نبيع ما نتوقف
والسلم عليـ[ـك] و[عـ]ـلى الشيخ ابو عـلى حـ[ـسيـ]ـن الـ[ـسلم]
ه والشيخ ابو هاشم يـ[ـسـ]ـلم عليكم

٣ درانته – ٣ والبطه – ٥ ا«لمرينه» – ٧ قراطين – ٨ الاردب – ٩ والسيد – والسيد – ١٠ ابو – يبيع – وتعرف – حسين – ١١ وصلتا – هرون – ١٢ وقد – ١٣ شى قلنا «نبايع» – ١٤ غلتك – توقف – ١٥ جا – ايش – ١٦ سوقف

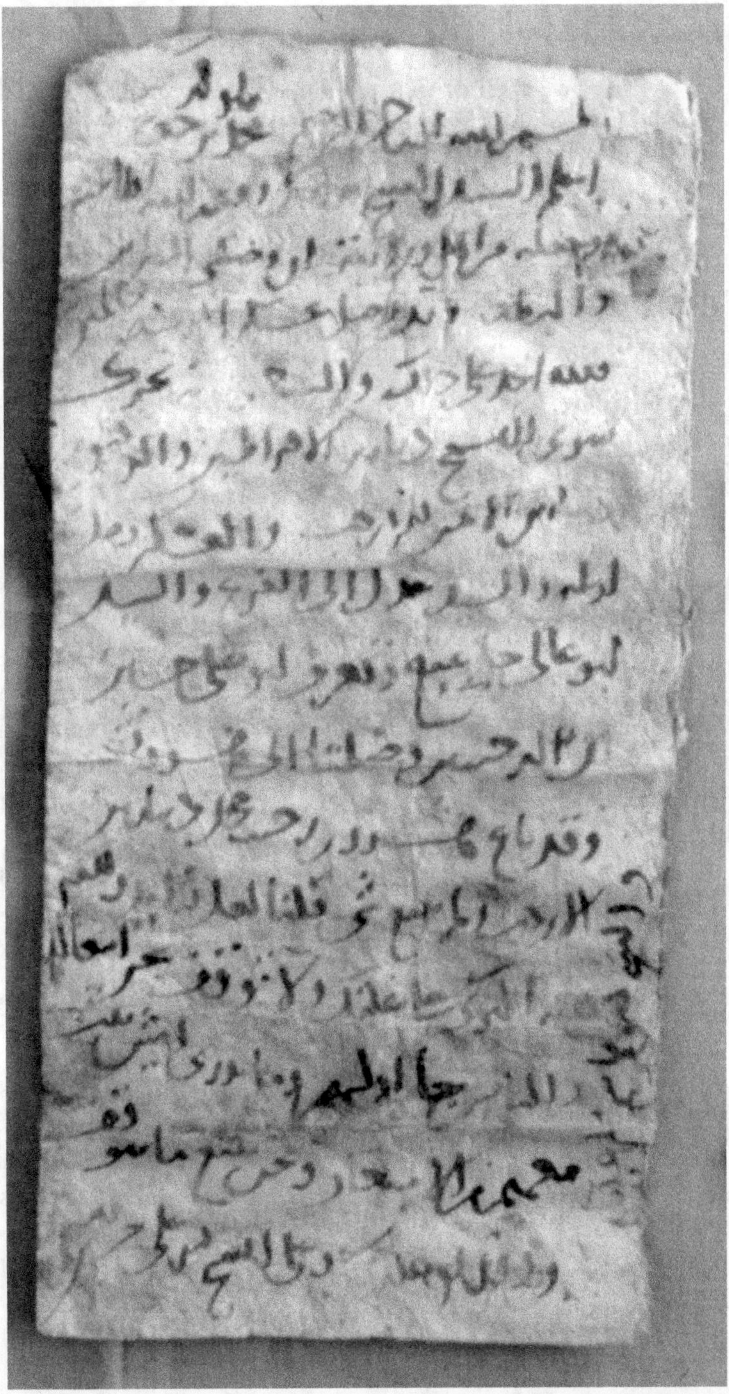

Tf. 14b

Übersetzung

1 Sein Diener

2 Im Namen Gottes des Barmherzigen, des All]erbarmers Muḥammad b. Ǧaʿ[far]

(3) «Ich» teile mit dem *sayyid*, dem *šayḫ* [Bū Mufarriǧ] – Gott möge ihm schenken den Erfolg im Gehorsam Ihm (Gott) gegenüber **4** und ihn machen zu einem von den Leuten, die Ihn (Gott) kennen –, dass angekommen sind bei mir die beiden F«ä»sser (*al-ma«ṭa»rayni*) **5** und die Lederflasche (*al-baṭṭa*). Und auch «der ganze Krug» (*«ǧumlat al-marīna»*) ist angekommen. Alle heil **6** – Gott sei Lob dafür. Der Preis ist [nicht in] Bewegung, **7** nur Weizen (*al-qamḥ*) ist zwei *dīnār* weniger zwei *qirāṭ*, Mehl (*ad-daqīq*) **8** zwei *dīnār* weniger einen Achtel pro *irdabb* {und das Getreide (*al-ġalla*)}. Es sind angekommen **9** ʾWLM und der *sayyid* ʿAdl nach al-FRʿ. Der *sayyid* **10** Abū Ġālī ist gekommen, um zu verkaufen. Teil dem Abū ʿAlī Ḥusayn mit, **11** dass die beiden Säcke (*az-zakībatayni*) bei Hārūn angekommen sind. **12** Hārūn hat einen Sack (*zakība*) Rettich (*fuǧl*) verkauft, für zwei *dīnār* **13** pro *irdabb*. Wir haben nichts verkauft, haben (uns) aber gesagt: „Vielleicht «schliessen wir doch noch einen (Kauf)vertrag».“ Wenn Gott **14** gnädig ist, nehmen wir (aber) auf Deinen Weizen ein Darlehen auf. Hör nicht auf, Dich darum **15** zu kümmern! ʾWLM ist gekommen, aber wir wissen nicht, welche Preise er mit ihnen **16** schon festgelegt hat – *wir* (von unser Seite) verkaufen und hören damit auch nicht auf. **17** Gruss an Di[ch]. [A]n den *šayḫ* Abū ʿAlī Ḥu[say]n Gruss! **Rand** Der *šayḫ* Abū Hāšim g[r]üsst Euch.

Kommentar

2 *muḥammad b. ǧaʿ[far]*: Die Konjektur drängt sich dadurch auf, dass der Text auf Recto an den *šayḫ* Muḥammad b. Ǧaʿfar gerichtet ist.

3 *as-sayyid aš-šayḫ [bū mufarriǧ]*[122]: Da das Dokument zusammen mit anderen Dokumente von Abū Mufarriǧ gefunden worden ist, geht es möglicherweise ebenfalls an ihn.

3 *waffaqahu llāhu li-ṭāʿatih, wa-ǧaʿalahu min ahli dirāyatih*: siehe hier zu **Nr. 1.2–4**.

---

122 Guo *as-sayyid aš-šayḫ m[...]*.

4 *al-ma«ṭa»rayni* „die beiden F«ä»sser“:[123] *Maṭar* (pl. *amṭār*) „Fass“ ist gut belegt: *miʾatay*[124] *qisṭi ʿasali abālīma* (*5*) *wa-miʾatay*[125] *qisṭi ʿasalin rafīʿin* (*6*) *mina l-amṭāri wa-miʾatun mina l-ḥawḍi* (P.Grohmann Wirtschaft 5.4–6; 9. Jh.); *kitābun li-farrūḫa bni ḫarūfa* (*4*) *miʾatay*[126] *qisṭi ʿasali abālīma* (*5*) *wa-miʾatay*[127] *qisṭi ʿasalin rafīʿin miʾatun* (*6*) *mina l-amṭāri wa-miʾatun mina l-ḥawḍi* „Schreiben des Farrūḫ b. Ḫarūf (4) zweihundert Xestes Ambrahonig (5) und zweihundert Xestes feinsten Honig, hundert (6) aus Schläuchen, hundert aus dem Behältnis“ (P.GrohmannWirtsch. 6.3–7; 9. Jh.); *ištara⟨y⟩nā minhum maṭarayni* (*9*) *ṯulṯa*[*y*]*ni waybati qamḥin wa-niṣf* (P.Marchands II 19.8–9; 9. Jh.); *wa-innaka lam taḥmilhā li-ġālibi l-amṭā«ri* (P.Vind.Arab. I 1r.9; 9–10. Jh.); *iṯnayni wa-ʿišrīna maṭar*[...] (hier **Nr.** 22r.3); *miʾa wa-ḫamsīna maṭaran? ... ṯalāṯa wa-arbaʿīna maṭaran?* (ENA 2591.9 v; in arabischer Schrift); *laʿalla mawlāya yaštarī lī ğarratayni zayt ṭayyib* (*5*) *yakūnu ġāyatan yakūnu fīhā maṭarayni* (TS 10 J 17 5 right margin.4–5); *wa-lī 400 maṭar nabīḏ kull maṭar 10 ṭmāyyā* (Gen.GoiteinLetter r.35); *wa-mawlāya* (*10*) *yaḏkuru lī fīhi amra l-ğawzati fa-stawfà* (*12*) *minhā ṯamana z-zayti wa-huwa dīnārayni wa-qīrāṭun* (*13*) *li-an ṣaḥḥa fī l-qirābi ṯalāṯīna maṭar 14* (*14*) *awāqin mablaġu ṯamanihi dīnārayni wa-qīrāṭun siʿru* (*15*) *3 danā*(*nīra*) *al-maṭaru wa-waznu l-ğawzati sittatu amunnan* (TS 16 302r.10–15). Weiter zu *maṭar* „Fass“ bzw. Schlauch siehe Diem/Radenberg: 203.

5 *al-baṭṭa* „die Lederflasche“ als Behälter von Öl: *wa-llāhi llāhi fī l-baṭṭatayni llatī sayyartu* [...] (P.QuseirArab. I 12r.8); *allāh allāh* (*7*) *sayyir lī l-baṭṭata surʿatan surʿatan fa-innī muḥtāğun* (*8*) *lahā* (P.Quseir Arab. I 27v.6–8); [*sayyartu* ...] (*3*) *niṣfa ḥimli ḥuḍari l-ġallati li-bū bakrin wa-baṭṭa*[*tan* ...][128] (P.QuseirArab. I 37r.2–3); *«ḫamsun wa-tisʿīna baṭṭatan»* (P.QuseirArab. I 49r.5); *wa-baṭṭatu qaṭṭāratin? wa-«ḥawlahā» kammādun*[129] (P.QuseirArab. I 54.4); *abū muḥamma-*

---

123 Guo *aṭ-ṭarīz* „the embroidery“; gemeint ist wohl *at-taṭrīz*.

124 Grohmann *miʾatayni*.

125 Grohmann *miʾatayni*.

126 Grohmann *miʾatayni*.

127 Grohmann *miʾatayni*.

128 Guo ... *wa-baṭṭ* [...] (*4*) *ṣaġīr* „and a small *baṭṭ*-container“; da auf Zeile 3 allerdings links einiges fehlt, bezieht sich das *ṣaġīr* von Zeile 4 kaum auf ein Nomen am Schluss von Zeile 3.

129 Guo „a sugar container along with (?) a juice presser“.

din ġallatun baṭṭatun ʿalà dirhamin (*11*) *wa-tumnin wa-ḫumsin*[130] „Abū Muḥammad: Getreide, eine *baṭṭa* für 1+1/8+1/5 dirham" (P.Quseir Arab. I 67v left.10–11); *fa-bi-llāhi mā arhantu* (*15*) *ʿinda r-riqāqi illā rahn ḥattà aḫadtu baṭṭata* (*16*) *daqīqin baʿda mā ṣāmū 3 ayyāmin wa-3 layālin* (TS 13 J 25 2.14–16). Zu *baṭṭa* „Lederflasche" siehe Diem/Radenberg: 14 s.v. baṭāṭī und baṭṭāṭ, beides „maker of leather bottles". – Davon zu unterscheiden sind *baṭaṭ* „Lederpantoffeln" als Teil der weiblichen Garderobe: *qālati l-qarārīṭu nẓur an taʾḫuḏa bihim baṭaṭ sittatan laʿallī āḫuḏu wāḥid* (*7*) *wa-ǧubbata «ḫālihā» wa-l-maqāniʿa wa-štarī lī ḫuffayni li-riǧlī* (P.Marchands II 3.6–7; 9. Jh.); *qul lahā fī l-baṭaṭi qarārīṭu l-marʾati lā turīdu l-wisādata* (*19*) *āḫuḏu lahā baṭaṭ bi-l-qarā*[*rīṭi*] (P.Marchands II 9 v.18–19, 9. Jh.). – Zu *baṭaṭ* „Pantoffeln" siehe Diem/Radenberg: 14 s.v. baṭīṭī „maker of mules (i.e. slippers without counters)".

5–6 *wa-qad waṣala «ǧumlatu l-marīnati» sālimīna*[131] (*6*) *wa-li-llāhi l-ḥamdu ʿalà ḏālika*: Die Verbindung … *sālimīna* (*6*) *wa-li-llāhi l-ḥamdu* lässt eigentlich erwarten, dass es sich um die Ankunft einer Gruppe von Leuten handelt. – Parallelen für die Kombination von *sālimīna* und der Wurzel *ḥ-m-d*: *šayḫuka sālimun bi-ḫayrin ʿalà afḍali mā tuḥibbu wa-llāhu maḥmūdun* (P.GrohmannUrkunden 19.7 = P.World p. 166.7 = P.Marchands V/1 8r.7; 9. Jh.); *fa-innī uḫbiruka min ḫabarinā annā sā*(*5*)*limūna ṣāliḥūna ka-llaḏī yasurruka bi-ḥamdin li-llāhi illā* (*6*) *ḫayrun* (P.RagibLettres 9A r.4–6; 8. Jh.); *fa-innī uḫbiruka min ḫabarinā annā sālimīna* (*4*) *ṣāliḥīna ka-llaḏī yasurruka bi-ḥamdi llāhi ʿalaynā wa-niʿmatihi* (P.RagibLettres 9B v.2–3; 8. Jh.); *fa-innī uḫbiruka min ḫabarinā annā sālimīna ṣāliḥīna ka-llaḏī yasurru*(*6*)*ka wa-rabbunā maḥmūdun* (P.RagibLettres 11r.5–6; 8. Jh.); *fa-innī uḫbirukum min ḫabarinā annā sālimīna ṣāliḥīna bi-ḥamdin li-llāhi* (*4*) *ʿalaynā wa-niʿmatihi* (P.RagibLettres 12.3–4; 9. Jh.); *wa-naḥnu sālimūna muʿāfawna wa-llāhu maḥmūdun* (P.RagibLettres 13r.3; 9. Jh.); … *ilà an waṣalū l-fuyūǧu fī yawminā hāḏā yaḏkurū wuṣūlakum sālimīna li-llāhi l-ḥamdu ʿalà ḏālika* (Gen.Kingdom 628r.4; 4. Februar 1045); *nuʿlimuka sallamaka llāhu an qad waṣalnā sālimīna bi-ḥamdi llāhi* (TS NS J 291.2; ca. 1100); *wa-uʿlimuka aʿazzaka llāhu a*[*nnī*] (*5*) *sālimun fa-li-llāhi l-ḥam-*

130 Guo „… [valued] at one and 1/40 dirhams", genauer: 1 13/40 dirham.

131 Guo *wa-qad waṣala ʿaskaru l-mazīdi sālimīna* „The additional troops (?) have arrived, all in good shape and health." Die Lesung ist paläographisch und im Kontext unwahrscheinlich.

du ʿalà ḏālika (P.Heid.Arab. II 36r.4–5; 11. Jh.); *wa-qad waṣalnā ilà rašīda sālimīna yawma l-aḥadi bi-ḥamdi älōhē yiśrāʾēl* (TS 10 J 11 8.8).

6 *wa-s-siʿru* [*ġayru mu*]*taḥarrikin*[132] „der Preis ist [nicht in] Bewegung": Eigentlich ist es der Markt, der in Bewegung ist: *yaʿizzu ʿalayya allā* (*4*) *yakūna s-sūqu mutaḥarrik ḥattā atawallā lahu l-bayʿa* „Il m'est pénible que le marché ne soit pas en hausse pour que je me charge de vendre pour lui" (P.Marchands III 10.8–9 top 3–4; 9. Jh.); *fa-arǧū mina llāhi tataḥarraku l-aswāqu baʿda l-fisḥi wa-naʿmalu ʿalà* (*9*) *l-bayʿi bi-l-qismi wa-r-rizqi wa-naštarī mā yulhimunī llāhu ilayhi mā fīhi l-ḫayru* (Gen.GoiteinJewishTrade 5; 1000–1030). – In unserem Dokument kann man für *ġayr* auch jedes andere kurze Wort einfügen.

7–8 *wa-d-daqīqu* (*8*) *«dīn»ārayni illā ṯumn al-irdabbu* {*wa-l-ġallatu*}: Guos *wa-d-daqīqu* (*8*) *dīnārayni illā ʿusr* (*l. ʿašar?*) *dirham irdabb* „Floor [can be had at] (8) two dinars minus ten dirhams per irdabb." ist mir paläographisch und in der Sache unverständlich.

8–9 *waṣala* (*8*) *ʾWLM*[133] und **15–16** [*wa-*]*ǧāʾa ʾWLM wa-mā nadrī ayš ṯabbata* (*16*) *maʿahum mina l-asʿāri*:[134] Die Lesung des Namens ist schwierig.

9 *ilà l-FRʿ*: *wa-bariʾa ilayhi mina l-ʿadli wa-l-fazaʿi wa-l-ḥazzi wa-l-anāni wa-min* [...] P.Cair.Arab. 124.5. – Gegen Guos Lesung *al-firanǧ* spricht, dass der letzte Buchstabe gleich aussieht wie das finale *ʿayn* von *bāʿa* auf Zeile 12.

10 *abū ʿalī ḥusayn* und **17** *aš-šayḫ «a»bū ʿalī ḥu*[*say*]*n* erscheint in zwei weiteren Briefen aus al-Quṣayr: P.QuseirArab. I 25 geht von einem unbekannten Absender an den *šayḫ* und *qāḍī* Abū l-Ḥasan/l-Ḥusayn[135] ʿAlī al-Muʿawwal in *sāḥil al-Quṣayr*, P.QuseirArab. I 26 von ʿUṯmān an-Nāǧī an den *šayḫ* Abū ʿAlī Ḥusayn ebenfalls in *sāḥil al-Quṣayr*.

10 *ǧāʾa yabīʿu*: Guo *ǧāʾa li-bayʿin*.

11 *«a»nna z-zakībatayni waṣalatā ilà hārūna*:[136] Bemerkenswert ist der korrekte Dual *waṣalatā*. – Zu *zakība* „Sack" siehe hier zu **Nr. 14r**.15.

---

132 Guo *wa-s-siʿru kulluhu taḥarraka* „The prices have all changed".

133 Guo *al-ʿaskaru waṣala* (*8*) *awwaluhu* „The troops have come, one after the other". Guos einleitendes *al-ʿaskar* gehört m. E. zum vorhergehenden Satz.

134 Guo *an-nāsu ǧāʾa awwaluhum wa-mā nadrī ayš biʿta* (*16*) *maʿahum mina l-asʿāri* „People [all] came, one after the other. We don't know at what prices you sold [it] (16) to them." Auch hier gehört Guos einleitendes *in-nāsu* m. E. zum Satz vorher.

135 Guo fälschlich Abū Ḥasan.

136 Guo führt zuerst den Namen des Abū ʿAlī Ḥusayn weiter mit *ibn ar-raḥbayn*, und liest dann

12–13 *wa-qad bāʿa hārūnu zakībata fuǧlin dīnārayni* (*13*) *l-irdabba:*[137] *wa-zakībat fuǧl* (*5*) *ṣaǧīra „und ein Sack kleine Rettiche"* (hier **Nr. 22**.4–5). – Rettich wurde ebenfalls für die Ölproduktion verwendet.

13 *wa-lam nabīʿ šayʾ*: Guos *wa-lam nabiʿ šayʾ* entspricht nicht der Anzahl Häkchen.

13–14 *wa-bi-niʿmati* (*14*) *llāhi aktarī ʿalà ġallatika*: siehe hier zu **Nr. 8**r.2 *wa-ana aṭlubu aktarī ʿalà l-alfi l-irdabbi*.

14–15 *wa-lā tawaqqaf* (*l. tatawaqqaf*) *ʿan ištiġālika* (*15*) [*bi-*]*ḏālika*[138] und **16** *wa-«na»ḥnu nabīʿu mā natawaqqafu:*[139] *Tawaqqafa* „nicht tun, Abstand nehmen, aufhören" erscheint in den Quṣayr-Dokumenten auch sonst, *wa-tawaqqafa* (*v3*) *ʿabdu n-naṣri ʿan dafʿi l-ʿalāmati fa-llāhi llāhi sayyir* (*v4*) *tuʿlimhu yadfaʿuhum lanā* „Und ʿAbd an-Naṣr hat uns die Marke (*ʿalāma*) nicht geschickt! Los los (*fa-llāhi llāhi*), schick zu ihm, damit er sie (pl.) uns gibt."[140] (P.QuseirArab. i 32v.2–4).

15 [*wa-*]*ǧāʾa ʾWLM*: siehe oben zu z. 7–8 *waṣala* (*8*) *ʾWLM*.

Rand *wa-š-šayḫu abū hāšimin yu*[*sa*]*llimu ʿalaykum:*[141] Ein Abū Hāšim erscheint in den Quṣayr-Dokumenten auch in *ġallat* (mit eigentlichem *tāʾ*, nicht mit *tāʾ marbūṭa*) *abū hāšimin* (P.QuseirArab. i 51.2). – Sowohl von der Buchstabenform her wie auch von der Nichtsetzung des Artikels her handelt es sich kaum um Guos Abū Qāsim. Die Quṣayr-Dokumente erwähnen einen Abū l-Qāsim (immer mit Artikel) wie folgt: P.QuseirArab. i 23r ist ein Geleitschreiben von Abū l-Qāsim Yū[suf] Muḫallaf an Abū ʿUṯmān Miṯqāl und an Muḥammad, den Sohn des Abū Mufarriǧ. Ein Abū l-Qāsim erscheint auch in P.QuseirArab. i 23v.6, sehr unsicher auch in P.QuseirArab. i 23v.5. Im Geleitschreiben P.QuseirArab. i 59.4–5 werden zwei Stück (*qiṭʿatayni*) (Säcke) Reis erwähnt, auf denen „Abū l-Qāsim (5) an-Nāǧī" steht. – [*Abū*] *l-Qāsim* in Guos Übersetzung (aber nicht in seiner Edition) von

---

waṣalnā ilà sū{w}qin „that we went to the marketplace", was paläographisch (s. *hārūn* z. 12), syntaktisch und als Geschäftsinformation wenig Sinn macht.

137 Guo *wa-qad bāʿa harūnu raǧība maǧdin dīnārayni* (*13*) *l-irdabba* „… and that Hārūn sold to Rajīb Majd [wheat at the price of] two dinars (13) per *irdabb*".

138 Guo *wa-lā tuwaqqif ʿan amwālika* (*15*) *wa-n-nāsu* … „So do not withhold our money (15). People …"

139 Guo *wa-naḥnu nabīʿu mā yatawaqqafu* „We just sell according to what is fixed [with regard to price]."

140 Guo „ʿAbd al-Naṣr has stopped paying for the *ʿalāma*-trade mark. O God, O God! Send [him a letter] and tell him to pay them (i. e., the fees) to us."

141 Guo *wa-š-šayḫu abū qāsimin yusallimu ʿalayka* „Shaykh Abū Qāsim says hello to you."

P.QuseirArab. I 23v.1[142] ist eine Verlesung der in Quṣayr auch sonst vorkommenden Kombination von Basmala, Taṣliya und Ḥamdala.

142 Guo [... *al-qā*]*simu wa-ṣallà llāhu ʿalà sayyidinā Muḥammadin wa-ālihi* „[Abū] al-Qāsim ...". Ich lese [*bi-smi llāhi r-raḥmāni r-raḥī*]*mi wa-ṣallà llāhu ʿalà ʿabdihi l-ḥamdu li-llāhi.*

NUMMER 15

Geleitschreiben zu einer Lieferung an den Schiffseigner (*an-nāḫudā*) und Schatzmeister (*al-ǧahbaḏ*) Abū Ṯābit

(*Tafel 15*)

Quseir 1982 RN 1021c (SW-Bilder Quseir 1982 1021.1; 1021.2; 1021.3; Farb-Bild)
13.2 cm hoch × 8.0 cm breit

Papier – Auf der einen Seite ein Geleitschreiben. Von der anderen Seite liegt mir kein Scan vor. – Der obere Rand ist über die Basmala gesichert. Auf dem rechten Rand steht eine Randzeile. LInks finden wir *keine* für das Zeilenende typische Hochstellungen, sodass links mindestens ein wenig, vielleicht aber auch die Hälfte verloren ist. Unten fehlt eine unbekannte Anzahl Zeilen. Die erste Zeile mit der Basmala ist eingerückt. – Die Schrift ist teilweise eckig (*aš-šayḫ* 2; *an-nāḫudā* 2; *wa-s-salām* Rand), dann wieder ganz flüssig (*wa-l-arbaʿa* 4; *fa-naḥnu* 8). Alleinstehendes *alif* ist unten nach links gebogen (*aš-šayḫ* 2; *al-L*[...] 3; *sirāǧa*[*hu*] 7; *allāh* 8; *al-ḥuṣur* 9; *wa-l-Ḥ*[...] 9). Alleinstehendes *rāʾ* sieht fast aus wie *alif*, reicht nicht unter die Zeile und endet in einem nach links gebogenen Häkchen (*qun*[*b*]*ārī* 4; *wa-arbaʿa* 5). *Sīn* hat initial (*bi-smi* 1) und medial (*yatasallam* 2; *wa-s-salām* Rand, nicht aber *yusallimhum* 3) drei klare Häkchen. Mediales *ṣād* besteht aus einer sehr grossen Schleife, das anschliessende Häkchen führt nicht auf der Grundlinie weiter (*ḥuṣur* 5; *al-ḥuṣur* 9). Initiales *kāf* hat initial (*kattān* 5) und medial (*mutawakkilī*[*na*] 8; *ʿalaykum* Rand; [*wa-*]*barakātuhu* Rand) keine Haste. – Die Basmala ist als Ligatur geschrieben. – Einige wenige diakritische Punkte. – Keine Vokalzeichen.

Ein Geleitschreiben für eine Lieferung an den Schiffseigner (*an-nāḫudā*) und Schatzmeister (*al-ǧahbaḏ*) Abū Ṯābit, vom Absender angesprochen als Bruder (*aḫ*). Erwähnt werden weiter Leinen (*kattān*), vier Matten (*ḥuṣur*), ein Becher (*kaʾs*) und jemandes Lampe (*sirāǧ*).

Text

١ بسم الله الرحمـ[ـن الرحيم]

٢ يتسلم ا[لا]خ الناخدا والد ثابت

٣ ا[لـ]ـجهـ[ـبـ]ـذ «خمسـ»ـة اللـ.. يتسلمهم من «رضوان»

٤ ⟨الـ⟩ـقنـ[ـبـ]ـاري ؟ قد دفعته ...

٥ كتان واربعه حصر «و»كاس

٦ من رضـ[ـوان ...].. ولا

٧ .... سراجـ[ـه] ولا عند

٨ حمه فنحن متوكلـيـ[ـن] على الله و...

٩ [...] ا وا... الحصـ[ـر] والحـ[...]

ه والسلام عليكم ورحمة ا[لله و]بركاته

---

٣ ا[لـ]ـجهـ[ـبـ]ـد – ه [و]بركانه

Übersetzung

1 Im Namen Gottes, des Barmherzigen, des Allerbarmers

2 Es hat zu erhalten d[er Bru]der, der Schiffseigner (*an-nāḫudā*) Abū Ṯābit (*wālid ṯābit*) **3** de[r] Schatz[mei]ster (*a[l]-ǧah[ba]ḏ*) fünf L.. Er soll sie erhalten von «Riḍwān»? **4** ⟨al⟩-Qunbārī – ich hab es (schon) übergeben ... **5** Leinen, vier Matten«,» einen Becher **6** von Riḍ[wān ...] .. und nicht **7** ... und [seine] Lampe und nicht bei **8** seinem Schwiegervater – da vertrau[en] wir auf Gott ... **9** ... die Matt[en] und die Ḥ ... **Rand** Gruss Euch und die Barmherzigkeit G[ottes und] Seine Segen!

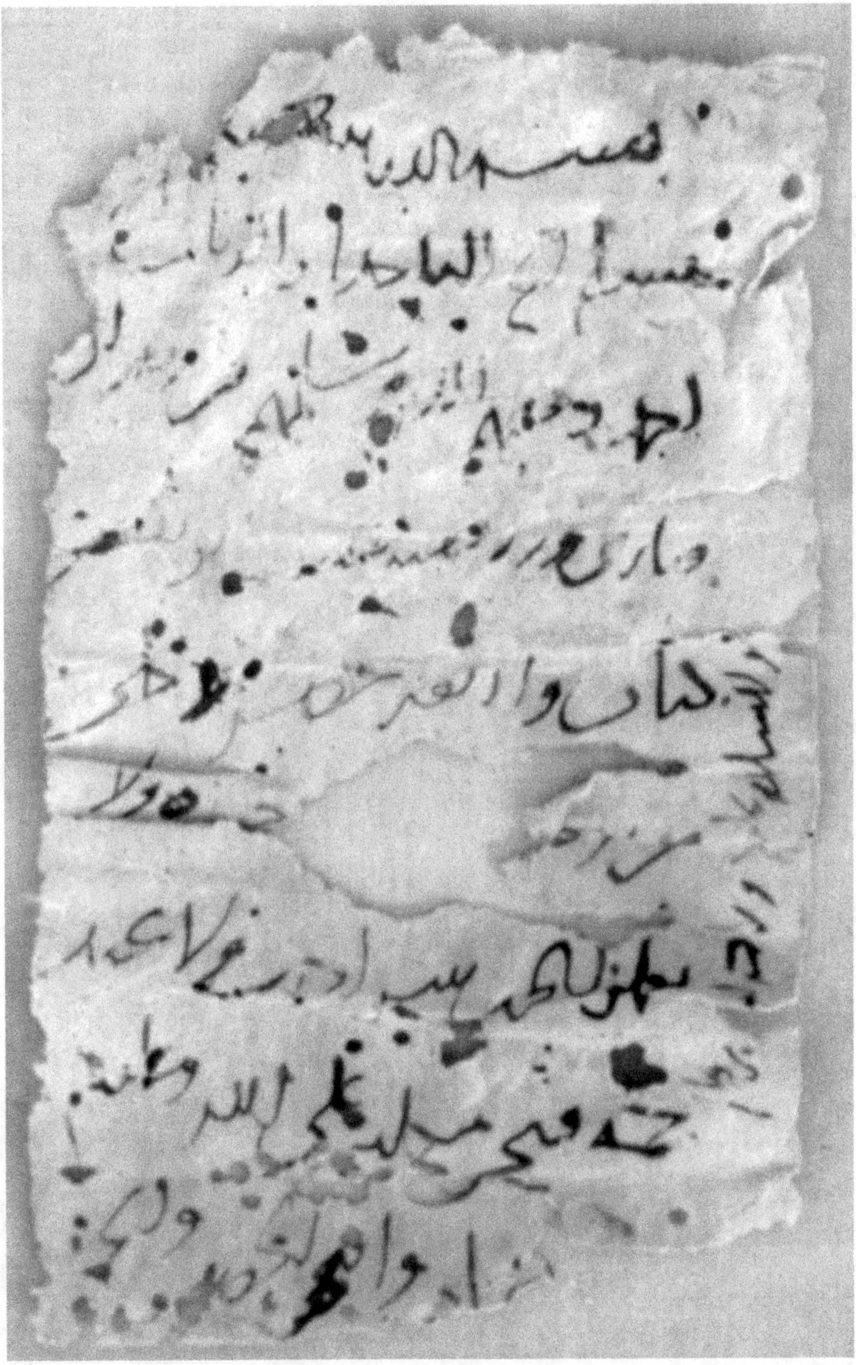

Tf. 15

Kommentar

2 *an-nāḫudā*: siehe hier zu **Nr.** 5r.2 und v2.

2 *wālid ṯābit* „Abū Ṯābit“: Die Verwendung von *wālid* bzw. *wālida* in der Kunya ist mir sonst unbekannt. – Zum Namen Ṯābit in den Quṣayr-Dokumenten siehe hier zu **Nr.** 7.1.

3 *ḫamsat al-L..*: Sowohl vom einleitenden *yatasallam*, besonders aber vom folgenden *yatasallamhu* her muss hier die zu liefernde Ware folgen, vorzugsweise in der Form Zahlwort + Gezähltes, als Zahlwort aber passt nur *ḫamsat*.

3 und 5 Zum Namen *Riḍwān* in den Quṣayr-Dokumenten: *min ʿindi abū s-saʿāda[ti]*[143] (2) *bni riḍwāna* (3) *wa-mina_bni kīlā[na]* (P.Quseir Arab. I 10r.1–3); *wa-ummu riḍwāna tusallimu ʿalayka ladayya* (P. QuseirArab. I 32v.4).

143 Guo *min ʿabdi abū s-saʿādata* „From ʿAbd Abū al-Saʿāda …“. Für meine Lesung *min ʿindi* „von“ siehe hier zu **Nr.** 11.2.

NUMMER 16

Eine Anweisung an den *šayḫ* Abū ʿUṯmān, dem Überbringer des Schreibens ein *raṭl* Brot auszuhändigen

(*Tafel 16*)

Quseir 1982 RN 1078 (SW-Bilder Quseir 1982 1078.1; 1078.2)
6.2 cm hoch × 8.1 cm breit

Papier. – Auf der einen Seite die Anweisung. Von der anderen Seite liegt mir kein Scan vor. – Alle vier Ränder sind erhalten. Der Registervermerk auf der ersten Zeile und die letzte (dritte) Zeile sind etwas eingerückt. – Finales *dāl* ist nach links verbunden (*yadfaʿ* 2). Mediales *hāʾ* wird von unten her verbunden (*li-mūṣilihā* 2). Mediales *ṣād* wird ohne Häkchen geschrieben (*li-mūṣilihā* 2; *muṣawwaḥ* 3). – Kaum diakritische Punkte. – Keine Vokalzeichen.

Eine Anweisung des *šayḫ* Abū ʿUṯmān, dem Überbringer des vorliegenden Schreibens ein *raṭl* weiches Brot (*ʿayš ṭayyib muṣawwaḥ* (*l. musawwaḥ*)) auszuhändigen.

Text

١ (لى)

٢ [الـ]ـشيخ ابو عثمن يدفع لموصلها

٣ رطل عيـ[ـش] طيب [مـ]ـصوح

---

٢ ابو

Übersetzung

1 (Registervermerk)
2 [Der] *šayḫ* Abū ʿUṯmān soll übergeben ihrem Überbringer (dem Überbringer der vorliegenden Anweisung)
3 ein *raṭl* gutes [we]iches Bro[t] (*ʿay*[*š*] *ṭayyib* [*mu*]*ṣawwaḥ* (*l. musawwaḥ*)).

Tf. 16

Kommentar

1 Zum Registervermerk siehe hier zu **Nr. 11.1.**

3 *ʿay[š] ṭayyib*: Die Lesung des finales *sīn* ist nur durch die Kombination mit dem folgenden *ṭayyib* einigermassen gegeben. Das heute im Ägyptischen geläufige *ayš* „Brot" ist allerdings in unseren Dokumenten nur unsicher belegt: *wa-hum yaštakū* (*5*) *qillata n-nafaqati «wa-ḏakarū an mā» baqiya ʿindahum ʿayšun*[144] „... dass sie kein Brot mehr haben." (P.QuseirArab. I 74.4–5); *fa-urīdu* (*3*) *yaṣi[lunī kit]ābuka bi-wuṣūli l-ʿayši* „Ich möchte, dass dein Brief (bald) ankommt (mit der Nachricht), dass das Brot ankommt" (Dropsie 395r.Rand 2–3; ca. 1100); [*lā*] (*19*) *yatabarrak*[145] *man lā ya yuhdī lī ʿays fī l-ġaybati wa-lā fī l-ḥuḍūri* „Es soll nicht gesegnet sein, wer mir kein Brot schenkt, weder wenn er abwesend ist, noch wenn er da ist" (TS 10 J 12 24.19). – Goitein, Society I: 117 und 425 n. 9 begründet sein „bread was called ‚life', *ʿaysh*, in the local vernacular of Egypt even in the eleventh century" nur mit dem Verweis auf die erwähnte Stelle Dropsie 395. Sehr häufig ist demgegenüber *ʿayš* (*ṭayyib*) „(gutes) Leben", *ṭāba ʿayšuhu* „es geht ihm gut" u.ä.m. – Ähnlich *al-ḫubz aṭ-ṭayyib* „gutes Brot": *fa-innahu lā yuṣliḥu*[146] (*15*) *l-ǧuyūša illā l-ḫubzu ṭ-ṭayyibu* (16) *wa-ʿlam annaka in tursil* (*17*) *bi-ḫubzin ġayri ṭayyibin lā yuqbal minka* (P.RagibQurra 1.14–17; 7. Jan. 710–5. Febr. 710). – Brot wird in *raṭl* gemessen: *idfaʿ ilà sāʾisi muḥammadi bni* (*3*) *l-ḥakami mina l-ḫubzi raṭl 2 in šāʾa* (*4*) *llāhu* (P.World p. 142b.2–4; 1. Sept. 820); *idfaʿ ilà ġulāmi abū zikrī* (*3*) *wa-muṭāriqin mina l-ḫubzi raṭl 6 in šāʾa* (*4*) *llāhu ...* (*6*) *fī ḫubzin raṭl 6* (P.Prag.Arab. 62.6; 18. Sept. 820); *wa-l-ḫubzu bi-arbaʿatin wa-niṣfini r-raṭlu* (Gen.Kingdom 619v.9; 26. Sept. 1070); *ammā* (*16*) *l-ḫubzu raṭlun bi-dirhamin* (Gen.Palestine 247r.15–16; 11. Jh.); *wa-l-ḫubzu raṭlun wa-niṣfun bi-dirhamin* (Gen.FrenkelCompassionate 16r.14; 1200).

144 Guo ... *anna mā hiya ʿindahum ʿayšun* „who have complained about the luck of funds; they have mentioned that it is for them the source of livelihood".

145 Die Geniza-Datenbank ergänzt das *lā* nicht, vom Sinn her ist es aber unumgänglich.

146 Diem, Aphrodito: 266. Rāġib *yaṣluhu*.

NUMMER 17

Aufstellung über mehrere Lieferungen an Manṣūr und Muḥammad aš-Šanhūrī

(*Tafel 17*)

Quseir 1982 RN 1092b (SW-Bild Quseir 1982 1092.2)
6.3 cm hoch × 7.4 cm breit

Papier. – Auf Verso dieses Geleitschreiben. Auf Recto fünf Zeilen eines Briefes oder einer Petition, der erhaltene Teil beginnt mit *muqabbil*. Offenkundig hat der Schreiber einen Fetzen des Dokumentes auf Recto als Geleitschreiben wiederverwertet. – Erhalten ist die obere rechte Ecke: der obere und der rechte Rand sind erhalten. Zeile 5 und 6 sind kaum lesbar, ob anschliessend weitere Zeilen fehlen, wissen wir nicht. – Alleinstehendes *rā'* hat die Form eines liegenden Hakens (*manṣūr* 1). *Kāf* ist initial (*kāmil* 3) und medial (*al-kinānī* 2) mit der Haste von oben her in einem Zug geschrieben. – Fast vollständig punktiert. – Keine Vokalzeichen.

Eine Aufstellung über mehrere Lieferungen an Manṣūr und Muḥammad al[-Šanh]ūrī, wobei die erste von einem al-Kinānī stammt, die zweite von Kāmil b. Mufa[rriǧ]. Der Name von al-Kinānī ist durchgestrichen, wohl weil die Lieferung erledigt ist. Über die Lieferungen selber sind keine weiteren Angaben erhalten.

Text

١ يتسلم منصور ومحمد الـ[ـشنهـ]ـوري من «سلـ»[...]

٢ ~~الكناني~~ العامـ[...]ـعد[... وايضا]

٣ من كامل بن مفـ[ـرج ...]

٤ ويتسلم ايضا مـ[ـن ...]

٥ [و]ايضا مـ[ـن...]

٦ [وايـ]«ـضـ»ـا [من ...]

---

١ يتسلم منصور – الـ[ـسهـ]ـوري من – ٢ ~~الكناي~~ – ٣ من – بن مفـ[ـرح] – ٤ وىتسلم ايضا من – ٥ [و]ايصا

Übersetzung

1 Es haben zu erhalten Manṣūr und Muḥammad al[-Šanh]ūrī von [...] 2 ~~al-Kinānī~~ al-ʿĀM[... Und auch] **3** von Kāmil b. Mufa[rriǧ? ...]

4 Es hat auch zu erhalten vo[n ...]

5 [und] a«u»[ch von ...]

6 [und] auch [von ...]

Kommentar

r1 *al-*[*šanh*]*ūrī*: Der Überbringer des Geleitschreibens **Nr. 10** ist ein ʿAbd al-Ġanī aš-Šanhūrī. – Zu Šanhūr südlich von Qūṣ siehe hier zu **Nr. 10**.3.

r2 *al-kinānī*: Ein Fāyiz b. Mūsà al-Kinānī (mit voller Vokalisierung von *Fāyiz* und *al-Kinānī*, abgesehen vom Schluss-*yāʾ*) erscheint P.Quseir Arab. I 58r.3.

3 *kāmil ibn mufa*[*rriǧ*]: Die Ergänzung in Mufarriǧ ist willkürlich, ein Kāmil b. Mufarriǧ in den Quṣayr-Dokumenten sonst unbekannt.

Tf. 17

NUMMER 18

Aufstellung über zwei Lieferungen an Abū Mufarriǧ

(*Tafel 18*)

Quseir 1982 RN 1004a (SW-Bilder Quseir 1982 1004.1; 1004.2; 1004.3; 1004.4; Farb-Bilder)
6.2 cm hoch × 5.9 cm breit

Papier. – Auf Verso dieses Geleitschreiben. Von Recto liegt mir kein Scan vor. – Alle vier Ränder sind erhalten. Das Blatt ist von oben nach unten zweimal gefaltet worden, wobei der innere Teil am breitesten ist, die beiden äusseren Seiten also nach innen geklappt worden sind. – *min* (2; 3) besteht aus einem *ḥāʾ*-artigen Anstrich und einer leicht geschwungenen Linie von rechts oben nach links unten. – Einige Punkte. – Keine Vokalzeichen. – Von Guo publiziert als P.QuseirArab. I 40.

Eine Aufstellung über zwei Lieferungen an den *šayḫ* Abū Mufarriǧ. Die erste stammt von Bāǧī/Nāǧī und gehört zu einer Ladung (*ḥumūla*) per Nachtkarawane (*sawārī*) (aus dem Niltal). Die zweite Lieferung von einem Muʿīn wird im Anschluss an die erste erwähnt, ist also möglicherweise ebenfalls per Nachtkarawane unterwegs. Bemerkenswerterweise werden nur die Quantitäten angegeben, nicht aber die Art der Ware. Eine direkte Parallele zu diesem Stück bieten die beiden Geleitschreiben von **Nr. 19**.

Text

١ يسلم الى الشيخ ابو مفرج
٢ من باجي/ناجي [حمـ]ـلين ونصف وعـ«ـديـ»ـلتين
٣ من حمولة السواري
٤ و[ا]يضا ⟨من⟩ معين نصف حمل

---

١ الشسح – ٢ وعد«د»ـلمين – ٤ وايضا – معين

Übersetzung

1 Es sind zu übergeben dem *šayḫ* Abū Mufarriǧ **2** von Bāǧī/Nāǧī eineinhalb [Trag]lasten und zwei B«eu»tel (*ʿa«dī»latayni*) **3** von der Last der Nachtkarawanen/der Esel (*as-sawārī*).

4 Und auch ⟨von⟩ Muʿīn eine halbe Traglast.

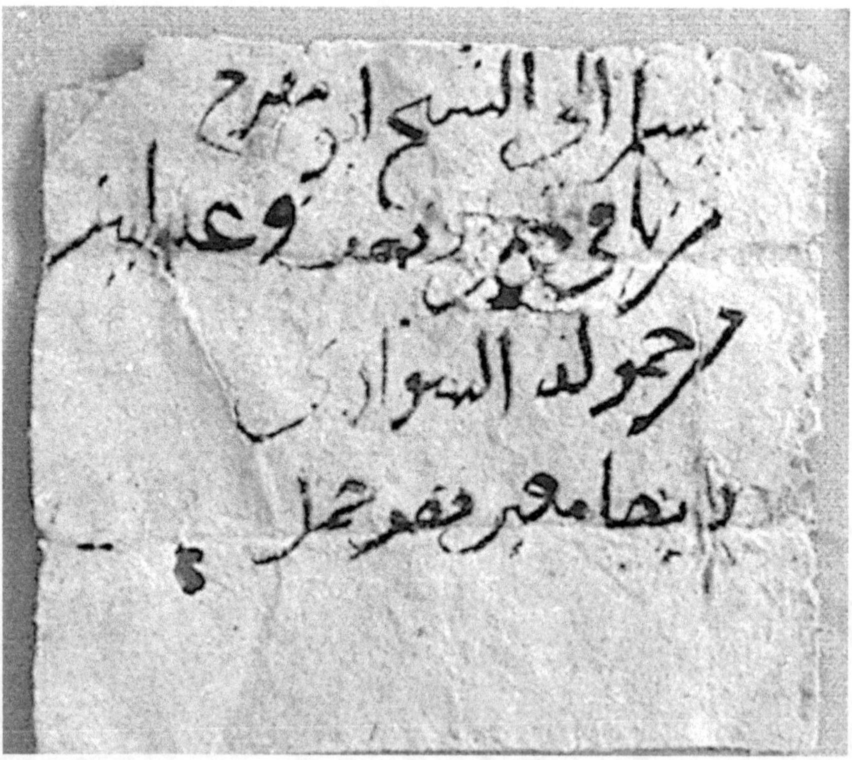

Tf. 18

Kommentar

2 *min bāğī/nāğī*:[147] Zu erwarten ist hier nicht eine Herkunftsangabe, sondern der Name des Transporteurs. Ob wir Bāğī oder Nāğī zu lesen haben, bleibt offen: beides ist punktiert belegt: ... *wa-qiṭʿatayni aruzzin ʿalà r-ruzzi maktūbun abū l-qāsimi* (5) *l-bāğī*[148] „... und zwei Stück Reis. Auf dem Reis steht geschrieben ‚Abū l-Qāsim (5) al-Bāğī'." (P.QUSEIRARAB. I 59.4–5); *mamlūkuhu ʿuṯmānu l-bāğī/n-nāğī*[149] (P.QUSEIRARAB. I 26r.1); *azīzu bnu sBBB an-nāğī*[150] *dirhamun wa-rubʿun* (P.QUSEIRARAB. I 67v.right 21).

2 *wa-ʿa«dī»latayni*:[151] *wa-ʿadīla[tu zaytin]* ... (5) ... *wa-ʿadīlatu zaytin*[152] (**Nr. 19**.2 und 5). In den Geniza-Dokumenten erscheint *ʿadīla* nicht.

3 *min ḥumūlati s-sawārī* „von der Last der Nachtkarawanen/Esel":[153] *min ḥumūlati aḥmārika s-saw[ārī]* ... (6) *min ḥumūlati s-sawārī* (**Nr. 19**.3 und 6). – *Sawārī* gehört zu *sāriya* „Gruppe, die bei Nacht reist" oder *sāriyāt* „Esel (pl.) (einer Nachtkarawane)". In den Dokumenten in arabischer Sprache und Schrift ist es bisher nur hier belegt, in den jüdisch-arabischen Dokumenten gar nicht.

4 *muʿīn*: Ein al-Muʿīn findet sich *in* QUSEIRARAB. 20v.9; ein Muʿīn ad-dīn in P.QUSEIRARAB. I 24v.5 und 12.

---

147 Guo *min nāğī* „from Nājī".

148 Das *bā'* ist klar punktiert. Guo *an-nāğī*.

149 Auf dem mir vorliegenden Scan ist bei *an-nāğī/al-bāğī* keine Punktierung zu erkennen.

150 *Nūn* und *ğīm* sind beide punktiert. Das Wort davor besteht aus *sīn* und drei Häkchen. Guo *ʿazīz ibn sī an-nāğī* „ʿAzīz b. Sī an-Nāğī".

151 Guos *wa-ʿidlatayni* „und zwei Traglasten" stimmt von der Anzahl der Häkchen her nicht; ausserdem ist *ʿidla* „Traglast" sonst nicht belegt.

152 Guo *wa-ġarbalatu zaytin* „an oil strainer".

153 Guo liest ebenfalls *min ḥumūlati s-sawārī*. Er übersetzt „on the boat named ‚Good Tidings'" und bemerkt, dies heisse wörtlich „carrier of ship-masts".

NUMMER 19

Zwei Geleitschreiben zu Lieferungen an Abū Mufarriǧ

(*Tafel 19*)

Quseir 1982 RN 1027b[154] (SW-Bild Guo, P.QuseirArab. I: 113 pl. 3; Farb-Bild Quseir 1982)
11.4 cm hoch × 7.2 cm breit

Papier. – Auf der einen Seite untereinander zwei Geleitschreiben; ein Scan der anderen Seite liegt mir nicht vor. – Das Blatt hat sieben Querfalze. – Finales *dāl* (*ʿadīl*[*a*] 2; *ʿadīlat* 5) und finales *rāʾ* (*mufarriǧ* 1; 4; *wa-rubʿ* 5; *as-sawārī* 6) sind fast vertikal. – *min* ist in einem zügigen Schriftzug geschrieben (*min* 1; 4; {*min*} 3; «*min*» 6). – Einige diakritische Punkte. – Keine Vokalzeichen. – Publiziert von Guo als P.QuseirArab. I 43.

Auf ein und demselben Blatt die Geleitschreiben zu zwei Öl-Lieferungen an den *šayḫ* Abū Mufarriǧ. Die erste stammt von einem Ḫāniʿ? und ist mit „Deinen Nachtkarawanen-Eseln“ (*aḥmārika s-sawārī*), d.h. denjenigen des Adressaten unterwegs. Bei der zweiten handelt es sich um eine Sendung eines Muqbil, ebenfalls mit den Nachtkarawanen (*as-sawārī*). Eine direkte Parallele ist hier **Nr. 18.**

154 Guo, P.QuseirArab. I: 38 meint mit „1027 d“ dieses Stück.

Text

١ يسلم الي الشيخ ابو مفرج من خانع
٢ حمل وثمانيه ويبات وعديلـ[ـة زيت]
٣ من حمولة احمارك السـ[ـواري]

٤ يسلم {من} الي الشيخ ابو مفرج من
٥ «مـ»قبل حمل وربع وعديلة زيت
٦ «من» حمولة السواري

---

١ الي الشيح ابو – خانع – ٢ وثمانيه ويباب – ٣ حمولة – ٤ يسلم – الشيح ابو مفرح – «مـ»عبل – وربع وعدبله زيت – السواري

Übersetzung

1 Es sind zu übergeben dem *šayḫ* Abū Mufarriǧ von Hāniʿ? 2 eine Ladung und acht *wayba* und ein Beut[el Öl] (*ʿadīla*[*t zayt*]) 3 von der Last Deiner Nachtkarawanen-Esel (*aḥmārika s-sawārī*).

4 Es sind zu übergeben {von} dem *šayḫ* Abū Mufarriǧ von 5 «Mu»qbil eineinviertel Traglast und ein Beutel (*ʿadīla*) 6 von der Last der Nachtkarawanen (*as-sawārī*).

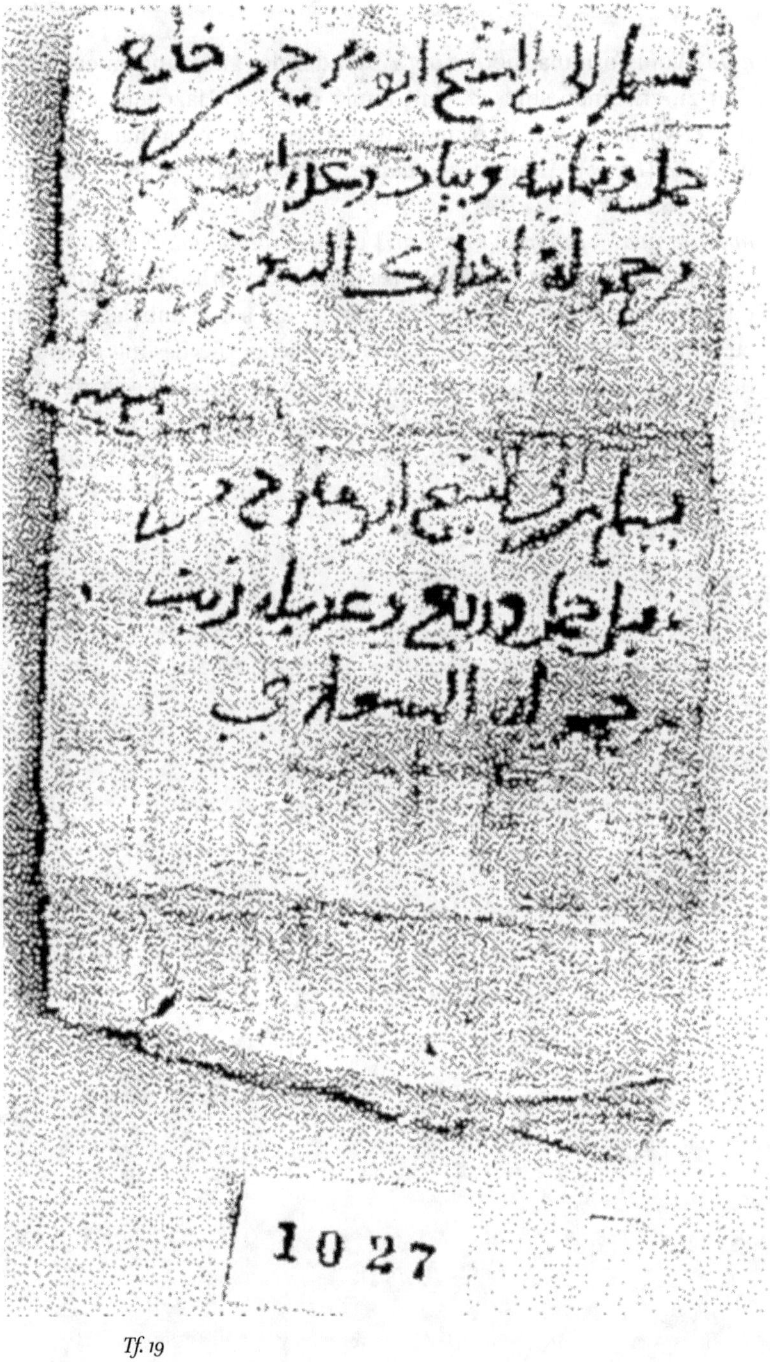

Tf. 19

Kommentar

1 *ḫāniʿ*: Vom Formular her ist der Absender der Lieferung zu erwarten. Klar zu erkennen sind *ḫāʾ* (mit Punkt darüber)-Häkchen-*ʿayn*. *Ḫāniʿ* „Unterwürfig“ ist mir als Name unbekannt, ist aber durchaus denkbar.

2 *wa-ʿadīla*[*t zayt*][155] und 5 *wa-ʿadīlat zayt*:[156] zu *ʿadīla* „Beutel“ siehe hier zu **Nr. 18.2.**

3 *min ḥumūlati aḥmārika s-saw*[*ārī*] und **6** *min ḥumūlati s-sawārī*: Die Lesung *aḥmārika* ist insofern unsicher, als der dritte Buchstabe eher ein Häkchen als ein *mīm* ist and *aḥmār* ein sonst unbelegter Plural zu *ḥimār* „Esel“ wäre. In der Sache überzeugt die Lesung aber. Guo liest *min ḥumūlati aḫbārika? s-sawārī* „to be loaded on the carrier ‚Your Good Tidings‘ bzw. *min ḥumūlati s-sawārī* „to be loaded on the carrier ‚[Your] Good Tidings‘“. – Weiter zu *as-sawārī* siehe hier zu **Nr. 18.3.**

5 *wa-ʿadīlat zayt*: siehe Z. 2.

6 *min ḥumūlati s-sawārī*: siehe Z. 3.

---

155 Guo *wa-ġarbalatu zaytin* „an [oil] strainer“; Diem, Review P.QuseirArab. I: 168 schlägt ohne Kenntnis des Scans *ʿadīla* „halbe Traglast“ vor.

156 Guo *wa-ġarbalatu zaytin* „an oil strainer“; Diem, Review P.QuseirArab. I: 168 *ʿadīla* „halbe Traglast“.

D

Ein Laufzettel

NUMMER 20

Vier Notizen: Bericht (*taḏkira*) (von Mubārak?) über die Entgegennahme von Pfeffer für Abū Mufarriğ, eine Ergänzung dazu, eine Notiz über weitere erhaltene Waren, und eine Notiz über die Schulden eines ʿAlī

(*Tafeln 20a und 20b*)

Quseir 1982 RN 1027e (SW-Bilder Quseir 1982 1027.gr; 1027.gv; Farb-Bilder)
13.5 cm hoch × 9.0 cm breit

Auf Recto und Verso vier Notizen von vier Händen. (**A**) r1–5 eine Notiz mit der Selbstbezeichnung „Bericht" (*taḏkira*) über eine Lieferung, (**B**) r6–7 die Bestätigung, dass die Lieferung tatsächlich erfolgt ist, (**C**) r8–10 auf dem Kopf stehend eine Notiz über eine weitere Lieferung, (**D**) v1–2 eine vierte, mit der dritten verbundene Notiz über die Schulden eines ʿAlī. – Alle vier Ränder sind vollständig erhalten. – (**A**): *Alif* wird nach links verbunden (*allaḏī* r2). Finales *ḍād* ist ohne Häkchen geschrieben; der Abschwung ist nicht rund, sondern gestreckt, mit einem kleinen Zusatzhäkchen am Schluss (*qabaḍa* r2; der obere Teil des *dāl* ist zu ergänzen in *muddayni* r5). Initiales *sīn/šīn* beginnt *fāʾ*-artig mit einer Schlaufe (*sabʿa* r3) oder sieht andeutungsweise wie ein mediales *hāʾ* aus (*šāʾa* r2). Mediales *fāʾ* ist eng und hoch (*filfil* r2; *al-fāʾiq* r2). *Kāf* hat medial (*taḏkira* r1), final (*laka* r5) und alleinstehend (*mubārak* r1) eine Oberlänge und wird beginnend mit der Oberlänge in einem Strich geschrieben. Initiales *mīm* besteht aus zwei, oben angesetzten Häkchen (*mubārak* r1; *mufarriğ* r2). – Einige diakritische Punkte. – Keine Vokalzeichen. – Publiziert von Guo als P.QuseirArab. I 60.

(**A**) Zuerst findet sich ein Bericht (*taḏkira*) über eine Doppel-Lieferung von ausgezeichnetem Pfeffer an Abū Mufarriğ, wobei der grössere Teil dem Yūsuf b. Barṭūṭ, der kleinere dem Adressaten (wohl dem Abū Mufarriğ selber) gehört. (**B**) Es folgt eine Notiz, dass der erwähnte Pfeffer von dem erwähnten *šayḫ* Yūsuf (von Mubārak oder von Yūsuf b. Barṭūṭ?) tatsächlich übernommen worden ist. (**C**) In einer dritten Notiz geht es um die Lieferung, die von einem … ʿĪsà an ʿAbd al-Wahhāb geht, und die der Schreiber an einen Muḥammad weitergegeben hat. (**D**) Schliesslich ein Vermerk über die Schulden eines ʿAlī. Insgesamt ein Laufzettel, der eine Lieferung begleitet.

 | DOI: 10.1163/9789004279605_007

Text

A

١ (لى) و

٢ تذكرة مبارك/مباركة ان شا الله

٣ الذي قبض بو مفرج فلفل القادم

٤ ليوسف بن برطوط سبعة وعشرين ويبه

٥ واحد عشر ويبه الا مـ⌊ـد⌋ين لك

B

٦ [و]قبض [مـ]ـن يد الشيخ يوسف المذكور

٧ الفلفل

C

٨ الذي قـ[ـبض] ... عيسى عن عبد

٩ الوهاب دفعته لمحمد اربعه دنانير

١٠ واحدى عـ[ـشـ]ـر قيراط ونصف

و ٤ ليوسف بن برطوط سبعه – وبه – ٥ عشر ويبه – مـ⌊ـد⌋ين – ٩ – دنانير

Übersetzung

A

r1 (Registervermerk)

2 Der Bericht von Mubārak (*taḏkirat mubārak*) / Ein gesegneter Bericht (*taḏkira mubāraka*) – so Gott will.

3 Was erhalten hat Bū Mufarriǧ an Pfeffer (*filfil*): angekommen 4 für Yūsuf b. Barṭūṭ, siebenundzwanzig *wayba*;

5 elf *wayba* weniger zwei *mu⌊dd⌋*, Dir gehörend.

B

6 Es hat erhalten über den erwähnten *šayḫ* Yūsuf 7 an Pfeffer [...].

C

8 Was er[halten hat] ... ʿĪsà von ʿAbd

9 al-Wahhāb, das hab ich gegeben an Muḥammad: vier *dīnār*

10 und elfeinhalb *qīrāṭ*.

Tf. 20a

Text

D

ظ ١ بقي على عيسى خمسة وتلاتين
٢ درهم الا ثمن

ظ ١ وبلاتىن

Übersetzung

D

v1 Es ist übriggeblieben als Schuld von ʿĪsà: fündunddreissig
2 *dirham* weniger ein Achtel.

Tf. 20b

Kommentar

A

r1 Zum Registervermerk siehe hier zu **Nr. 11.1.**

r2 *taḏkirat mubārak / taḏkira mubāraka*: der Begriff *taḏkira* „Bericht“ bezeichnet eine Aufzählung von Summen oder Waren, sozusagen die Mitschrift des mündlichen Berichts des Absenders (häufig in der 1. Person) an den Adressaten (häufig in der 2. Person).

(**a**) *Taḏkira* + Kurzbezeichnung der Waren meint „Bericht über (die gelieferten o. ä.) Waren“: *bi-smi llāhi r-raḥmāni r-raḥīmi* (2) *taḏkiratu mā waṣala* (3) *ilayya min dumnata* … (P.Prag.Arab. 64.1–3; 9. Jh.); *bi-smi llāhi r-raḥmāni r-raḥīmi* (2) *taḏkiratu* [*mā qa*]*baḍtu* (3) *mina bnay muḥammadin*[157](4) *abqāhumā llāhu* (5) *qabaḍtu minhu*[*mā*] … (P.Prag.Arab. 65.1–5; 9. Jh.); *taḏkiratu mā aǧlibu ilà makkata mina l-qaraẓi/qurṭi* … (P.World p. 156b.1–2; 9. Jh.); [*bi-smi llāhi r-raḥmāni r-raḥīmi*] (2) *taḏkiratu ḥisābi aḥmada r-rubbānīyi* … (P.Prag.Arab. 66.1–2; 10. Jh.)

(**b**) *Taḏkira* + Name des Absenders meint „Der Bericht des x“: *taḏkiratu mardūki bni mūsà n(ūḥō) ʿ(ēḏän)* (2) *hisābu d-darāhimi llaḏī anfaḏtu laka wa-ṯamanu l-barqalū* (3) *wa-mā baqiya min baʿdi ṯamanihi* (ENA 2591 12 Ar rechts.1–3; ca. 1075); *taḏkiratun li-barakāta bni ḫallūfa min* (2) *aḫīhi abū l-ḥasani law waṣaftu laka yā-aḫī* (3) *mā ǧarā ʿalayya min ḥassāna bni l-ḫuḍayrati la-mā* (4) *wasaʿahu kitābun* (Gen.Kingdom 638.1–4; 29. Mai 1037); [*taḏ*]*ki*[*ra*]*tu mubārakin* (P.Cair.IslArt inv.Quseir 1982 1018.1.1); *taḏkiratu walīyihi nahrāya bni nissīma n(ūḥō) ʿ(ēḏän)* (2) *waṣala kitābu l-amīri* … (TS Box J 2 66.1–2).

(**c**) Guo liest *taḏkira mubārak⟨a⟩* „a blessed certificate“, mit Guos (allerdings sehr unsicherer) Lesung *bayān mubā*[*ra*]*k* (P.QuseirArab. I 61.1) als Parallele. Nun ist *mubārak* sonst gut bekannt als Epithet einer Person, von Wasser, des Nils oder einer Zeitangabe, nicht aber als Epithet eines Schriftstücks. Ein starkes Argument für (c) ist allerdings das folgende *in šāʾa llāhu* „so Gott will, hoffentlich“, das eigentlich nur in diesem dritten Fall Sinn ergibt.

(**d**) Die Bezeichnung *taḏkira* erscheint auch innerhalb von Schriftstücken, häufig verbunden mit einer Aufzählung von Waren: *wa-taǧīʾ bi-šay mimmā fī t-taḏkirati* (Gen.Palestine 176r.18; ca. 1035); *wa-*

157 Diem, Review P.Prag.Arab. 1: 10. Grohmann *muǧaydin*.

taǧtahid fī mā katabtu laka fī t-taḏkirati (TS 10 J 20 4.8; ca. 1045); *wa-taqūl lahu štarī lī s-saqaṭa llaḏī katabtu laka fī t-taḏkirati fa-innahā* (22) [...] (GEN.SICILY 58 = GEN.KINGDOM 562r.21–22; ca. 1050); *wa-ḫāṭabtuhu ʿalā mā waṣṣaytanī bihi fī t-taḏkirati* (GEN.KINGDOM 606r.9; ca. 1055); *wa-katabtu laka fī t-taḏkirati an taštariya lī miʿǧar kuḥlī min* (8) *dīnārayni wa-niṣfin ilà mā dūna ṣaḥīḥa s-silki wa-laʿalla ṭāʾifī bi-10 qi(rāṭ)* (*wa-1/2*) (9) *ḏahab* (GEN.KINGDOM 726r.7–9; ca. 1055); *taḏkiratun li-muḥibbihi mūsà bni abī l-ḥayyi* (2) *taraktu ʿinda ra«bbēnū» aḥyāhu* (3) *llāhu*[158] (GEN.KINGDOM 456r.1–2; ca. 1080); *taḏkiratun muwaǧǧahatun li-sayyidī* (JOHN RYLANDS LIBRARY A685-1r.1; around 1100); *wa-ammā l-*(15)*ḥawāʾiǧu llaḏī fī t-taḏkirati* (TS 13 J 20 8v.14–15; 1100–1130); *wa-ammā mūṣilu* (13) *hāḏihi l-aḥrufi fa-in anʿamat bi-taḏkiratin sallamahā lahu* (GEN.FRENKELCOMPASSIONATE 61r.12–13; ev. 1141); *wa-t-taḏkiratu llaḏī qad* (3) *anfaḏtu maʿahu yatafaḍḍal yanḍur* (*l. yanẓur*) *mā fīhā wa-lā yaġfal ʿan dīn(āri)* (4) *ṣarfin yaštarīhi lahu ka-mā saʾaltuhu* (BM 5566 D 3b.2–4); *wa-ḏakarta* (23) *širāʾa kiswatin ilà sayyidī abū l-faḍli sallamahu llāhu wa-ḏakarta annahā maktūbatun fī t-taḏkirati* (24) *wa-mā waǧadtu fī t-taḏkirati šay* (GEN.GOITEINJEWISHTRADE 8.22–24); *wa-ammā* (11) *r-ridāʾu s-saġīru llaḏī ḏakarta fī t-taḏkirati lam naqdur ʿalayhi wa-law lam nuṭawwil rūḥī* (12) [*mā qadartu ʿalā hāḏī l-ḥawāyiǧi*] (TS 8 J 18 33.10–12); *bə-šimḵā* (2) *taḏkiratun ilà sayyidī abī l-karami marwāna aṭāla llāhu* (3) *baqāʾahu tatafaḍḍal yā mawlāya ka-mā lam tazal ʿuwāyiduka* (*l. uʿāyiduka?*) (4) *wa-taštarī lī* ... (TS 8 J 25 20.1–4); *wa-lā taqtaʿ kitābataka ʿannā* (8) *wa-aštahī tusayyir lī t-taḏkirata min kulli* (9) *buddin* (TS 8 J 39 11v.7–9).

Zusammenfassend ergibt sich eine unklare Situation: Entweder haben wir hier den gut bekannten Fall (b), also *taḏkirat mubārak* „den Bericht von Mubārak", wobei dann das folgende *in šāʾa llāh* in der Luft hängt. Oder wir haben den sonst unbekanten Fall (c) *taḏkira mubāraka in šāʾa llāh* „einen – hoffentlich gesegneten – Bericht".

r3 Bei *filfil* fehlt der Artikel. Guo zieht das folgende Wort zu *filfil* und liest *filfil al-ʿādī* „pepper of regular quality", wogegen spricht, dass mediales *ʿayn* mindestens in *sabʿa* (r4) sehr viel ausgeprägter ist.

r4 *illā mu⌊dd⌋ayni*:[159] Der Verkauf von Pfeffer nach *mudd* ist belegt in *wa-kāna bayʿu n-nāsi fī l-mahdīyati* (7) *laka mudd filfil 62 qisṭ 35 baqam*

158 Im Princeton Genizah Project ohne Verfasserangabe *taraktu ʿinda ra«bbēnū» abī l-ḤA*[...] (3) ... (22. Februar 2013).

159 Guo *illa suds* „minus one-sixth *wayba*".

55 nīl 120 (8) kattān ṭayyib 14 dī(nār) (TS NS J 291.6–8; 1170–1230). – Der Verkauf von Pfeffer nach *wayba* ist meines Wissens sonst nicht belegt.

C

r9–10 In *dafaʿtuhu li-muḥammadin arbaʿata danānīra (10) wa-iḥdà ʿa[ša]ra qīrāṭ wa-niṣf*[160] liegt *dafaʿtu* „ich habe es gegeben" vom folgenden *li-* und dem direkten Objekt her näher als Guos *ruqʿa* „a letter".

160 Guo *ruqʿa li-muḥammadin arbaʿata danānīra wa-iḥdà ʿa[ša]ra qīrāṭ mina l-wahhābi* „a letter to Muḥammad [regarding] four dirhams and eleven *qīrāṭs* of [...]."

E

Weitere Geschäftsbriefe und Geleitschreiben

NUMMER 21

Formeller Brief von Abū ʿUṯmān an seinen Geschäftspartner Abū Isḥāq, den ganzen Bestand an Essig zu verkaufen und den Erlös an ʿAbd al-Muḥsin, der sich in einer Notlage befindet, weiterzugeben

(*Tafeln 21a und 21b*)

Quseir 1982 RN 1029a (SW-Bilder Quseir 1982 1029.ar.1; 1029.ar.2; 1029.av; nur recto: Farb-Bild)
23.9 cm hoch × 8.6 cm breit

Papier. – Auf Recto dieser Geschäftsbrief, auf Verso (Blattwendung →) die Adresse. – Das Stück ist vollständig erhalten, abgesehen von Zeile 9, die fast ganz verschwunden ist. Der obere Rand ist über den Registervermerk und die Basmala gesichert, der rechte Rand über den Nachtrag, der linke Rand über die für die letzten Wörter einer Linie typische Höherstellung (*al-muwa*[*qqa*]*r* r3; *aš-šayḫ* r7; «*li-a*»*ṣḥāb* r11; *ilà* r12). Am unteren Rand müssen eine oder mehrere Zeilen fehlen, denn die (hier nur unsicher gelesene) letzte erhaltene Zeile passt nicht mit dem rechten Rand zusammen. – *Alif* ist nach links verbunden (*abū* r4; *isḥāq* r4; *ibrāhīm* r4; *sāʿat* r6); die Ligatur *alif-lām-alif* beginnt mit einem kleinen Aufstrich und ist insgesamt gegen rechts geneigt (*al-aǧall* r3; *al-aḥruf* r5). Bemerkenswert ist die Verbindung des finalen *alif* von oben her mit dem folgenden initialen *ʿayn* (*sāʿat* r5). In der Ligatur initiales *ǧīm/ḥāʾ-rāʾ* beginnt *rāʾ* rechts unter *ǧīm/ḥāʾ* (*al-aḥruf* r5; *ǧarat* r10). Initiales *ǧīm* hat keinen Abschwung (*al-aǧall* r3). Finales *ʿayn* ist riesig (*tabīʿu* r6; *ǧamīʿ* r11). *Kāf* hat initial (*mamlūkuhu* r2; Rand; *ka-mā* r10; [*ʿa*]*datuka* (*l.* [*ʿā*]*datuka*) r11; *wa-kibārika* Rand) und final (*wuqūfika* r5; *ʿindaka* r6; *minka* r10; *ṣiġārika* Rand; *wa-kibārika* Rand) einen langen Oberstrich. *Lām* endet final nicht in einem Bogen (*al-aǧall* r3; *al-ḫall* r6; *tafaḍḍul* r10); in der Ligatur *lām-alif* wird das (bekanntlich linksstehende) *alif* eingekrümmt und bildet einen gegen unten offenen Halbkreis (*wa-tawallāhu* r4; *al-mawlā* r12; undeutlich *li-aṣḥāb* r11); die Ligatur *lām-yāʾ* wirkt wie ein grosses *lām* (*taʿālà* r4; r7; *ilà* r7, nicht aber *ʿalà* r8). *Hāʾ* hat final einen End-Abstrich gegen oben rechts (*wa-tawallāhu* r4; stark in *waḥdahu* Rand) und alleinstehend An- und Abstriche von oben rechts her und gegen oben links (*hāḏihi* r5; *wa-wālida* Rand; übertrieben *al-ʿazīza* Rand). – In *ilà* ist finales *yāʾ* nach rechts gezogen. – Einige diakritische Punkte. – Keine Vokalzeichen. – Nur Recto publiziert von Guo als P.QuseirArab. I 22.

 | DOI: 10.1163/9789004279605_008

Der Absender, Abū ʿUṯmān, bittet seinen Geschäftspartner, den *šayḫ* Abū Isḥāq Ibrāhīm, sofort nach Erhalt des Schreibens den Bestand an Essig zu verkaufen, der ihm (dem Absender) gehört und sich beim Empfänger befindet. Den Erlös möge er dem *šayḫ* ʿAbd al-Muḥsin übergeben, der in einer Notlage steckt und dem Empfänger anscheinend wohl bekannt ist. Der Absender lässt die Familie des Empfängers grüssen, gross und klein, besonders auch seine (des Empfängers) Mutter.

Text

و ١ (لنى) «مـ»ـمد[ـو]كـ[ـه] ابو عثمان

٢ بسم (الله الرحمن الرحيم)

٣ يخدم حضرة الشيخ الاجل الموفق السعيد المو[قـ]ـر

٤ ابو اسحق ابرهيم سلمه ‹الله› تعالى وتولاه

٥ ساعـ[ـة] وقوفك علي هذه الاحرف

٦ تبيع الخل الذي عندك بـ[ـما] طعم الله

٧ تعالى ورزق وتسلم الثمن الي يد الشيخ

٨ عبد المحسن يستعين بها علي السو

٩ ....

١٠ تفضل منك واحسان كما جرت

١١ به «عـ»‹ا›دتك «علـ»[ي] جميع [...] ضـ«ـعف»ـا الاصحاب

١٢ .... المولا .... الى

أخير [ولله]

ه ١ الحمد وحده

ه٢ وعلي صغارك وكبارك السلام

ه٣ وبركاته وعلي الوالدة العزيزة [السلا]م

ه٤ مابه علي المولا؟ برحمة الله

ه٥ مملوكه ..... الله تعالى والسلا[م]

و ١ لنى – ٢ بسم – عمان – اسحق – ٥ وقوفک علي – الاحرف – ٦ الدي – ٧ وررق – الدي – ٧ الي – ٨ عبد – تفضل – ١٠ حرت – ١١ «عـ»‹ـا›دتک – ه ٢ وعلي – ه ٣ وعلي – ه ٤ علي

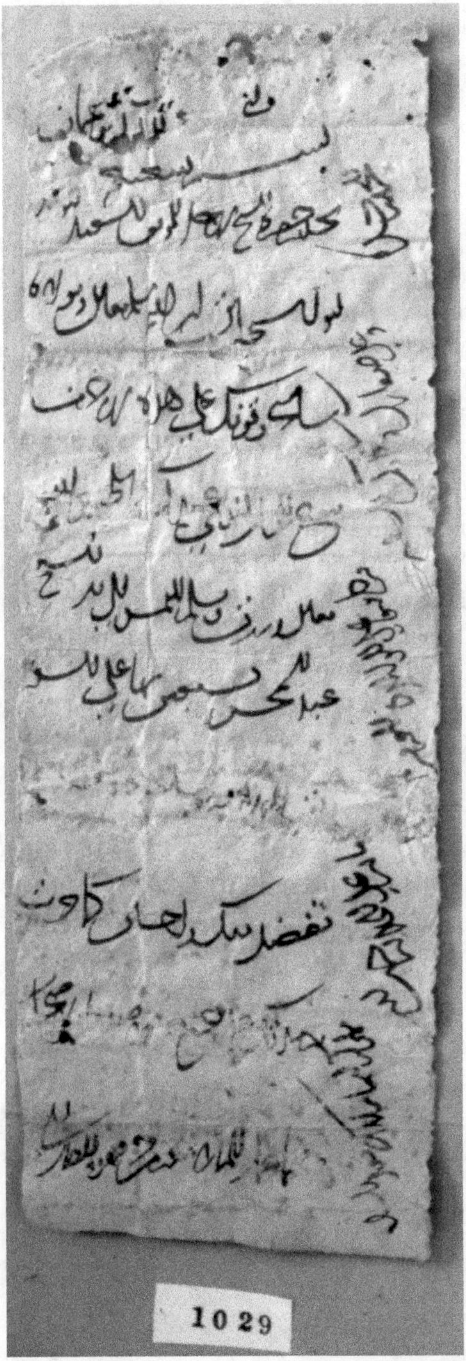

Tf. 21a

ظ ١ [يـصـ]ـل هذ«ه» الا[حر]ف [الى الشيخ] ابرهيم [...] ....

٢ «الى» [سا]حل [القصير بلغ تـ]ـؤجر

Übersetzung

r1 (Registervermerk) «Sein» Die[ner] Abū ʿUṯmān

2 Im Namen (Gottes des Barmherzigen des Allerbarmers)

3 steht zu Diensten Seiner Hoheit, des erhabensten, erfolgreichen, glücklichen, und ehr[wür]digen *šayḫ* **4** Abū Isḥāq Ibrāhīm – behüte ihn ⟨Gott⟩ – erhaben ist er – und schütze ihn. **5** Sobal[d] Du diese Buchstaben (diese Mitteilung) liest, **6** verkaufe den Essig, der bei Dir ist, um [das (den Preis)], mit dem Gott – erhaben ist er – speist **7** und erhält, und übergib den Erlös dem *šayḫ* **8** ʿAbd al-Muḥsin, damit dieser sich damit gegen Schlechtes schützt. **9** .... **10** aus Güte von Deiner Seite aus und Wohltun, wie es Deine **11** «G»[e]wohnheit ist «gegen»[über] allen ... Be«dürfti»gen von den Genossen **12** .... der Patron (*mawlà*) .... zu **ultima** [... – Gott] **Rand 1** sei Lob allein. **Rand 2** Deinen Kleinen und Deinen Grossen Gruss **Rand 3** und Seine Segenswünsche. Der lieben Mutter [Grus]s. **Rand 4** .... für den Herrn? durch die Barmherzigkeit Gottes. **Rand 5** Sein Diener .... Gott – erhaben ist er. Gruss!

v1 [Es mögen gelang]en dies«e» Bu[chsta]ben (diese Mitteilung) [an den *šayḫ*?] Ibrāhīm [...] .... **2** «in» [den Ha]fen [von al-Quṣayr. Übermittle! – mögest Du (von Gott) be]lohnt werden.

Tf. 21b

Kommentar

r1 Den Registervermerk versteht Guo als Abkürzung einer zweiten Basmala und will daher die Basmala auf Zeile 2 streiche. Diem, Review P.QuseirArab. I: 167 hingegen liest ohne weitere Charakterisierung *w-l-y*. Mir scheint das scheinbare *wāw* allerdings nur ein Loch zu sein, ich lese daher *l-n-y*, mit Punkt auf dem *nūn*. Weiter zum Registervermerk siehe hier zu **Nr. 11.1**.

r2 *abū ʿuṯmān*: siehe hier zu **Nr.** 5r.3 und v2.

r3–4 *yaḫdumu ḥaḍrata š-šayḫi l-aǧalli l-muwaffaqi s-saʿīdi l-muwa[qqa]ri* (4) *abū isḥāqa ibrāhīma*:[161] Den Briefanfang *yaḫḍumu* hat auch: *maml[ūku maǧlisi]hi [ʾs-s]āmī* … (3) *yaḫdumu l-maǧlisa s-sāmiya l-aǧallīya l-mawlawīya* … (P.Berl.Arab. II 35r.1–3; 11. Jh.); *al-faqīru ilà llāhi ʿazza wa-ǧalla yaḥyà bnu ʿabdi s-salāmi yaḫḍumu maǧlisa l-mawlā l-qāḍī l-aǧalli* … (P.Heid.Arab. II 69.2; 14. Jh.); (*Rand 2*) *al-mamlūku l-aṣġaru* (*Rand 3*) *yūnusu n-naḥḥālu* (2) *yaḫḍumu wa-yastawḥišu min ḫidmati š-šayḫi* (3) *ṣ-ṣāliḥi* (P.Vind.Arab. I 9.2–3; 14. Jh.); *al-mamlūku* … *yaḫḍumu wa-yastawḥišu min ḫidmati l-qāḍī* (P.Vind.inv. A.Ch. 1357r.2, zitiert Diem, P.Vind.Arab. I: 53 zu 9.2); *mamlūkuhu abū bakrin* (2) *yaḫḍumu l-mawlā* (Privatsammlung, erwähnt Diem, P.Vind. Arab. I: 305 zu 69.2); *al-mamlūku makīnu* […] (2) *yaḫdumu k(əḇōḏ) g(əḏullat)* […] (Ryl A 546-1.1–2); *ōhaḇō šəmūʾēl yaḫdumu ḥaḍrata mawlāya l-aḫa l-ǧalīla l-ʿazīza* (4) *š-šayḫa abū r-rabīʿi adāma llāhu ʿizzahu* (TS 8 J 15 15.1–3); *al-mamlūku ṭāhōr b(än) r(abb) aḇrāhām n(ūḥō) ʿ(ēḏän)* (2) *yaḫdumu l-maǧlisa s-sāmiya l-aǧallīya r-rāmiya l-warʿīya* (3) *adāma* […] (TS 8 J 26 8r.1–3); *al-mamlūku ṭāhōr b(än) r(abb) aḇrāhām n(ūḥō) ʿ(ēḏän)* (2) *yaḫdumu l-maǧlisa s-sāmiya l-aǧallīya r-rāmiya l-warʿīya l-ʿāmilīya* (3) *l-ʿālamīya k(əḇōḏ) g(əḏullat) q(ōḏšō) m(ōrēnū) w(ə-rabbēnū) yōsēf wa-k(əḇōḏ) g(əḏullat) q(ōḏšō) m(ōrēnū) w(ə-rabbēnū) yiṣḥāq* SW *banī* (4) *k(əḇōḏ) g(əḏullat) q(ōḏšō) m(ōrēnū) w(ə-rabbēnū) mənaḥām* … (TS 8 J 40 9r.1–4). – Zu den Epitheta: [*il*]*à ʿi*[*n*]*di* [*ʾ*]*l-wālidi l-ʿaz*[*ī*]*zi l-*[*mu*]*wa*[*ffa*]*qi* [*s-saʿī*]*di* (P.Berl.Arab. II 84r.2 13. Jh.); *wa-ka-ḏālika ḥaḍratu mawlāya l-amīru* (6) *l-aǧallu l-muwaffaqu l-muntaḫabu šuǧāʿu d-dawlati* (P.Vind.Arab. I 42v.5–6; 12. Jh.); *aš-šayḫu l-aǧallu l-muwaqqaru s-saʿīdu l-mawlā naǧību* (P.QuseirArab. I 14r.1); *allaḏī uʿlimu bihi l-aḫa l-ʿazīza l-muwaffaqa*

161 Diem, Review P.QuseirArab. I: 167 *yaḫdumu* „entbietet seine Dienste", dann *ibrāhīm* mit *alif*. Guo *yuḥayyī* „greets", dann *al-muwaqqari*, dann *ibrāhīm* ohne *alif*.

(4) *s-saʿīda l-muḥtarama l-amīna abī isḥāqa* (5) *ibrāhīma* (P.Quseir Arab. I 20r.3–5); *yuqabbilu l-arḍa bi-l-maǧlisi s-sāmī l-aǧallīyi l-ʿālī l-muwaqqari* (3) *s-saʿīdi abā* zikrī[162] (P.QuseirArab. I 74.2–3); [*allaḏ*]*ī uʿlimu bihi l-wālidata l-ʿazīzata l-muwaffaqata s-saʿīdata* (P.Quseir Arab. I 78.r2); *allaḏī uʿlimu š-šayḫa l-aǧalla l-muwaffaqa s-saʿīda* (3) *abū l-ġayṯi* (hier **Nr. 24r**.3–4); (*r b*.2) *yaḫdumu l-ǧanāba* [*l*]-*ʿāliya l-amīrīya ṣ-ṣadrīya* ... (*v d*.3) *yaḫdumu l-ǧanāba l-ʿāliya l-amīrīya ṣ-ṣadrīya* ... (*v q*.3) *yaḫdumu l-ǧanāba l-ʿāliya l-qaḍāʾīya ṣ-ṣadrīya* [...] (*v s*.2) *yaḫdumu* [*l-*]*ǧanāba l-ʿāliya l-mawlawīya* (*v s*.3) *ṣ-ṣadrīya r-rayyisīya l-ʿalamīya adāma llāhu niʿmatahu* (*v s*.4) *wa-ǧaʿala l-arḍa bi-asrihā ...hu* (P.Vind.Arab. III 80r b.2; v d.3; q.3; s.2–4; ca. 1343; Schreibübungen).

r5 *sāʿa*[*ta*] *wuqūfika*: Guo liest *sāʿata* mit normalem *tāʾ*. Da aber nur *sāʿa*[...] zu sehen ist und der Platz dann sehr beschränkt, ist *tāʾ marbūṭa* zu ergänzen.

r6 *al-ḫall*[163] „den Essig": Vom Schriftbild her ist die Lesung eindeutig. *ḫall* „Essig" ist in den Quṣayr-Dokumenten sonst nicht belegt.

r6–7 *bi-*[*mā*] *ṭaʿʿama llāhu* (*r7*) *taʿālà wa-razaqa* „um [das (den Preis)], mit dem Gott – erhaben ist er – speist (7) und erhält":[164] Gemeint ist, dass der Empfänger nicht warten, sondern die Ware nach Ankunft des Briefes bei einem (einigermassen vernünftigen) Angebot sofort verkaufen soll.[165] Die Formel erscheint in den Quṣayr-Dokumenten und in den Geniza-Briefen in leicht verschiedenen Formen:

(a) als *bi-mā ṭaʿʿama/aṭʿama/qasama llāhu wa-razaqa*: *fa-llāhi llāhi sāʿata wuṣūlihā ilayka*[166] (*r10*) *lā tuḫallīhā taqʿudu sāʿatan wāḥidatan* (*r11*) *fa-tabiʿhā*[167] *bi-mā ṭaʿʿama llāhu wa-razaqa* (P.QuseirArab. I 1r.9–11); *fa-yatafaṭṭali* (*l. yatafaḍḍali*) *l-mawlā yaqifu maʿa mūṣili hāḏihi l-aḥrufi* (*r6*) *wa-yabīʿhā bi-mā ṭaʿʿama llāhu wa-razaqa wa-yusallim*[168] *lahu l-mablaġa wa-yusayyir lanā ruqʿatan li-aṣrifa* (P.Quseir Arab. I 6r.5–7); *fa-anʿim tabiʿhā bi-mā ṭaʿʿama llāhu* (5) *wa-razaqa*[169]

162 Guo *zakarīyāʾa*.

163 Guo *al-faḫḫār* „the pottery".

164 Guo „as God Almighty has fed and provided".

165 Goitein, Society I: 185f. A. 9 (p. 445); Friedmann, Review P.Quseir I: 406.

166 Guo *sāʿata wuṣulin laka llaḏī* [?] „as soon as the aforesaid [shipment] arrives".

167 Guo *tabīʿhā*.

168 Guo *taqif* ... *wa-tabīʿhā* ... *wa-tusallim* ... Da aber das *yāʾ* von *yusallimu* punktiert ist, ist wohl überall die 3. Person zu lesen.

169 Guo zieht den Beginn zum vorhergehenden *wa-lā ḫabara*, liest *ǧāʾyīhi* ... und übersetzt „nor any information about its coming", liest weiter *bīʿhā mā ṭaʿama llāhu* (5) *wa-razaqa*

(P.QuseirArab. I 20v.4–5; hier ist mir kein Scan verfügbar); mit unklaren Bezügen ... *yabtā*[*ʿu*] (*6*) *bi-mā ṭaʿʿama*[170] *llāhu wa-razaqa wa-ini btāʿa/nbāʿa* ... (P.QuseirArab. I 21v.5–6); *wa-in dāfaʿa ʿan ḏālika kāna li-abū saʿdin dan*(*ā*)*n*(*īru*) *mē-ʿaḵšāw muṭlaqu* (*41*) *bayʿi d-dāri l-maḏkūrati l-laḏi katabahā rahn taḥta yadihi bi-mā aṭʿama llāhu wa-razaqa fī* (*42*) *ḏālika l-waqti* (Bodl Ms Heb a 3 8.40–42; Dezember 1134); *min tafaḍḍulihi bayʿu raḫlika bi-mā qasama llāhu taʿālà wa-razaqa* (Gen.IndiaBook b 46.37; ca. 1135); *taǧtahid* (*1*) *yā mawlāya fī bayʿi l-ǧamīʿi ka-mā ʿawwadta min tafaḍḍulika bi-mā qasama llāhu* (*2*) *wa-razaqa* (ts as 146 12.9 + ts ns j 181.1–2; 1136–1139); *fa-tunʿim wa-tabīʿ li-ʿabdika* (*52*) *ḏālika bi-mā qasama llāhu taʿālà wa-razaqa wa-taštarī li-ʿabdika mā* (*53*) *qasama llāhu taʿālà* (ts 24 64r.51–53; nach 1139); *illā yaḏkuru an* (*33*) *taštariya bi-mā qasama llāhu wa-razaqa* (Gen.IndiaBook c 12–14r.32–33; 1146); (*right margin*) *wa-tabīʿhā sāʿata wuṣūlihā bi-mā ṭaʿʿama llāhu wa-razaqa* (*top margin*) *bi-lā taʾḫīr wa-lā tawānī* (*l. taʾānī*) (Bodl Ms Heb d 66 52r.right margin 9 and top margin).

(**b**) in der Kurzform *bi-mā qasama llāhu*: [...]*mʾ bi-mā qasama llāhu* (P.Vind.Arab. I 49r.6; 10. Jh.); *wa-uḥibbu lā tufriṭ lī fī abū l-ʿirāqīyi taṭlub* (*3*) *minhu l-waraqa wa-z-zaʿfarāna tabīʿ lahu bi-mā qasama llāhu* (Gen.Sicily 104 = Gen.Kingdom 334v.2–3; ca. 1050); *uḥibbu yaʾḫuḏu ʿalà sayyidī abū yaʿqūba yūsufa bni faraḥin adāma llāhu ʿizzahu fī bayʿi ṣ-*(*9*)*ṣābūni ka-mā qasama llāhu wa-lā yuʾaḫḫirhu* (Gen.Kingdom 554v.8–9; ca. 1056); [...] *bi-mā qasama llāhu taʿālà wa-lā tuḫallif bayʿahu* (Gen.IndiaBook c 11r.44; 1140); [...] *tabīʿ bi-mā qasama* (*4*) *llāhu* (ts 13 j 21 12.3–4; Ende Dez. 1141); *kunta taštarī mā qasama llāhu taʿālà mina* (*26*) *l-filfili wa-ġayrihi* (ts 18 j 4 18r.25–26; 1146); [*wa-kāna*] *muʿawwilun ʿalà bayʿi bāqī raḫlihi bi-mā qasama llāhu* (ts 10 j 20 17.9); *wa-ttafaqta maʿa aḫīhi kullumā tabīʿu lahu dan*(*ānīr*) *131 fa-ayš-mā waṣalahu lahu* (*l. laka?*) (*17*) *tabīʿhu wa-t*[...] *ka-mā qasama llāhu* [...] (ts 12 270v.16–17); *wa-tabīʿhā ka-mā qasama llāhu* (ts 13 j 21 28r.27). Weiter hierzu s. Goitein, Society I: 445 A. 9 (mit weiteren Beispielen); Diem, P.Vind.Arab. I: 341 zu 49r.6.

---

und übersetzt „[So] you may sell them as God so provides (5) and feeds". Friedman, Review P.QuseirArab. I: 406 *fa-anʿim bīʿhā bi-mā ṭaʿʿama llāhu* (*5*) *wa-razaqa* „So please sell for whatever price God grants as nourishment and livelihood"; Diem, Review P.QuseirArab. I: 167 ... *bi-mā* ... Am besten liest man *fa-anʿim tabiʿhā*, denn *nūn* und *bāʾ* sind punktiert.

170 Guo *ṭaʿama llāhu wa-razaqa* „as God so provides and feeds".

(**c**) im abhängigen Satz als *bi-mā yaqsimu llāhu wa-yarzuqu*: *annahu yasīru bihā ilà siqillīyata wa-ǧuʿila lahu yabīʿuhā bi-mā yaqsimu llāhu* (*16*) *wa-yarzuqu wa-iḏā sāhala llāhu taʿālà bi-bayʿihā* … (GEN. PALESTINE 394.15–16; 23. März 1058); *wa-staqarra l-ḥālu baynī wa-bayna ḥasanin ha-kōhēn bar salmān annī ana usāfiru bi-hāḏihi l-baḍāʾiʿi* (*15*) *ilà siqillīyata wa-ǧuʿila lī bayʿuhā bi-mā yaqsimu llāhu taʿālà wa-yarzuqu* (GEN.PALESTINE 395.14–15; 3. Januar 1059).

(**d**) nominal als *bi-qismi llāhi wa-rizqihi*: *yatafaḍḍal mawlāya yuqaddim bayʿahā lī* (*17*) *bi-l-qismi* (GEN.KINGDOM 517r.16–17; ca. 1056); *wa-taʿmal* (*12*) *fī ǧamīʿi r-raḥli l-laḏī yamunna bi-salāmatihi tabīʿhu bi-qismi* (*14*) *llāhi wa-rizqihi* (GEN.KINGDOM 463r Rand rechts.13–14; ca. 1057); *wa-la-qad* (*15*) *saʾaltu l-ḥabra* (*16*) *an yubāʿa* (*17*) *lahu bi-l-*(*18*)*qismi wa-r-*(*19*)*rizqi wa-lā* (*20*) *yatawānā* (*l. yataʾānā*) (*21*) *fī ḏālika* (GEN.PALESTINE 516r Rand rechts.14–21; Anfang November 1058); *fa-tastaḫīri* (*12*) *llāha taʿālà wa-tuḥallil ǧamīʿa mā ʿindaka bi-l-qismi wa-r-rizqi* (GEN.SICILY 86 = GEN.KINGDOM 373r.11–12; 3. 12. 1063); *wa-r*(*abb*) *ibrāhīmu bnu t-tilmīḏī yaḫuṣṣuka bi-s-salāmi wa-yasʾaluka bayʿa* (*7*) *l-qirfati bi-l-qismi wa-r-rizqi wa-taǧīb lahu ṯ-ṯamana maʿaka* (GEN.PALESTINE 508v.6–7; ca. 1067); *wa-saʾalaka an tabīʿahā* (*9*) *lahu bi-l-qismi wa-r-*(*10*)*rizqi* (MOSSERI L62A top.8–9); *tabīʿ anta wa-barhūnu l-ǧamīʿa bi-qs* (*Rand: bi-qismi*) *llāhi wa-rizqihi* (TS 8 J 18 16.6); *bīʿ lī* (*21*) *bi-l-qismi wa-r-rizqi* (TS 12 124a.20–21); *wa-tabīʿ lī l-qazdīra* (*2*) *bi-l-qismi wa-r-rizqi sallamaka* (*3*) *llāhu* (GEN.GOITEINJEWISHTRADE 19a.Rand 1–3); *wa-saʾaltuka an tatafaḍḍala wa-taqbiḍa*[*hum*] (*4*) *wa-tabīʿahum li-l-waqti bi-l-qismi wa-r-rizqi* (GEN.KINGDOM 808r.3–4; ca. 1050); *fa-arǧū mina llāhi tataḥarraku l-aswāqu baʿda l-fisḥi wa-naʿmalu ʿalà* (*9*) *l-bayʿi bi-l-qismi wa-r-rizqi wa-naštarī mā yulhimunī llāhu ilayhi mā fīhi l-ḫayru* (GEN.GOITEINJEWISHTRADE 5; 1000–1030).

(**e**) schliesslich verkürzt nominal als *bi-qismi llāhi*: *nabīʿuhu bi-qismi llāhi* (GEN.KINGDOM 364v.8; ca. 1057).

r8 *yastaʿīnu bihā* (*l. bihi*) *ʿalà s-sūʾi.*[171] Die Formel *istaʿāna bi-šayʾin ʿalà šayʾin* erscheint bei Bitten um einen Geldbetrag, mit dem sich der Empfänger vor etwas Schlechtem schützt bzw. etwas Gutes unterstützt: *an tusāʿidanī bi-šuwayyin yasīrin astaʿīnu bihi ʿalà fikāki* (*46*) *r-ruhūni* (TS 20 28.45–46; ca. 1040); *fa-tuḥsin murāʿātahu* (*4*) *wa-taštamil ʿalayhi fī mā yaḥṣilu lahu yastaʿīnu bihi ʿalà zamānihi* (GEN.PALESTINE 385.3–

---

171 Guo *li-yaṯmira bihā ʿalà s-sūqi* „so that he may invest the money in the market (?)". Diem, Review P.QuseirArab. I: 167 *yastaṯmira*.

4; ca. 1051–1062); *wa-rubbamā yakūn qad M(20)ŠY' yaruddu ʿalayya šay astaʿīnu bihi ʿalà umūrī wa-ʿalà man yulzimunī amrahu* (TS 12 78or.19–20; ca. 1090–1100); *fa-iḏā kunta* [...] *fī ḍīqatin fa-lā tuwaǧǧih šay astaʿīnu bihi ʿalà nafsika* [?] (ENA 1822 A 48.5; 12. Jh.); *fa-tusāʿiduhu (13) min ʿindī wa-min ʿindika bi-šay yastaʿīnu bihi ʿalà (14) zamānihi* (ENA 1822 A 7r.12–14); [... *umm*] *(6) waladī bi-šay aǧʿaluhu ʿalà nafsī lahā tastaʿīnu bihi ʿalà zamānihā l-b*[...] (ENA NS 17 28.5–6); *anfaḏtahu* (3) *lahu ʿalà yadi hibata yastaʿīnu bihi ʿalà zamānihi* (TS 12 31v.2–3). – Zu erwarten wäre *bihi* (nicht *bihā*) mit Rückbezug auf *aṯ-ṯaman* „den Erlös".

r10 *tafaḍḍul minka wa-iḥsān*[172] (*l. tafaḍḍulan minka wa-iḥsānan*) „aus Güte von Deiner Seite aus und Wohltun": Dieses adverbielle „bitte" wird *bi-tafaḍḍuli* (selten auch mit *bi-iḥsāni*) + Personalsuffix konstruiert. In der Verbindung von *faḍl/ifḍāl/tafaḍḍul* und *iḥsān* finden wir:

(**a**) die Konstruktion mit *bi-*: [*bi*]*-tafaṭṭulika* (*l.* [*bi*]*-tafaḍḍulika*) (2) [*wa*]*-iḥsānika* (P.Cair.IslArt inv.Quseir 1982 1018.1.2–3); *bi-tafaḍḍulihā (8) wa-iḥsānihā* (TS 10 J 17 6r.7–8; ca. 1222–1236); *bi-iḥsānika wa-bi-tafaḍḍulika* (Gen.AshtorEgypt 56.11). An unserer Stelle steht eindeutig *nicht bi-*.

(**b**) die Konstruktion mit *min*: *wa-l-maḫdūmu min faḍlihi wa-iḥsānihi* (CPR XXXII 15r.19 Rand rechts; 13.–14. Jh.); *min tafaḍḍuli (7) l-mawlà wa-iḥsānihi* (P.QuseirArab. I 74.6–7); *min ifḍālihi wa-iḥsānihi* (TS 10 J 17 23.2). In unserem Fall ist die Ergänzung in [*min*] (9) *tafaḍḍulin minka wa-iḥsānin* denkbar, aber die Häufung [*min*] ... *min* ... wäre unschön.

(**c**) die unmarkierte Form (in Vertretung des adverbiellen Akkusativs): *faʿalta bihi tafaḍḍul minka wa-iḥsān* (*l. tafaḍḍulan minka wa-iḥsānan*) (TS 13 J 17 19v.column 2.18). Dies ist vermutlich in unserem Fall anzunehmen.

r10–11 *ka-mā ǧarat (r11) bihi «ʿ»⟨ā⟩datuka* „wie es Deine «G»[e]wohnheit ist": Sichtbar sind ein Anstrich, *dāl*, punktiertes *tā'*, Schluss-*kāf*, wobei der Anstrich durchaus der untere Teil eines *ʿayn* sein könnte. Die Pleneschreibung mit *alif* als mater lectionis fällt damit aus.[173] Eine Defektivschreibung aber ist denkbar, kommt auch in hebräischen Buchstaben vor: *li-anna bi-hāḏā ǧarati l-ʿadatu* (*l. al-ʿādatu*) (Gen.Sicily 114 = Gen.Kingdom 515r.9; 22. Dez. 1055). – Parallelen:

---

172 Guo *tafaḍḍul bīka* (*l. bika*) *wa-iḥsān* „[by] your grace and benevolence". Diem, Review P.QuseirArab. I: 167 *tafaḍḍul minka wa-iḥsān* (*l. tafaḍḍulan minka wa-iḥsānan*).

173 Diem, Review P.QuseirArab. I: 167 liest ebenfalls *bihi ... tuka*, zieht die Defektivschreibung aber gar nicht in Betracht und schliesst daher eine Lesung *bihi ʿādatuka* aus.

(**a**) mit dem Singular *ʿāda*: *qad ǧa[rati] l-ʿādatu bihā* … (Rand rechts 2) … *fa-yataqaddami l-mawlā ilà baʿḍi* (*Rand rechts 3*) *l-ġilmāni bi-taḥṣīli mā ǧarat bihi ʿādatu* … (P.Berl.Arab. II 35r.8 und Rand rechts 2–3; 11. Jh.), *wa-ǧarat bihi ʿādatu amṯāli[hi]* (P.Vind.Arab. III 30v.4; 11.–12. Jh.); *fa-lam taǧrī l-ʿādatu bi-tarsīmi muʾarriǧin fī hāḏihi s-sanati* (P.Vind.Arab. III 32v.11 Rand; 11./12. Jh.); *ʿalà ǧārī l-ʿādati* (P.Berl. Arab. II 85.2; 12. Jh.); *ka-mā ǧarati* (*4*) *l-ʿādatu fī ǧamīʿi l-kanāyisi* (Gen. Palestine 595r.3–4; 1101–1150); *wa-ǧarati l-ʿāda[tu] bi-samāʿi qawlihim wa-šahādatihim wa-mašwaratihim wa-qubūlu šahādatihim ʿalà arbābi ṣināʿatihim wa-maḏinnatihim* (*l. wa-maẓinnatihim*) … (*14*) … *ʿalà ǧārī l-ʿādati fī miṯlihi* (P.Vind.Arab. III 80r a.6 und 14; ca. 1343); *al-marsūmu l-karīmu … bi{ʾ}-iḥḍāri l-faḫḫāri ʿalà ǧārī l-ʿādati* (P.Vind. Arab. III 5.1–6; ca. 15. Jh.); […] (*5*) [*ʿalà*] *ǧārī l-ʿāda[ti] ḥasba l-marāsīmi l-wārida[ti]* (P.Vind.Arab. III 7.5; 16. Jh.); *wa-ayḍan lahu maʿlūmuhu l-muqarraru ʿalaykuma l-ǧārī bihi l-ʿāda[tu]* (P.Vind.Arab. III 1.13; 3. Sept. 1470); *ka-mā ǧarat ʿādatuhu* (TS 8 J 15 9r.15); *ka-mā ǧarat ʿādatuhu l-ǧamīlatu maʿa kulli ʿōḇēr* (*14*) *wā-šāḇ* (TS NS J 120.13–14); *wa-hāḏā* (*v4*) *l-amru qad ǧarat ʿādatī bi-fiʿlihi ʿiddata ṭuruqin* (Westminster College Arab. II 51v.3–4).

(**b**) mit dem Plural *ʿawāʾid*: *ka-mā* (*27*) *ǧarat ʿawāyiduhu* (Gen. Palestine 619r.26–27; 1100–1130); *ka-mā ǧarat ʿawāyiduhu qadīm wa-ḥadīṯ* (TS 24 64r.58; nach 1139); *ka-mā ǧarat ʿawāyiduhu maʿī* (Bodl Ms Heb d 66 5.8).

r ultima – Rand 1 [*wa-li-llāhi*] (*1*) *l-ḥamdu waḥdahu*: Guo liest (1) *al-ḥamdu li-llāhi ⟨wa⟩ḥdahu*.

NUMMER 22

Geleitschreiben zu einer Lieferung an ʿUmar b. Muḥammad

(*Tafel* 22)

Quseir 1982 RN 1090a (SW-Bild Quseir 1982 1090.2)
7.3 cm hoch × 8.4 cm breit

Papier. – Auf recto ein Geleitschreiben. Von verso liegt mit kein Scan vor. – Der obere Rand ist durch einen Registervermerk gesichert, der rechte offenkundig erhalten. Dass der linke Rand ebenfalls vollständig ist, zeigt sich an der Höherschreibung des letzten Wortes ([*wa-*]*arbaʿa* 2). Unten fehlt eine unbekannte Anzahl Linien. Ein sehr langer vertikaler Strich. – *Ṣād* hat initial kein Häkchen (*al-wāṣil* 1; *ṣaġīra* 4). Finales *nūn* ist sehr gross (*ṣābūn* 3; ... *n* 4). – Einige wenige diakritische Punkte. – Keine Vokalzeichen. –

Ein Geleitschreiben zu einer Lieferung an ʿUmar b. Muḥammad, wohl in den Hafen von al-Quṣayr. Der Überbringer (*al-musallim*) ist erwähnt, aber nicht lesbar.

Text

١ (بهى)

٢ الواصـ«ـل» ا[لى سـ]ـاحل [القـ]ـصير .. يتسلم عمر بن

٣ محمد [من عند ...]«صابـ»ـوان [و]اربعه

٤ ار[ادب قمح/دقيق و...]...ن وزكيبة فجل

٥ صغيرة وجراب [و]زكيبة المسلم

٦ ...

---

١ بن – ٣ اربعه – ٤ وزكبه – ٥ وحراب

Übersetzung

1 (Registervermerk)

2 Es hat zu gelan«gen» i[n den Ha]fen [von al-Qu]ṣayr .. Es hat zu erhalten ʿUmar b. 3 Muḥammad [von x so-und-so-viel] «Sei»fe[,] vier 4 *ir*[*dabb* Getreide/Mehl, so-und-so-viel ...]*n,* einen Sack kleine 5 Rettiche, (noch) einen Sack (*ǧirāb*) und einen Sack (*zakība*). Der Überbringer (*al-musallim*) ist 6 ...

Tf. 22

Kommentar

1 Zum Registervermerk und zum vertikalen Strich siehe hier zu **Nr. 11.1.**

2 al-*wāṣi«lu» i*[*là sā*]*ḥili* [*l-qu*]*ṣayri* zu Beginn einer Geleitschreibens: *al-wāṣilu ṣuḥbata musāʿdini l-ḥisābīyi bi-mā huwa* (2) *li-š-šayḫi abū l-ḥamdi* (P.QuseirArab. I 59.2–3); *al-wāṣilu ʿalà yadi naṣṣāra* (P. QuseirArab. I 55r.3), unsicher [*al-wāṣi*]*lu* [...] *ġallatu? abū hāšimin* [...] (*3*) *ilà sāḥili l-quṣayri* [*li-ibr*]*ā*[*hīma bni*] *abū mufarriǧin* (P. QuseirArab. 51.2–3).

4–5 *wa-zakībat fuǧl* (*5*) *ṣaġīra* „und ein Sack kleine Rettiche": siehe hier zu **Nr. 14v.12.**

5 *wa-ǧirāb* „und einen Sack": *wa-maʿahu ǧirābu ṣābūnin ṣanʿin ǧayyidin waznuhu ḫāliṣ raṭl 182 2/3 aṯ-ṯamanu da*(*nā*)*nīru 3 2/3 bi-kirà n-nūtīyi wa-l-ḥammāli* (*6*) *n-nūtīyi 1/8* (P.Berl.Arab. II 40r.5–6; 9. Jh.); *fa-tusallimhum* [...] *al-ǧirāba*[174] *ṣuḥbata mūṣilihā* „und übergib sie (die Waren) [...] und [auch] den Sack, über ihren Überbringer (den Überbringer der Waren)" (P.QuseirArab. I 11.6). In den Geniza-Dokumenten ist *ǧirāb* gut belegt. Weiter zu *ǧirāb* „Sack" siehe Diem/Radenberg: 26 s.v. *ǧirāb* „skin".

5 *al-musallim* bezeichnet den Überbringer. In P.QuseirArab. I 5 erscheint *al-musallim* auf recto und wird auf verso, in ungelenken Buchstaben, erklärt: (*r2*) *yaṣilu kitābī hāḏā* ... (*r3*) ... *musa«lli»muhu ʿalīyuni l-baṭawīyu?* ... (*v1*) *ḥāmilu hāḏihi* (*v2*) *l-waraqati smuhu* (*v3*) *ʿālī* (*sic*) *l-ḥammālu* (*v4*) *l-ʿaǧūzu* (P.QuseirArab. I 5r.1–3 und v.1–4). Weniger explizite Parallelen: *musallimuhā ʿammāruni l-ḥammālu* (P.QuseirArab. I 34v.4); *wa-l-musallimu*[175] *ʿalīyu bnu ʿaddāla* (P. QuseirArab. I 46.3); *wa-l-musallimu*[176] *ibrāhīmu* (*6*) *bnu abū mufarriǧin dāmat saʿādatuhu* (P.QuseirArab. I 54.5–6); *musallimuhuma*[177] *l-mawlā ḥusaynun* (P.QuseirArab. I 59.5).

---

174 Guo *fa-tusallimhum* [...] *al-ǧawāba ṣuḥbata mūṣilihā* „Please give them [to ... and then issue] a receipt, to be carried [back] by the carrier who delivered them."

175 Guo *wa-l-musallamu.* Guos Übersetzung „He who is to receive it for safekeeping ...". würde allerdings eher *al-musallam ilayhi* entsprechen, und in seinem Kommentar weist Guo auch auf *al-musallim* und *al-musallam ilayhi* (und eben nicht *al-musallam*) hin.

176 Guo *wa-l-musallamu* „He who is to receive and safe-keep them". Guos Übersetzung würde eher *al-musallamu ilayhi* entsprechen.

177 Guo *musallamuhu* „He who is to receive them (i.e., the commodities) for safekeeping in a timely manner". Auch hier würde die Übersetzung eher *al-musallamu ilayhi* entsprechen.

NUMMER 23

Brief von Murtaḍà b. al-Kaʿbī an Hiba den Transporteur (*al-muballiġ*) über eine Lieferung von Getreide und anderen Waren

(*Tafeln 23a und 23b*)

Quseir 1982 RN 1093 (SW-Bild Quseir 1982 1091.1; 1091.2; 1093.1; 1093.2)
8.2 cm hoch × 10.6 cm breit

Paper. – Auf Recto Zeilen eines älteren Dokuments. Auf Verso der hier zu besprechende Brief, auf dessen Rückseite (= Recto) dazu die Adresse (Blattwendung 90 Grad nach rechts, dann ↓). – Verso ist das Dokument fast vollständig erhalten: der obere Rand ist über den Registervermerk gesichert, der untere Rand über das abschliessende *wa-s-salām*; rechts findet sich ein Rand, nur vom linken Rand fehlen die oberen zwei Drittel. Die Adresse auf Recto ist vollständig erhalten. – *Ḫāʾ* sieht initial (*aḫūhu* v1) und final (*al-aḫ* r2) aus wie finales *ʿayn/ġayn* (*al-*[*muba*]*lliġ* r1; *balliġ* r2; *al-bayʿ* v7); initiales *ʿayn* ist rechts schnabelförmig geschlossen (*uʿlimuhu* v2). Mediales *ṣād/ḍād* hat kein Häkchen (*ḥuḍar* v3; *ṣaġīr* v4; *wa-raḍl* (*l. wa-raṭl*) v4; *ḫaḍrāʾ* v5). *Mīm* besteht initial aus einem kleinen *fāʾ*-artigen Kreis (*murtaḍà* v1; *maṭar* v3; *min* r1; undeutlich *murtaḍà* v1); final hat es eine eigentümliche Form und sieht aus wie die Ligatur *ḥāʾ*-finales *yāʾ* (*yusallam* r1). In der Ligatur *lām-ḥāʾ* besteht *lām* aus einem kleinen, von unten angesetzten Häkchen (*al-ḥumūla* v7). *Yāʾ* besteht alleinstehend (*allaḏī* v2) und teilweise final (*murtaḍà* v1; unklar *tubṭiʾ* v6, nicht *al-kaʿbī* v1 und r2; *fa-hiya* v6; *fī* v7; *murtaḍà* r1) aus einer Unterlänge nach rechts, die ggf. dann weiterverbunden wird. Initiales *mīm* sieht aus wie initiales *fāʾ* (*maṭar* v3; unklar *murtaḍà* v1, nicht *murtaḍà* r1) – Die Feder wird häufig auch bei nicht nach links verbindbaren Buchstaben (u.a. *a_llaḏī* v1; *u_ʿlimuhu* v1; *i_ṯnayni* v2; *bā_dinǧān* v4; *wa_raḍl* (*l. wa_raṭl*) v4; *ṯalā_t* v5; *wa_fīhā* v6; *wa_baṭṭīḫ* v7; *hāḏi_hi* v7) und zwischen den Wörtern (*murtaḍà_bnu* r1; *allaḏī_uʿlimuhu* v2) nicht abgesetzt; die Ligatur *alif-dāl* verbindet zum *dāl* von oben her (*bā_dinǧān* r4). Teilweise spreizt sich die Feder auf (*sālima* v6; *wizzāt* v5). – In *ʿišrīna* fällt *šīn* aus und *rāʾ* beginnt unten rechts unter dem *ʿayn* (v3). – Von Guo publiziert als P.QuseirArab. I 37.

Ankündigung einer Lieferung an den Bruder (*al-aḫ*) Hiba den Transporteur (*al-*[*muba*]*lliġ*), verbunden mit der Aufforderung, mit dieser Lieferung und dem schon bei ihm befindlichen Eigentum des Absenders so zu verfahren, wie es ihm (dem Empfänger) richtig scheint – nur wenn er verkaufe, dann solle er nicht lange zögern.

Text

ظ ١ (لى) اخوه مرتضى بن الكعبي
٢ الذي اعلمه الاخ هبة ا«دام» الله عزه سـ[ـيرت اليك]
٣ نصف حمل حضر الغله اثنين وعشرين مطر[... و...]
٤ صغير وثمانـ‹ـيـ›ـة بادنجان ورضل دقيق و[...]
٥ وقفة تفاح ‹و›ثلاث وزات وبطيحة خضرا تبيعها ....
٦ فهي سالمة وفيها زلت كثير وان راه الاخ لفعله ولا يبطئ
٧ في البيع وانا خلف هذه الحمولة والسلام

ظ ١ مرىضى – الكعبى – ٢ هبه – ٣ نصف – حضر – ٤ بادىحاں – دقيو – ٥ وزات – ٦ وان

Übersetzung

v1 (Registervermerk) Sein Bruder Murtaḍà b. al-Kaʿbī
2 Was ich mitteilen möchte dem Bruder Hiba – möge Gott seine Ehre lange währen lassen: Ich habe ges[andt an Dich] **3** eine halbe Tragladung Getreide-Grünzeug (*ḫuḍar al-ġalla*): zweiundzwanzig Fässer[... und einen] kleinen **4** [...] und acht Auberginen und ein *raḍl* (*l. raṭl*) Mehl und [...] **5** und einen Korb Äpfel ⟨und⟩ drei Gänse und eine grüne Wassermelone. Verkauf sie .... **6** Sie (die Waren) sind in Ordnung, es sind (aber) viele Steinchen (*zalat* (*l. zalaṭ*) *kaṯīr*) dabei. Wenn der Bruder der Meinung ist (er sollte die Waren verkaufen), so möge er es tun, aber er zögere nicht **7** beim Verkauf. Ich (selber) komme hinter dieser Ladung her. Gruss.

Tf. 23a

Text

و ١ الى القصير يسلم لهبة الـ[ـمبـ]ـلغ من عند «مـ»ر[تـ]ـضى

٢ بن الكعبي بلغ تؤجر

و ١ القصير – لهبه الـ[ـمـ][ـنـ]ـلع

Übersetzung

r1 Nach al-Quṣayr. Es möge übergeben werden an Hiba den [Trans]porteur (*al-*[*muba*]*lliġ*) von «Mu»r[ta]ḍà **2** b. al-Kaʿbī. Übermittle! – mögest Du (von Gott) belohnt werden.

Tf. 23b

Kommentar

v1 Zum Registervermerk siehe hier zu Nr. 11.1. Guo versteht ihn hier als Abkürzung der Basmala.

v2 Das in der internen Adresse vorangesetzte *aḫūhu* betont die Gleichrangigkeit des Absenders mit dem Empfänger: *aḫūhu muḥammadun yastawḥišu min ḥaḍrati l-aḫi l-ʿazīzi/l-muʿazzazi l-muwaqqari l-waddi muḥammadin waffaqahu llāhu* (*taʿālà*) (P.Vind.Arab. I 23r.1; 11. Jh.); *aḫūhu abū* ʾ[…] (2) *naffaḏtuhu* (P.Vind.Arab. II 27r. Rand oben 1–2; 12. Jh.); in grosser Schrift *aḫūhu yašbak* (P.Risciani/Castellani 7.3; 1382–1399); in grosser Schrift *aḫūka ṯaġrībardī* (P.Risciani/Castellani 8.3; 1399–1412); in grosser Schrift *aḫūka l-mamlūku* (4) *ṯaġrībardī* (P.Risciani/Castellani 10.3–4; 1399–1412); in grosser Schrift *aḫūka* (4) *ṯaġrībardī* (P.Risciani/Castellani 12.3–4; 1399–1412); in grosser Schrift *aḫūhu mūsà bnu ariqṭāy* (P.Vind.Arab. III 12.3; 14.–15. Jh.); *aḫūhu* (3) *ḥasanun* (P.Vind.Arab. III 5.Rand rechts 2–3; ca. 15. Jh.); [*a*]*ḫūka Isḥāqu* (P.Vind.Arab.inv. A.Ch. 13421r, zitiert Diem, P.Vind.Arab. III: 26 zu 5); *aḫūhu* […] (P.Vind.Arab.inv. A.Ch. 15418, zitiert Diem, P.Vind.Arab. III: 26 zu 5). – Ganz ähnlich auch die interne Adresse *al-aḫawī* (*l. al-ǧanāb al-aḫawī o. ä.*) (anstelle des internen Absenders am rechten Rand): *al-aḫawīyu* (CPR XXXII 18.2;10. Jh.); (*3 rechts*) *al-mamlūku l-muḥibbu* \ (*2 rechts*) *al-aḫawīyu l-faḫrīyu*/ (*4 rechts*) *faḍlu llāhi aǧīru baytihi* (*3 links*) *yuqabbilu l-arḍa bayna yadayi l-ǧanābi* (*4 links*) *l-karīmi l-ʿālī l-aḫawīyi l-faḫrīyi* (*5*) *adāma llāhu maʿāliyahu* … (P.Vind.Arab. III 36.2 rechts–5; 13.–14. Jh.). Weiter hierzu s. Risciani/Castellani: 55; Diem, P.Vind.Arab. III: 26 zu 5.

v2 *allaḏī uʿlimuhu*[178] *l-aḫa hibata adāma llāhu ʿizzahu*: siehe hier zu **Nr. 5.3**.

v3 *ḫuḍar al-ġalla* „Getreide-Grünzeug“: Vom *rasm* her, mit punktiertem *ḍād*, ist die Lesung klar. Gemeint sind wohl die folgenden Waren, eben hauptsächlich Gemüse.

v3 *iṯnayni wa-ʿišrīna maṭar*[…]:[179] zu *maṭar* „Fass“ siehe hier zu Nr. **14v.4**.

v4 *wa-ṯamāniyat bādinǧān:*[180] *nafaqat laḥmin wa-bādinǧāna* (Krengel 5 122r.rechts 4); *wa-niṣf bādinǧāna* (RYL B 5664v.2); *innahum mā ʿayyadū*

---

178 Guo *allaḏī uʿlimu bihi.*

179 Guo *li-abū bakrin wa-baṭṭ* (*r4*) *ṣaġ*⟨*ī*⟩*r* „for Abū Bakr, and a small (r4) *baṭṭa*-container“.

180 Guo *ṯalāṯami*ʾ*atin bi-r-ri*{*ḥ*}⟨*k*⟩*ābati fa-riḥl* „and three hundred [units of …], all in a camel load“ (?).

illā ʿalà bawraqa bi-niṣfi dir[hamin] (*12*) *wa-bi-rubʿi dirhamin bādinǧāna maqlī* (TS 13 J 25 2r.11–12).

v5 ⟨*wa*⟩-*ṯalāṯ wazzāt* (*l. iwazzāt*, vgl. ägypt.-arab. *wizz*) *wa-biṭṭīḫa ḫaḍrā*ʾ. *Wazz* „Gänse“: *wa-hiya arbaʿatu wazzin šiqāqin bayāḍin* (ULC MSS ADD 3412 (CAT. 837).9; 1099). Gegen Guos *ṯalāṯu wazanāti biṭṭīḫatin ḫaḍrāʾa* „three wazn-units of green watermelons“ spricht, dass vor *biṭṭīḫa* klar *wa-* oder *fa-* zu lesen ist und eine Masseinheit *wazna* sonst nicht belegt ist.

v6 *wa-fīhā zalatun* (*l. zalaṭ*) *kaṯīrun wa-in raʾāhu l-aḫu la-faʿalahu. Zalaṭ* „Steinchen“ sind belegt in *wa-ṣ-ṣōrāḵ allaḏī naḥnu fīhi bi-sababi z-zalaṭi* (TS 20 133r.17). – Guos *wa-fīhā rakbun sayyartu li-ṣ-ṣalāḥi wa-huwa lahu* „Along with it (i.e., this shipment) there is [another] camel load which I dispatched to al-Ṣalāḥ. It is for him only.“ kann ich weder vom Scan her noch inhaltlich nachvollziehen.

v7 *wa-ana ḫalfa hāḏihi l-maḥmūlati* „Ich (selber) komme hinter dieser Ladung her“: Zu *ḫalfa* mit Verben der Bewegung siehe Diem, P.Vind.Arab. I 313–314 zu 47.14–15; Diem, P.Vind.Arab. II: 65 zu 10.5.

r1 *hiba al-*[*muba*]*lliġ* „Hibat der [Trans]porteur“: Der Punkt über der Zeile, rechts des *lām*, ist möglicherweise der verrutschte Punkte des *ġayn*; einen Beleg für *muballiġ* kann ich allerdings nicht vorweisen. Guo *hibat al-munʿim* „Hibat al-Munʿim“ scheint mir vom Schriftbild her weniger einleuchtend; der Name, etwa „das Geschenk des Gnadenerweisenden“, ist sonst nicht belegt.

r1–r2 *min ʿindi murtaḍà* (*r2*) *bni l-kaʿbīyi*:[181] Zu *min ʿindi* in der internen Adresse und sonst siehe oben zu **Nr. 11.2**.

r2 Zu *balliġ tuǧǧar*[182] siehe hier zu Nr. 5v.2.

181 Guo hat beide Lesungen *min ʿabdi murtaḍà* und *min ʿindi murtaḍà*, übersetzt aber nur „by the servant of Murtaḍā“.

182 Guo statt *balliġ tuǧǧar*: *as-salāmu*.

Meldung an Abū l-Ġayṯ über gute Ankunft in Qinā

(*Tafel 24a*)

Quseir 1980 RN 11 recto (SW-Bild Quseir 1980 11.1; Farb-Bild)
Höhe und Breite unbekannt

Papier. – Auf Recto dieser Brief, auf Verso (Blattwendung ↓) ein Geleitschreiben (hier **Nr. 24 verso**). – Der rechte und der linke Rand sind erhalten. Oben fehlen der Rand und die erste Zeile mit der Basmala links und dem Absender rechts. Unten fehlt eine unbekannte Anzahl Zeilen. – Einzelne Häkchen werden gerne zu kleinen Schleifen (*abū* 3; *innī* 4; *bi-riḥlī* 4). Initiales *ǧīm* (*al-aǧall* 2) und mediales *ʿayn* (*as-saʿīd* 2; *al-ġayṯ* 3) sehen aus wie mediales *fāʾ*. Initiales *ṣād* hat kein Häkchen (*waṣaltu* 4; *waṣalnā* 5). Die Schleife von finalem *qāf* senkt sich *wāw*-artig (*al-muwaffaq* 2; unklar *daqīq* 5). – Die Zeilen 4 und 5 sind fast vollständig punktiert, sonst nur einige diakritische Punkte.

Eine Mitteilung an den *šayḫ* Abū l-Ġayṯ, dass der Absender mit allen seinen Waren (*raḥl*) und zwei Traglasten Mehl und Öl gut in Qinà angekommen ist.

Text

١ [بسم الله الرحمن الرحيم] «⸢والده .بى⸣»

٢ الذي اعلم الشيخ الاجل الموفق السعيد

٣ ابو الغيث ادام الله «عز»ه وسوي ذالك

٤ اني وصلت الي قني برحلي الجميع وحملين

٥ دقيق وزيت قال الذ[ي] وصلنا الي قني

---

٢ السعيد – ٣ وسوي – ٤ ⸢لى⸣ وصلت الي قني برحلي الحميع – ٥ دقق – قال الذ[ى] – وصلنا الي قنى

Übersetzung

1 [Im Namen Gottes des Barmherzigen des Allerbarmers] «⸢Sein Vater .BY⸣»

2 Was ich mitteile dem erhabensten, erfolgreichen und glücklichen *šayḫ* **3** Abū l-Ġayṯ – möge Gott seine «Ehre» lange währen lassen. Davon abgesehen: **4** Ich bin angekommen in Qinà mit meiner ganzen Ware und zwei Traglasten **5** Mehl und Öl. Derjenige, der uns nach Qinà gebracht hat, hat gesag: …

Kommentar

2–3 *allaḏī uʿlimu š-šayḫa l-aǧalla l-muwaffaqa s-saʿīda* (3) *abū l-ġayṯi*: s. hier zu **Nr. 21**.3–4.

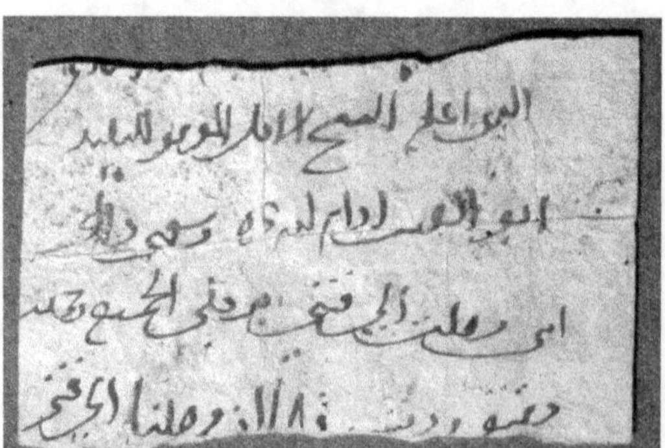

Tf. 24a

Geleitschreiben zu einer Lieferung an Ibrāhīm (b. Mufarriǧ) und ʿUmar b. Rašīd

(*Tafel 24b*)

Quseir 1980 RN 11 verso (SW-Bild Quseir 1980 11.2; Farb-Bild)
Höhe und Breite unbekannt

Papier. – Auf Recto ein Brief (hier **Nr. 24 recto**), auf Verso (Blattwendung ↓) dieses Geleitschreiben. – Vollständig erhalten. – Die Ligatur Häkchen-*nūn* sieht aus wie ein sehr flaches *rāʾ* (*ibn* 2; 3 (2×); *ad-dīn* 3; *ḥimlayni* 5; *al-ḥammālīn* 6). Finales *qāf* hat keine obere Schlaufe und sieht damit ähnlich aus wie finales *yāʾ*, nur dass finales *qāf* links neben (*daqīq* 4; 5), finales *yāʾ* direkt unter (*al-mawlà* 2; *al-qāḍī* 2) dem vorangehenden Buchstaben steht. – Einmal spreizt die Feder auf (*šamla* 6). – Einzelne diakritische Punkte.

Geleitschreiben zu einer Lieferung von 2.5 *ḥiml* Mehl an Ibrāhīm (wohl Ibrāhīm b. Mufarriǧ) und ʿUmar b. Rašīd, wobei 1.5 *ḥiml* von Yūsuf b. al-Baḥḥār und 1 *ḥiml* von Muḥammad geliefert werden. Bemerkenswert ist eine besondere Anweisung: der Empfänger werde feststellen, dass die erstgenannte Lieferung (versehentlich) in einen besonders prächtigen Überwurf (*abraʿ šamla*) verpackt ist, er (der Empfänger) wird daher gebeten, den Überwurf (umgehend) mit den Trägern (*al-ḥammālīna*) (zurück) zu schicken und ihn (den Ibrāhīm) dementsprechend zu informieren.

Text

١ لى

٢ يتسلم ابراهيم وعمر بن رشيد من عند المولى القاضي الاجل

٣ النجيب تقي الدين بن هبة ادام الله ايامه صحبة يوسف بن البحار

٤ حمل ونصف دقيق وصحبة محمد حمل دقيق

٥ الجملة حملين ونصف وما ترا ان النصف حمل الدقيق

٦ ابرع شملة في منزله وسير الشملة صحبة الحمالين

هـ ١ ما تحـ(ـتا)ج

هـ ٢ الوصابي

هـ ٣ فاكتب اليه

---

٢ بن رشيد – عند – الاجل – ٣ هبه – صحبه – ٤ وصحبه – ٥ وبصف – الدقو – ٦ شمله – وسير الشمله صحبه الحمالين – هـ ٢ الوصابي – هـ ٣ فاكتب

Übersetzung

1 (Registervermerk)

2 Es haben zu erhalten Ibrāhīm und ʿUmar b. Rašīd von dem *mawlà*, dem erhabensten und edlen **3** Richter Taqī ad-dīn b. Hiba – Gott möge seine Tage dauern lassen – über Yūsuf b. al-Baḥḥār

4 anderthalb Traglasten Mehl und über Muḥammad eine Traglast Mehl,

5 insgesamt zweieinhalb Traglasten Mehl. Siehst Du nicht, dass die halbe Traglast **6** den prächtigsten Überwurf (*abraʿ šamla*) in seinem Haus (im Haus von Ibrāhīm) hat! Schick den Überwurf (*aš-šamla*) über die Träger (*al-ḥammālīna*) (zurück) –

Rand 1 (aber) Du benötigst (ja gar) **Rand 2** keine Ratschläge. **Rand 3** Also schreib an ihn (an Ibrāhīm).

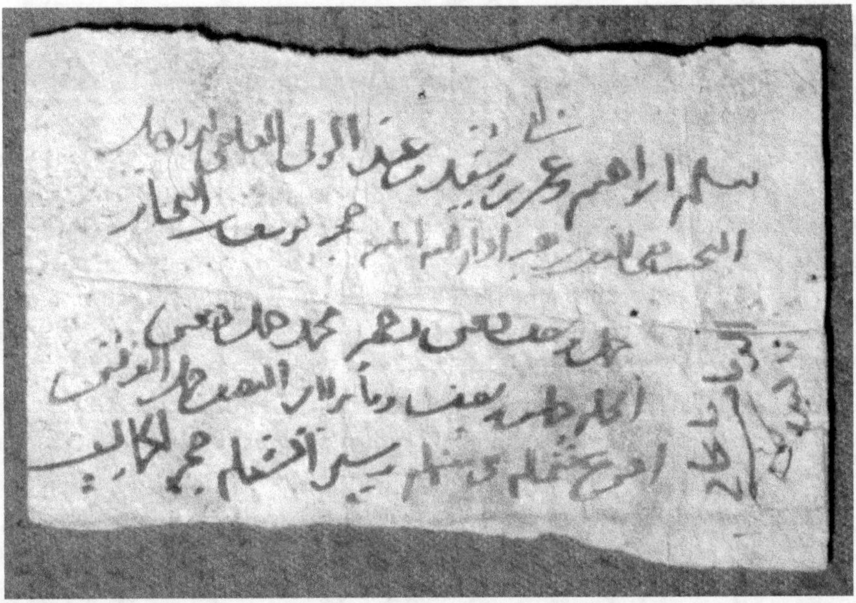

Tf. 24b

Kommentar

2 *yatasallam ... min ʿindi ...*: zur internen Adresse mit *min ʿindi* s.hier zu Nr. 11.2.

2–3 *al-mawlà l-qāḍī l-aǧall* (3) *an-naǧīb*: Der Titel *qāḍī* „Richter" – möglicherweise ein Ehrentitel (Diem, P.Heid.Arab. II: 299 zu 69; Diem, P.Vind.Arab. I: 305 zu 69.2) – erscheint in den Quṣayr-Dokumenten überraschend häufig:

(**a**) als Absender eines Briefes: [...] *ʿinda l-qāḍī l-faqīhi zayni d-dīni n-nāʾibi fī l-ḥukmi* (*r3*) [...] ... *bi-ṭarīqi n-naqli ʿani l-qāḍī l-aǧalli l-faqīhi* (P.QuseirArab. I 70r.2–3);

(**b**) als Empfänger von Briefen: *ilà š-šayḫi l-aǧalli l-qāḍī l-ḥakami* (P.QuseirArab. 25r.2); *wuṣūl kitābinā l-karīmi li-l-qā*[*ḍī*] (P.QuseirArab. I 34r.1); *wa-ʿalà ḥāmili kitābin yuwaqqifi l-qāḍī ʿalayhi wa-yaḫtimhu* (P.QuseirArab. I 72.1);

(**c**) als *mawlà* eines Transporteurs: *sayyartu ṣuḥbata abū sulaymāna mawlā l-qāḍī ǧamāli d-dīni* ... (P.QuseirArab. I 12r.3);

(**d**) in einer Liste: *al-qāḍī l-ḥakamu/al-muḫliṣu dirhamayni wa-niṣfun* (P.QuseirArab. I 67r right.10);

(**e**) als Appellationsinstanz: *wa-ṭallaʿtahu li-l-qāḍī* (P.QuseirArab. I 13r.7);

3 *adāma llāhu ayyāmahu*: *aṭāla llāhu baqāʾaka wa-adāma ayyāma salāmatika wa-saʿādatika* (2) *wa-naʿmāʾika* (Gen.Sicily 14 = Gen. Kingdom 748r.1–2; 7. 9. 1059); *adāma llāhu ayyāma saʿādatihi* (2) *wa-tābaʿa aʿwāma karāmatihi wa-tawallā ṣawnahu wa-ḥimāyatahu*[183] (Gen.IndiaBook C 30v.1–3; 1151–1152).

6 *abraʿ šamla* „den prächtigsten Überwurf" und *šamla*: *idfaʿ lanā š-šamlata ʿalà kulli waǧhin fa-mutāḥun*[184] *mayyitun bi-l-bardi ġāyata* (6) *mā yakūnu wa-ǧīb* {*ṯamahā*} *ṯamanahā ʿalayhi kam mā ariba* (P.QuseirArab. I 9.5–6); *wa-naštarī lahum šamlatayni* (P.QuseirArab. I 19.8); *wa-in wāṣala* (17) *li-ribqāh šamlat ḥarīr wa-li-hārūna qubbaʿ wa-ʿimāmatan* (ULC Or 1080 J 172r.16–17). – *Šamla* bezeichnet den schwarzen Überwurf, ein Kleidungsstück mit Quasten (Goitein, Society IV 152 und 395 A. 16; Diem/Radenberg: 117). Hier sind allerdings 1.5 *ḥiml* Mehl in einen besonders schönen Überwurf

---

183 Möglicherweise gelesen *adāma llāhu ayyām saʿādatuh,* (2) *wa-tābaʿa aʿwām karāmatuh, wa-tawallā ṣawnuh wa-ḥimāyatuh.*

184 *Tāʾ* trägt klar zwei Punkte. Guo *fa-munāḫun* ... „for the weather has been deadly and extremely cold".

verpackt worden – ein offenkundiges Versehen, und der Empfänger des Schreibens ist gebeten, diesen Überwurf (umgehend zurück) zu schicken und den eigentlichen Empfänger des Mehls, Ibrāhīm, darüber zu informieren.

Bibliographie

Abel, P.Berl.Arab. I — [Abel, Ludwig], Ägyptische Urkunden aus den königlichen Museen zu Berlin, 2 Hefte Berlin 1896–1900 (Arabische Urkunden 1)

Agius, Classic ships — Agius, Dionisius A., Classic ships of Islam. From Mesopotamia to the Indian Ocean, Leiden 2008 (Handbook of Oriental Studies. Section 1: The Near and Middle East 92)

Agius, Homeland — Agius, Dionisius Albertus, „Leave your homeland in search of prosperity". The ostrich egg in a burial site at Quseir al-Qadim in the Mamluk period, in: Vermeulen, U[rbain]/van Steenbergen, J[o] (Hgg.), Egypt and Syria in the Fatimid, Ayyubid and Mamluk Eras. 4: Proceedings of the 9th and 10 International Colloquium Organized at the Katholieke Universiteit Leuven in May 2000 and May 2001, Leuven 2005 (Orientalia Lovaniensia Analecta 140): 355–379

Agius, Ostrich egg — Agius, Dionisius, The inscribed ostrich egg, in: Peacock/Blue, Myos Hormos I: 158–160

Ashtor, Egypt — Ashtor, E., Tōldōt ha-Yəhūdim bə-Miṣrayim ū-ḇə-Sūryāh taḥat shilṭōn ha-Mamlūkīm. 3: Teʿūdōt min ha-Genizāh [History of the Jews in Egypt and Syria under the rule of the Mamlūks. 3: Geniza documents], Jerusalem 1970

Badawi/Hinds, Dictionary — Badawi, el-Said und Hinds, Martin, A dictionary of Egyptian Arabic, Arabic-English, Beirut 1986

BAR — British Archaeological Reports

Bauden, Documentary studies — Bauden, Frédéric, Mamluk era documentary studies: the state of the art, Mamluk Studies Review 9 (2005): 15–60

Becker, P.Heid.Arab. I — Becker, C[arl] H., Papyri Schott-Reinhardt 1, Heidelberg 1906 (Veröffentlichungen aus der Heidelberger Papyrussammlung 3)

Ben-Sasson, Yəhudē Sīṣīlyāh — Bän-Śāśōn, Mənaḥäm [Ben-Sasson, Menahem], Yəhūdē Sīṣīlyāh (825–1068). Teʿūdōt ū-meqōrōt [The Jews of Sicily (825–1068). Documents and sources], Jerusalem 1991 (Oriens Judaicus. Series I. 1)

Blau, Grammar of Christian Arabic — Blau, Joshua, A grammar of Christian Arabic based mainly on South-Palestinian texts from the first millenium, Löwen 1966–1967 (Corpus Scriptorum Christianorum Orientalium 267; 276; 279 = Subsidia 27; 28; 29)

Blue et al., Red Sea Project IV	Blue, Lucy und Cooper, John und Thomas, Ross und Whitewright, Julian (Hgg.), Connected hinterlands. Proceedings of the Red Sea Project IV held at the University of Southampton, September 2008. London 2009 (BAR International Series 2052) (Society for Arabic Studies Monographs 8)
Blue, Perspective	Blue, Lucy, Myos Hormos/Quṣeir al-Qadīm. A Roman and Islamic port on the Red Sea coast of Egypt – a maritime perspective, PSAS 32 (2002): 139–150
Bridgman, Analysis	Bridgman, Rebecca, From the Tihama Plain to Thailand and beyond: preliminary analysis of selected ceramics from Quseir al-Qadim, in: Blue et al., Red Sea Project IV, 133–140
Burke, Sheikh's House	Burke, Katherine Strange, Archaeological texts and contexts on the Red Sea: The Sheikh's House at Quseir al-Qadim, Diss. University of Chicago 2007, Download von http://oi.uchicago.edu/pdf/ksburke_dissertation.pdf (9. 12. 2009)
Burke/Whitcomb, Textiles	Burke, Katherine Strange und Whitcomb, Donald, Quṣeir al-Qadīm in the thirteenth century. A community and its textiles, Ars Orientalis 34 (2004) (= Communities and commodities. Western India and the Indian Ocean, eleventh/fifteenth centuries): 83–97
Chakravarti, Nakhudas	Chakravarti, Ranabir, Nakhudas and nauvittakas. Ship-owning merchants in the West Coast of India (c. AD 1000–1500), JESHO 43 (2000): 34–64
Chakravarti, Seafaring	Chakravarti, Ranabir, Seafaring, ships and ship owners. India and the Indian Ocean (AD 700–1500), in: Parkin, David und Barnes, Ruth (Hgg.), Ships and the maritime technology in the Indian Ocean, London 2002 (Indian Ocean Series): 28–61 (= Chapter 2)
Cohen, Interplay	Cohen, Mark R., On the interplay of Arabic and Hebrew in the Cairo Geniza letters, in: Decter, Jonathan P. und Rand, Michael (Hgg.), Studies in Arabic and Hebrew letters in honor of Raymond P. Scheindlin, Piscataway 2007, 17–35
CPR	Corpus Papyrorum Raineri
CPR XVI	siehe Diem, CPR XVI
CPR XXVI	siehe Thung, CPR XXVI
CPR XXXII	siehe Diem, CPR XXXII
DAA	Documenta Arabica Antiqua
Diem, Aphrodito	Diem, Werner, Philologisches zu den arabischen Aphrodito-Papyri, Der Islam 61 (1984) 268–273

Diem, CPRXVI — Diem, Werner, Arabische Briefe aus dem 7. bis 10. Jahrhundert, 2 Bände Wien 1993 (CPR 16)

Diem, CPRXXIII — Diem, Werner, Arabische Briefe aus dem 10.–16. Jahrhundert, Berlin und Boston 2011 (CPR 32)

Diem, Kaufurkunde: 39–40 — Diem, Werner, Eine arabische Kaufurkunde von 1024 n. Chr. aus Ägypten, Wiesbaden 2004 (Schriften der Max Freiherr von Oppenheim Stiftung 16)

Diem, P.Berl.Arab. II — Diem, Werner, Arabische Briefe des 7. bis 13. Jahrhunderts aus den Staatlichen Museen zu Berlin, 2 Bände Wiesbaden 1997 (DAA 4) (Ägyptische Urkunden aus den Staatlichen Museen Berlin. Arabische Urkunden 2)

Diem, P.Heid.Arab. II — Diem, Werner. Arabische Briefe auf Papyrus und Papier aus der Heidelberger Papyrus-Sammlung, 2 Bände Wiesbaden 1991 (Heidelberger Akademie der Wissenschaften. Philosophisch-historische Klasse. Kommission für Papyrus-Editionen)

Diem, P.Vind.Arab. I — Diem, Werner, Arabische Geschäftsbriefe des 10. bis 14. Jahrhunderts aus der Österreichischen Nationalbibliothek in Wien, 2 Bände Wiesbaden 1995 (DAA 1)

Diem, P.Vind.Arab. II — Diem, Werner, Arabische Privatbriefe des 9. bis 15. Jahrhunderts aus der Österreichischen Nationalbibliothek in Wien, 2 Bände Wiesbaden 1996 (DAA 2)

Diem, P.Vind.Arab. III — Diem, Werner, Arabische amtliche Briefe des 10. bis 16. Jahrhunderts aus der Österreichischen Nationalbibliothek in Wien, 2 Bände Wiesbaden 1996 (DAA 3)

Diem, Review P.Hamb.Arab. II — Diem, Werner, Philologisches zu den arabischen Papyri der Hamburger Staats- und Universitäts-Bibliothek, ZAL 45 (2006): 7–54

Diem, Review P.Khalili I — Diem, Werner, Philologisches zu den Khalili-Papyri, Wiener Zeitschrift für die Kunde des Morgenlandes [1:] 83 (1993) 39–81; [2:] 84 (1994): 57–93

Diem, Review P.Prag.Arab. I — Diem, Werner, Philologisches zu arabischen Dokumenten. 1: Dokumente aus Sammlungen in Prag, Giessen und Jerusalem. 2: Dokumente aus der Sammlung der Egyptian Library in Kairo, ZAL [1:] 55 (2012) 5–43; [2:] 56 (2012) 27–78

Diem, Review P.QuseirArab. I — Diem, Werner, Besprechung von „Guo, Li. Commerce, Culture and Community in a Red Sea Port in the Thirteenth Century: The Arabic Documents from Quseir. Islamic History and Civilization. Studies and Texts, vol. 52. Lei-

	den: Brill, 2004", Zeitschrift der Deutschen Morgenländischen Gesellschaft 158 (2008): 164–170
Diem, Vulgarismus	Diem, Werner, Zwischen hohem Stil und Vulgarismus. Ein Brief aus dem Ägypten des 10.–11. Jahrhunderts n. Chr., in: den Heijer, Johannes und La Spisa, Paolo und Tuerlinckx, Laurence (Hgg.), Autour de la langue arabe. Etudes présentés à Jacques Grand'Henri à l'occasion de son 70e anniversaire, Louvain-la-Neuve 2012 (Publications de l'Institut orientaliste de Louvain 61), 155–188
Diem, Zwei Privatbriefe	Diem, Werner, Zwei arabische Privatbriefe aus dem Ägyptischen Museum in Kairo, ZAL 25 (1993) (= Wolfdietrich Fischer zum 65. Geburtstag): 148–153
Diem/Radenberg	Diem, Werner und Radenberg, Hans-Peter, A dictionary of the Arabic material of S.D. Goitein's ‚A Mediterranean Society'. Wiesbaden 1994
Dietrich, P.Hamb.Arab. II	Dietrich, Albert, Arabische Briefe aus der Papyrussammlung der Hamburger Staats- und Universitäts-Bibliothek, Hamburg 1955 (Veröffentlichungen aus der Hamburger Staats- und Universitäts-Bibliothek 5)
Dols et al., Inscriptions	Dols, Michael et al., Arabic Inscriptions, in: Whitcomb/Johnson, Quseir 1978: 247–249
Ducatez, Aden	Ducatez, Guy, Aden et l'Océan indien au XIIIe siècle: navigation et commerce d'après Ibn-al-Muǧāwir, Annales Islamologiques 37 (2003): 137–156
Ernst, P.Sinai	Ernst, Hans, Die mamlukischen Sultansurkunden des Sinai-Klosters, Wiesbaden 1960
Fischer, Grammatik	Fischer, Wolfdietrich, Grammatik des klassischen Arabisch, 3. Auflage Wiesbaden 2002 (Porta Linguarum Orientalium N.S. 11)
Frantz-Murphy, Quseir	Frantz-Murphy, Gladys, The Red Sea port of Quseir. Arabic documents and narrative sources, in: Whitcomb/Johnson, Quseir 1980: 267–283 (= Chapter 13)
Frenkel, Compassionate	Frenkel, Mirjam, „ha-Ohavim wə-ha-nedīwīm". ʿIlit manhigāh be-qäräḇ Yəhūdē Aläksandriyāh b-īmē ha-bēnayim [„The compassionate and benevolent". The leading elite in the Jewish community of Alexandria in the middle ages], Jerusalem 5767/2006
Friedman, Review P.QuseirArab. I	Friedman, Mordechai, Quṣayr and Geniza Documents on the Indian Ocean trade, JAOS 126 (2006): 401–409

Garcin, Qūṣ — Garcin, Jean-Claude, Un centre musulman de Haute-Egypte médiévale: Qūṣ, Kairo 1974 (PIFAO 496. Textes arabes et études islamiques 6)

GEN.ASHTOREGYPT — siehe Ashtor, Egypt

GEN.FREER — siehe Gottheil/Worrell, Gen.Freer

GEN.FRENKELCOMPASSIONATE — siehe Frenkel, Compassionate

GEN.GOITEINJEWISHTRADE — siehe Goitein, Jewish trade

GEN.GOITEINLETTER — siehe Goitein, Letter

GEN.INDIABOOK — siehe Goitein/Friedman, India Book

GEN.KINGDOM — siehe Gil, Kingdom

GEN.PALESTINE — siehe Gil, Palestine

GEN.SICILY — siehe Ben-Sasson, Yəhudē Sīṣīlyāh

Gil, Kingdom — Gil, Mōšäh [Gil, Moshe], Bə-malḵūt Yišmaʿêl bi-tqūfat hag-gəʾōnīm [In the Kingdom of Ishmael], 4 Bände Tel Aviv 1997 (Pirsūmē ha-Māḵōn lə-Ḥeqär ha-Tfūṣōt [Publications of the Diaspora Research Institute] 117; 118; 119; 120)

Gil, Palestine — Gil, Mōšäh [Gil, Moshe], Äräṣ-Yiśrāʾēl ba-Tqūpāh ha-Mūslimīt ha-Rīšōnāh (634–1099) [Palestine during the First Muslim Period (634–1099)], 3 Bände Tel Aviv 1983 (Pirsūmē ha-Māḵōn l-Ḥeqär ha-Tpūsōt [Publications of the Diaspora Research Institute] 41; 57; 58). Dazu Korrekturen und Ergänzungen: Gil, Mōšäh [Gil, Moshe], Äräṣ-Yiśrāʾēl ba-Tqūpāh ha-Mūslimīt ha-Rīšōnāh (634–1099). Millūʾīm, häʿārōt, tiqqūnīm [Palestine during the First Muslim Period (634–1099). Additions, notes and corrections], Teuda 7 (1991) (= Maḥqarīm bi-midʿē hā-Yəhūdūt [Studies in Judaica]) 281–345; XX

Gil, Shipping — Gil, Moshe, Shipping in the Mediterranean in the eleventh century A.D. as reflected in documents from the Cairo Geniza, Journal of Near Eastern Studies 67 (2008): 247–292.

Goitein, Friendship — Goitein, S[helomo] D., Formal friendship in the medieval Middle East, Proceedings of the American Philosophical Society 115 (1971): 484–489

Goitein, Jewish trade — Goitein, S[helomo] D., Misḥar ha-Yəhūdīm ba-Yam ha-tikkōn ba-tḥillāh ha-mēʾāh ʿäśrāh (mē-arkīwun bayit ha-ʿasqīm šäl mišpaḥat Bän ʿAwkal) [Jewish trade in the Mediterranean at the beginning of the 11th century, from the archives of the Ibn ʿAwkal family], Tarbēṣ [1:] 36 (5727/1967) 366–385; 37 (5728/1968) [2:] 48–77; [3:] 158–190

Goitein, Letter — Goitein, S[helomo] D., ʿĒḏūṯ hisṭōrīṭ mē-ʿittō šäl rōfē payyəṭān bə-Äräṣ Bīzānṭiyōn (miktāḇ mē-yōm 21 b-ēlūl 1137) [A Letter of historical importance from Selecuia (Selefke), Cilicia, dated 21 July 1137], Tarbēṣ 27 (1958) 528–535; 2 Tff.

Goitein, Letters — Goitein, S[helomo] D., Letters of medieval Jewish traders translated from the Arabic with introductions and notes, Princeton 1973

Goitein, Mail service — Goitein, S[helomo] D., The commercial mail service in medieval Islam, JAOS 84 (1964): 118–123

Goitein, Mediterranean India — Goitein, S[helomo] D., From the Mediterranean to India. Documents on the trade to India, South Arabia, and East Africa from the eleventh and twelfth centuries, Speculum 29 (1954): 181–197

Goitein, Society — Goitein, S[helomo] D., A mediterranean society. The Jewish communities of the Arab World as portrayed in the documents of the Cairo Geniza, 6 Bände Berkeley/Los Angeles 1967–1993

Goitein/Friedman, India Book — Goitein, S[helomo] D[ov] und Friedman, Mordechai Aktiva, Säfär Hōdū [India Book], 3 Bände Jerusalem 2009–2010

Goitein/Friedman, India traders — Goitein, S[helomo] D. und Friedman, Mordechai Akiva, India traders of the Middle Ages. Documents from the Cairo Geniza (‚India Book'), Leiden 2008 (Etudes sur le Judaïsme Médiévale 31)

Gottheil, Cairo synagogue — Gottheil, Richard J.H., An eleventh-century document concerning a Cairo synagogue, Jewish Quarterly Review 19 (1907) 467–539

Gottheil/Worrell, Gen.Freer — Gottheil, Richard/Worrell, William H., Fragments from the Cairo Genizah in the Freer Collection, New York 1927 (University of Michigan Studies. Humanistic Series 13)

Grohmann, P.Cair.Arab. I–VI — Grohmann, Adolf, Arabic papyri in the Egyptian Library, 6 Bände Kairo 1934–1962

Grohmann, P.Giss.Arab. — Grohmann, Adolf, Die arabischen Papyri aus der Giessener Universitätsbibliothek, Giessen 1960 (Nachrichten der Giessener Hochschulgesellschaft 28)

Guo, Dinars — Guo, Li, Golden dinars and silver dirhams in the Red Sea trade. The evidence of the Quseir documents, in: Lunde, Red Sea Project I: 117–122

Guo, Documents I–II — Guo, Li, Arabic Documents from the Red Sea port of Quseir in the seventh/thirteenth century, Journal of Near Eastern Studies [I:] 58 (1999): 161–190; [II:] 60 (2001): 81–116

Guo, P.QuseirArab. I — Guo, Li, Commerce, Culture and community in a Red Sea port in the thirteenth century. The Arabic documents from Quseir, Leiden 2004 (Islamic History and Civilization. Studies and Texts 52)

Halm, Lehensregister — Halm, Heinz, Ägypten nach den mamlukischen Lehensregistern, 2 Bände Wiesbaden 1979–1982 (TAVO. Beihefte B 38)

Handley/Regourd, Textiles — Handley, Fiona J.L. und Regourd, Anne, Textiles with writing from Quṣeir al-Qadīm. Finds from the Southampton excavations 1999–2003, in: Blue et al., Red Sea Project IV, 141–153

Handley, Documentary sources — Handley, Fiona J.L., „I have bought cloth for you and will deliver it myself". Using documentary sources in the analysis of the archaeological textile finds from Quseir al-Qadim, Egypt, in: Hayward, M. und Kramer, E. (Hgg.), Textiles and texts. Reestablishing the links between archival and object-based research, London 2007, 10–17; colour plate 4

Hiebert, Wooden objects — Hiebert, Fredrik T., Commercial organization of the Egyptian port of Quseir al-Qadim. Evidence from the analysis of the wooden objects, Archéologie islamique 2 (1991): 127–159

Hopkins, Grammar — Hopkins, Simon, Studies in the grammar of early Arabic based upon papyri datable to before 300 A.H./912 A.D., Oxford 1984 (London Oriental Series 37)

Jaeschke, Conservation — Jaeschke, Richard L., Conservation, in: Whitcomb/Johnson, Quseir 1978: 237–242 (= Chapter 9)

JAOS — Journal of the American Oriental Society

JESHO — Journal of the Economic and Social History of the Orient

Johnson, Inscriptional material — Johnson, Janet H., Inscriptional Material, in: Whitcomb/Johnson, Quseir 1980: 263–266 (= Chapter 12)

Kaplony, Interplay — Kaplony, Andreas, The interplay of different kinds of commercial documents at the Red Sea port al-Quṣayr al-Qadīm (13th c CE), in: Edzard, Lutz und Guth, Stephan (Hgg.), Verbal festivity in Arabic and other Semitic languages. Proceedings of the workshop at the Universitätsclub Bonn on January 16, 2009, Wiesbaden 2010 (Abhandlungen für die Kunde des Morgenlands 72): 94–115

Khan, P.Khalili I — Khan, Geoffrey, Arabic papyri. Selected material from the Khalili Collection, Oxford 1992 (Studies in the Khalili Collection 1)

Khoury, Wahb	Khoury, Raif Georges (Hg.), Wahb b. Munabbih, 2 Bände Wiesbaden 1972 (Codices Arabi Antiqui 1)
Lunde/Porter, Red Sea Project I	Lunde, Paul und Porter, Alexandra (Hgg.), Trade and travel in the Red Sea region. Proceedings of Red Sea Project I held in the British Museum October 2002, London 2004 (University of Southampton Series in Archaeology 2) (BAR International Series 1269)
Macklin, Necropolis	Macklin, Ann, The Muslim necropolis, in: Peacock/Blue, Myos Hormos II: 235–244 (= Teil 19)
Margariti, Aden	Margariti, Roxani Eleni, Aden and the Indian ocean trade. 150 years in the life of a medieval Arabian port, Chapel Hill 2007 (Islamic Civilization and Muslim Networks)
Margoliouth/Holmyard, P.Monneret	Margoliouth, D.S. und Holmyard, E.J., Arabic documents from the Monneret Collection, Islamica 4 (1930) 249–271
Meyer, Glass	Meyer, Carol, Glass from Quseir al-Qadim and the Indian Ocean Trade, Chicago 1992 (Studies in Ancient Oriental Civilization 53)
Meyer, Storerooms	Meyer, Carol, Large and small storerooms of the Roman villa, in: Whitcomb/Johnson, Quseir 1980: 201–213 (= Chapter 7)
Mortel, Prices	Morten, Richard T., Prices in Mecca during the Mamluk period, JESHO 32 (1989): 279–334
al-Mudarris, Eheurkunden	al-Mudarris, Abdulbary, Papyrologische Untersuchungen zur arabischen Diplomatik anhand von Eheurkunden aus den ersten islamischen Jahrhunderten, Wiesbaden 2008 (Codices Arabici Antiqui 9)
Muḫliṣ, ʿAqdā	Muḫliṣ, ʿAbd Allāh, ʿAqdā nikāḥ kutibā fī awāsiṭ al-qarn aṯ-ṯāmin, Revue de l'Académie Arabe de Damas 21 (1946): 419–426
P.Berl.Arab. I	siehe Abel, P.Berl.Arab. I
P.Berl.Arab. II	siehe Diem, P.Berl.Arab. II
P.Cair.Arab. I–VI	siehe Grohmann, P.Cair.Arab. I–VI
P.Cair.IslArt.inv.	Inventarnummer des Museums für Islamische Kunst Kairo
P.DiemZweiPrivatbriefe	siehe Diem, Zwei Privatbriefe
P.DiemVulgarismus	siehe Diem, Vulgarismus
P.Eheurkunden	siehe al-Mudarris, Eheurkunden
P.Frantz-MurphyQuseir	siehe Frantz-Murphy, Quseir
P.Giss.Arab.	siehe Grohmann, P.Giss.Arab
P.GottheilCairoSynagogue	see Gottheil, Cairo synagogue

P.HAMB.ARAB. II — siehe Dietrich, P.Hamb.Arab. II
P.HEID.ARAB. II — siehe Diem, P.Heid.Arab. II
P.ISM.INV. — Inventarnummer des Museums von Ismailia
P.KHALILI I — siehe Khan, P.Khalili
P.MARCHANDS — siehe Rāġib, Marchands
P.MONNERET — siehe Margoliouth/Holmyard, P.Monneret
P.MUḪLIṢ'AQDĀ — siehe Muḫliṣ, 'Aqdā
P.RAGIBLETTERS — siehe Rāġib, Letters
P.RICHARDSFĀṬIMIDPETITION — see Richards, Fāṭimid petition
P.RISCIANI/CASTELLANI — siehe Risciani/Castellani
P.QUSEIRARAB. I — siehe Guo, P.QuseirArab. I
P.SINAI — siehe Ernst, P.Sinai
P.STERNAYYŪBIDPETITIONS — siehe Stern, Ayyūbid petitions
P.STERNFĀṬIMIDPETITIONS — siehe Stern, Fāṭimid petitions
P.VIND.ARAB. I — siehe Diem, P.Vind.Arab. I
P.VIND.ARAB. II — siehe Diem, P.Vind.Arab. II
P.VIND.ARAB. III — siehe Diem, P.Vind.Arab. III
Peacock/Blue, Myos Hormos I — Peacock, David und Blue, Lucy, Myos Hormos – Quseir al-Qadim. Roman and Islamic Ports on the Red Sea I: Survey and excarations 1999–2003, Oxford 2006
Peacock/Blue, Myos Hormos II — Peacock, David und Blue, Lucy, Myos Hormos – Quseir al-Qadim. Roman and Islamic Ports on the Red Sea II: Finds from the excavations 1999–2003, Southampton 2011 (University of Southampton Series In Archaeology 6) (BAR International Series 2286)
Peacock/Blue, Overview — Peacock, David und Blue, Lucy, Overview: the trade and economy of Myos Hormos and Quseir al-Qadim, in: Peacock/Blue, Myos Hormos II: 345–351 (= Teil 25)
PIFAO — Publications de l'Institut Français d'Archéologie Orientale
PSAS — Proceedings of the Seminar for Arabian Studies
Rāġib, Marchands — Rāġib, Yūsuf, Marchands d'étoffes du Fayyoum au IIIe/IXe siècle d'après leurs archives (actes et lettres), 4 Bände Kairo 1982–1996 (Suppléments aux Annales Islamologiques. Cahiers 2; 5; 14; 16 = PIFAO 586; 631; 727; 768)
Rāġib, Lettres — Rāġib, Yūsuf, Lettres arabes, Annales Islamologiques [1:] 14 (1978): 15-35; pl. VI–XI; [2:] 16: (1980) 1–29; pl. I–XII
Regourd, Documents — Regourd, Anne, Arabic language documents on paper, in: Peacock/Blue, Myos Hormos II: 339–344 (= Teil 24)
Regourd, Folding — Regourd, Anne, Folding of a paper document from Quseir

al-Qadim. A method of archiving?, al-ʿUṣūr al-Wusṭà 20 (2008): 13–16

Regourd, Trade — Regourd, Anne, Trade on the Red Sea during the Ayyubid and Mamluk periods. The Quṣeir paper manuscript collection 1999–2002, first data, PSAS 34 (2004): 277–292

Richards, Fāṭimid petition — Richards, D[onald] S., A Fāṭimid petition and ‚small decree' from Sinai, Israel Oriental Studies 3 (1973) 140–158

Risciani/Castellani — Risciani, Norberto und Castellani, Eutimio, Documenti e firmani dei sultani che occuparono il trono d'Egitto, dal 1363–1496, Jerusalem 1936

Sijpesteijn, Excavations — Sijpesteijn, Petra M., Arabic papyri and other documents from current excavations in Egypt, with an appendix of Arabic papyri and some written objects in Egyptian collections, al-Bardiyyat 2 (2007): 10–23[185]

Sijpesteijn et al., Checklist — Sijpesteijn, Petra M. und Oates, John F. und Kaplony, Andreas, Checklist of Arabic papyri, Bulletin of the American Society of Papyrologists 42 (2005) 127–166[186]

Smith, Maritime trade — Smith, Rex, Have you anything to declare? Maritime trade and commerce in Ayyubid Aden: practices and taxes, PSAS 25 (1995): 127–140. Nachdruck mit Korrekturen in: Smith, G. Rex, Studies in the medieval history of the Yemen and South Arabia, Aldershot 1997 (Variorum Collected Studies Series CS 574): Paper X; Addenda and corrigenda 3–4

Stern, Ayyūbid petitions — Stern, S.M., Petitions from the Ayyubid period, Bulletin of the School of Oriental and African Studies 27 (1964) 1–32

Stern, Fāṭimid petitions — Stern, S.M., Three petitions of the Fāṭimid period, Oriens 15 (1962) 172–209; pl. I–VI

TAVO — Tübinger Atlas des Vorderen Orients

Thayer, Land politics — Thayer, Jennifer Mott, Land politics and power networks in Mamluk Egypt, Diss. New York University, New York 1993

Thayer, Testimony — Thayer, Jennifer Mott, In testimony to a market economy in Mamlūk Egypt: the Quṣayr Documents, Al-Masāq 8 (1995): 45–55

Thung, CPR XXVI — Thung, Michael H., Arabische juristische Urkunden aus der Papyrussammlung der Österreichischen Nationalbibliothek, München und Leipzig 2006 (CPR 26)

185 Freier Download von www.naher-osten.lmu.de/isap/publications_projects/index.html.

186 Dauernd nachgeführt unter www.naher-osten.lmu.de/isap/isap-checklist/index.html.

Timm	Timm, Stefan, Das christlich-koptische Ägypten in arabischer Zeit. Eine Sammlung christlicher Stätten in Ägypten in arabischer Zeit, unter Ausschluss von Alexandria, Kairo, des Apa-Mena-Klosters (Dēr Abū Mina), der Skētis (Wādi n-Nātrūn) und der Sinai-Region, 6 Bände Wiesbaden 1984–1992 (TAVO B 41)
Udovitch, Formalism	Udovitch, Avrom L., Formalism and informalism in the social and economic institutions of the medieval Islamic World, in: Banani, Amin und Vryonis, Speros, Jr. (Hgg.), Individualism and conformity in Classical Islam: 5th Giorgio Levi della Vida Biennial Conference, May 23–25, 1975, Wiesbaden 1977 (Giorgio Levi della Vida Conferences 5): 61–81
Udovitch, Time	Udovitch, Abraham L., Time, the sea and society. Duration of commercial voyages on the Southern shores of the Mediterranean during the High Middle Ages, in: La navigazione mediterranea nell'alto medioevo. Settimane di studio del Centro Italiano di Studi sull' Alto Medioevo XXV, 14–20 aprile 1977, Spoleto 1978: 503–563
Valentour, Conservation	Valentour, Catharine, Conservation, in: Whitcomb/Johnson, Quseir 1980: 385–389 (= Chapter 19)
Whitcomb, Trench summaries	Whitcomb, Donald, Trench Summaries, in: Whitcomb/Johnson, Quseir 1978: 11–65 (= Chapter 2)
Whitcomb/Johnson, Introduction	Whitcomb, Donald S. und Johnson, Janet H., Introduction, in: Whitcomb/Johnson, Quseir 1980: 1–20 (= Chapter 1)
Whitcomb/Johnson, Quseir 1978	Whitcomb, Donald S. und Johnson, Janet H. (Hgg.), Quseir al-Qadim 1978. Preliminary report. Kairo 1979
Whitcomb/Johnson, Quseir 1980	Whitcomb, Donald S. und Johnson, Janet H. (Hgg.), Quseir al-Qadim 1980. Preliminary report, Malibu 1982 (American Research Center in Egypt Reports 7)
ZAL	Zeitschrift für Arabische Linguistik

Editionen und Inventarnummern der Geniza-Dokumente

GEN.ASHTOREGYPT 56: Or 10587 2 = BM GC 1437 2. – GEN.ASHTOREGYPT 59: TS 16 287. – GEN.ASHTOREGYPT 60: Bodl Ms Heb D 66 70. – GEN.FREER 8: Gottheil and Worrell 8. – GEN.FREER 9 = GEN.FRENKELCOMPASSIONATE 18: Gottheil and Worrell 9. – GEN.FRENKELCOMPASSIONATE 2: Bodl Ms Heb b 28 31. – GEN.FRENKELCOMPASSIONATE 16: ENA NS 19 10. – GEN.FRENKEL-

Compassionate 18 = Gen.Freer 9: Gottheil and Worrell 9. – Gen.FrenkelCompassionate 28: ts 16 149. – Gen.FrenkelCompassionate 44: ts 8 J 21 7. – Gen.FrenkelCompassionate 54: ts 10 J 16 6. – Gen.FrenkelCompassionate 61: ts 13 J 13 24. – Gen.FrenkelCompassionate 65: ts 13 J 14 25. – Gen.FrenkelCompassionate 78: ts 13 J 26 22. – Gen.FrenkelCompassionate 89: ts ns J 29. – Gen.GoiteinJewishTrade 5: ts 13 J 29 2. – Gen.GoiteinJewishTrade 8: tw 12 223. – Gen.GoiteinJewishTrade 19: ts 12 291. – Gen.GoiteinLetter: ts 13 J 21 17. – Gen.IndiaBook a 20: Mosseri v 374 1 (a3). – Gen.IndiaBook b 44: Westminster College Misc 9. – Gen.IndiaBook b 46: ts 18 J 5 5. – Gen.IndiaBook c 11: ts 18 J 5 1. – Gen.IndiaBook c 12–14: ts 18 J 4 18 + ts ns J 21 13 + ts 8 19 14. – Gen.IndiaBook c 30: Bodl Ms Heb d 66 139. – Gen.Kingdom 89: ts 13 J 23 5. – Gen.Kingdom 99: ts 13 J 21 24. – Gen.Kingdom 113 (= Gen.Sicily 54): Bodl ms Heb d 65 17. – Gen.Kingdom 156: ulc Or 1080 J 35. – Gen.Kingdom 238 (= Gen.Sicily 6): ts 13 J 13 27. – Gen.Kingdom 242: ts 13 J 8 18. – Gen.Kingdom 334 (= Gen.Sicily 104): ts 13 J 18 8. – Gen.Kingdom 363: ts 16 264. – Gen.Kingdom 364: ts 8 J 24 10 + ts 16 263. – Gen.Kingdom 373 (= Gen.Sicily 86): ts 16 163 1. – Gen.Kingdom 443: ts 10 J 9 18. – Gen.Kingdom 456: ts 8 J 24 15. – Gen.Kingdom 487: ts 12 335. – Gen.Kingdom 515 (= Gen.Sicily 114): ena 1822 a 67. – Gen.Kingdom 517: ts 8 J 27 13. – Gen.Kingdom 554: ts 10 J 11 9. – Gen.Kingdom 562 (= Gen.Sicily 58): ts 12 251. – Gen.Kingdom 573 (= Gen.Sicily 61): ts 20 127. – Gen.Kingdom 606: ts 8 J 26 13. – Gen.Kingdom 617 (= Gen.Sicily 8): ts 16 179. – Gen.Kingdom 619: ulc Or 1080 J 71. – Gen.Kingdom 628: ts 10 J 15 33. – Gen.Kingdom 638: ts 16 244. – Gen.Kingdom 726: ulc Or 1080 J 145. – Gen.Kingdom 748 (= Gen.Sicily 14): Bodl Ms Heb a 2 20. – Gen.Kingdom 786: ts 13 J 27 9. – Gen.Kingdom 788: Bodl Ms Heb a 2 19. – Gen.Kingdom 808: ts 13 J 17 7. – Gen.Palestine 101: Bodl Ms Heb c 28 67. – Gen.Palestine 159: Bodl Ms Heb c 28 44. – Gen.Palestine 176: ts Arabic Box 54 93 18. – Gen.Palestine 197: ts Arabic Box 30 278 + Bodl Ms Heb b 18 21. – Gen.Palestine 247: bm Or 5544 9. – Gen.Palestine 385: ts 10 J 9 20. – Gen.Palestine 394: ts 12 5r. – Gen.Palestine 395: ts 20 152. – Gen.Palestine 404: ts 13 J 7 6. – Gen.Palestine 508: jnul 577 3 2. – Gen.Palestine 516: ts 13 J 14 17. – Gen.Palestine 539: ena 4100 23. – Gen.Palestine 582: ts 18 J 4 4. – Gen.Palestine 595: ts 8 J 41 11. – Gen.Palestine 619: ena ns 19 24. – Gen.Sicily 6 = Gen.Kingdom 238: ts 13 J 13 27. – Gen.Sicily 8 = Gen.Kingdom 617: ts 16 179. – Gen.Sicily 14 = Gen.Kingdom 748: Bodl Ms Heb a 2 20. – Gen.Sicily 54 = Gen.Kingdom 113: Bodl ms Heb d 65 17. – Gen.Sicily 58 = Gen.Kingdom 562: ts 12 251. – Gen.Sicily 61 = Gen.Kingdom 573: ts 20 127. – Gen.Sicily 86 = Gen.Kingdom 373: ts 16 163 1. – Gen.Sicily 104 = Gen.Kingdom 334: ts 13 J 18 8. – Gen.Sicily 114 = Gen.Kingdom 515: ena 1822 a 67. –

Nach der Datenbank des Princeton Geniza Project zitierte Geniza-Dokumente

BM 5566 D 3. – BODL MS HEB A 3 8. – BODL MS HEB D 66 5. – BODL MS HEB d 66 52. – BODL MS HEB d 79 35. – DROPSIE 395. – DROPSIE 410. – ENA 1822 A 7. – ENA 1822 A 12. – ENA 1822 A 48. – ENA 2591 9. – ENA 2591 12 A. – ENA 2727 14 B. – ENA 2805 5 A. – ENA 2805 10. – ENA 2805 11 A. – ENA NS 2 I 12. – ENA NS 19 31. – ENA NS 22 17. – JNUL 577 3 2. – KRENGEL 5 122. – MOSSERI L62. – RYL. A 546-1. – RYL. A 685-1r. – RYL. B 5664v (= RYL. B 5664-2). – TS 8 J 4 13 + TS 20 02. – TS 8 J 6 9A. – TS 8 J 8 14. – TS 8 J 11 15. – TS 8 J 13 3. – TS 8 J 14 4. – TS 8 J 14 17. – TS 8 J 15 9. – TS 8 J 15 22. – TS 8 J 16 2. – TS 8 J 17 22. – TS 8 J 17 23. – TS 8 J 18 7. – TS 8 J 18 16. – TS 8 J 18 18. – TS 8 J 18 21. – TS 8 J 18 33. – TS 8 J 19 25. – TS 8 J 22 26. – TS 8 J 23 7. – TS 8 J 24 12. – TS 8 J 24 15. – TS 8 J 24 19. – TS 8 J 25 20. – TS 8 J 25 9. – TS 8 J 26 8. – TS 8 J 36 9. – TS 8 J 39 11. – TS 8 J 40 9. – TS 10 J 6 16. – TS 10 J 10 15. – TS 10 J 11 8. – TS 10 J 11 17. – TS 10 J 12 16. – TS 10 J 12 24. – TS 10 J 13 4. – TS 10 J 13 5. – TS 10 J 14 12. – TS 10 J 15 29. – TS 10 J 15 34. – TS 10 J 17 5. – TS 10 J 17 6. – TS 10 J 17 23. – TS 10 J 20 14. – TS 10 J 20 17. – TS 12 31. – TS 12 34. – TS 12 270. – TS 12 305. – TS 12 435. – TS 12 657. – TS 12 780. – TS 13 J 2 2. – TS 13 J 7 9. – TS 13 J 8 23. – TS 13 J 13 7. – TS 13 J 16 9. – TS 13 J 17 19 V. – TS 13 J 19 5. – TS 13 J 19 11. – TS 13 J 19 30. – TS 13 J 20 8. – TS 13 J 21 12. – TS 13 J 21 18. – TS 13 J 21 28. – TS 13 J 21 32. – TS 13 J 24 18. – TS 13 J 25 2. – TS 13 J 27 4. – TS 16 302. – TS 18 J 4 18. – TS 20 28. – TS 20 133. – TS 24 64. – TS Arabic Box 53 67. – TS AS 146 12 + TS NS J 181. – TS Box J 2 66. – TS NS 184 88. – TS NS 226 6. – TS NS 324 55 A. – TS NS J 120. – TS NS J 291. – ULC MSS ADD 3412 (Cat. 837). – ULC Or 1080 J 38. – ULC OR 1080 J 172.

Indizes

Die folgende Darstellung führt das in den Bänden von Diem bewährte System weiter. * = ausführliche Behandlung im Kommentar.

A Glossar

اجر IV *balliġ tuʾǧar* „übermittle! – mögest Du (sc. von Gott) belohnt werden" 5.v2; 21.v2; 23.r2. – *uǧra* 8.r4

احد *aḥada ʿašara* 20.r5. – *iḥdà ʿašara* 20.r10

اخت *uḫt šaqīqa* „Vollschwester (von Vater und Mutter her)" ad 9.2*

اخو *aḫ*: *yā-aḫī* Anrede 2.r4; 12.r Rand; *al-aḫ* Anrede 12.r5; 15.2–3; *min aḫīkum* Selbstbezeichnung 6.2*; *al-aḫ* Selbstbezeichnung zur Betonung der Gleichrangigkeit des Absenders mit dem Empfänger 23.v1*; 23.v2. – *al-aḫawī* (*l. al-ǧanāb al-aḫawī o. ä.*) Selbstbezeichnung zur Betonung der Gleichrangigkeit des Absenders mit dem Empfänger ad 23.v1. – *aḫ šaqīq* „Vollbruder (von Vater und Mutter her)" 9.2*

ارخ II *taʾrīḫ* 9.2

اردب *irdabb* 8.r2; 8.v2; 14r.4; 14r.7; 14r.15; 14v.7; 14v.13. – *arādib* 22.4

الف *alf* „tausend" 8.r2

اله *allāh*: *allāh allāh* „los los" 10.7; *fa-llāhi llāhi* „los los" 2r.4–5; *wa-llāhi l-ʿaẓīmi* 8.r3; *wa-llāhu ʿazīzun ḥakīmun* 9.1; *wa-qad aẓhara llāhu fīka burhānahu* „jetzt aber hat Gott in Bezug auf Dich den Beweis dafür gezeigt" 8.v3–4

الى *ilà yad fulān* „an X" 21.r7–8

امن IV *īmān*: *wa-qad ḥalafta ḥalfan minka bi-l-īmāni* „dabei hattest Du einen Eid in Bezug auf Dich beim Glauben (bei Deinem Glauben) geschworen" 8.v4. – *amīn*: *waffaqahu llāhu tawfīqa l-ʿārifīn, wa-ḫāra lahu fī d-dunyā wa-d-dīn, wa-kāna lahu ḥāfiḍan* (*l. ḥāfiẓan*) *wa-amīn* 2r.2–3; *waffaqahu llāhu tawfīqa l-ʿārifīn, wa-kāna lahu ḥāfiḍan* (*l. ḥāfiẓan*) *wa-amīn, wa-ašrakahu fī duʿāʾi ṣ-ṣāliḥīn, muḥammadin wa-ālihi aǧmaʿīn* 1.r2–4*

اهل *ahl*: *ahluhu* „seine Leute" 3.r4; *ahl ad-dār* „die Ehefrau(en)" 3.v2*; *waffaqahu llāhu li-ṭāʿatih, wa-ǧaʿalahu min ahli dirāyatih* „Gott möge ihm schenken den Erfolg im Gehorsam Ihm (Gott) gegenüber und ihn machen zu einem von den Leuten, die Ihn (Gott) kennen" 14v.3

اوز *wazzāt* (*l. iwazzāt*) „Gänse" 23.v5

اول *āl*: *waffaqahu llāhu tawfīqa l-ʿārifīn, wa-kāna lahu ḥāfiḍan* (*l. ḥāfiẓan*) *wa-amīn, wa-ašrakahu fī duʿāʾi ṣ-ṣāliḥīn, muḥammadin wa-ālihi aǧmaʿīn* 1.r2–4*; *kull āl bayt ǧamāl ad-dīn* „die ganze Familie des Hauses von Ǧamāl ad-dīn" 3.r4; *waffaqahu llāhu tawfīqa* *l-ʿārifīn, wa-ḥašadahu fī zumrati l-...īn, wa-ǧaʿala lahu karāʾima ṣ-ṣāliḥīn, muḥammadin wa-ālihi aǧmaʿīn* 4.r3–4*; *ṣallà llāhu ʿalà sayyidinā muḥammadin wa-ālihi* 6.1*

اىّ *ayy*, siehe *ayš*

ايش *ayš* „was“: 14v.14

ايض *ayḍan* 17.4; 17.5; 17.6; 18.4

بحر *al-baḥḥār* „der Schiffer“ Bezeichnung des Vaters im Nasab 24v.3

بدنجن *bādinǧān* „Auberginen“ 23.v4

برع *abraʿ šamla* „der prächtigste Überwurf“ 24v.6

برك III *mubārak* bzw. *mubāraka*: *taḏkirat mubārak* „der Bericht von Mubārak“ bzw. *taḏkira mubāraka* „ein gesegneter Bericht“ 20.r2* – *as-salāmu wa-barakātuhu* 21.r Rand 2–3; *as-salāmu ʿalayka wa-raḥmatu llāhi wa-barakātuhu* 14r.16. – *as-salāmu ʿalaykum wa-raḥmatu llāhi wa-barakātuhu* 15.Rand

برن *barnīya* „Behälter“ (Fehllesung) ad 14r.4. – *barānī* „Behälter“ (Fehllesung) ad 14r.4

برهن *burhān*: *wa-qad aẓhara llāhu fīka burhānahu* „jetzt aber hat Gott in Bezug auf Dich den Beweis dafür gezeigt“ 8.v3–4

بطّ *baṭṭa* „Lederflasche“ 14v.5*. – *baṭaṭ* „Lederpantoffeln“ ad 14v.5

بطأ IV *wa-lā yubṭiʾ fī l-bayʿi* 23.v6

بطح *biṭṭīḫa* „Wassermelone“ 23.v5

بقى I 20.v1. – I *bāqī* 1.v2. – I *bāqiya* 2.r7

بلغ II *balliġ tuǧar* „übermittle! – mögest Du (sc. von Gott) belohnt werden“ 5.v2*; *balliġ taǧammala llāhu* „übermittle – möge Gott (es) schön machen“ ad 5.v2*; *balliġ raḥimaka llāhu* „übermittle! – möge Gott sich Deiner erbarmen“ ad 5.v2*; *balliġ aršadaka llāhu* „übermittle! – möge Gott Dich rechtleiten“ ad 5.v2*; II *balliġ tusdā* „übermittle – möge Dir (sc. von Gott) Gutes erwiesen werden“ ad 5.v2*; *balliġ sallamaka llāhu* „übermittle – möge Gott Dich bewahren“ ad 5.v2*; *balliġ ṣaḥibaka llāhu* „übermittle – möge Gott Dich begleiten“ ad 5.v2*; *balliġ hadāka llāhu* „übermittle! – möge Gott Dich rechtleiten“ ad 5.v2*. – II *muballiġ* „Transporteur“ 23.r1

بيت *bayt*: *kull āl bayt ǧamāl ad-dīn* „die ganze Familie des Hauses von Ǧamāl ad-dīn“ 3.r4

بيع I 1.v3 (2×); 14r.Rand; 14v.10; 14v.12; 14v.13; 14v.16; 14r.Rand; 21.r6; 23.v5. – I *bayʿ*: *wa-lā yubṭiʾ fī l-bayʿi* 23.v6. – III *laʿalla nubāyiʿu* „vielleicht schliessen wir doch noch einen (Kauf)vertrag“ 14v.13

تفح *tuffāḥ* „Äpfel“ 23.v5

ثبت II *wa-mā nadrī ayš ṯabbata maʿahum mina l-asʿāri* „aber wir wissen nicht, welche Preise er mit ihnen schon festgelegt hat“ 14v.15–16

ثلث *ṯalāṯ* 23.v5. – *talātīna* (*l.* *ṯalāṯīna*) 14r.14; 20.v1

ثمن *ṯaman* „Erlös“: *wa-tusallimi ṯ-ṯamana ilà yadi š-šayḫi ʿabdi l-muḥsini* 21.r7–8; *wa-ǧīb ṯamanahā* (vom Schreiber korrigiert aus *ṯamanan*) *ʿalayhi ka-mā ariba* „übergib ihm

B Belegte Personennamen

C Belegte Ortsnamen

D Sachindex

E Nicht gelesene Begriffe

F Neulesungen

G Ein Koranzitat

www.ingramcontent.com/pod-product-compliance
Lightning Source LLC
LaVergne TN
LVHW010555300926
849162LV00002B/340